Johanna Klatt, Franz Walter
Entbehrliche der Bürgergesellschaft?

Gesellschaft der Unterschiede | Band 3

JOHANNA KLATT, FRANZ WALTER
Entbehrliche der Bürgergesellschaft?
Sozial Benachteiligte und Engagement

(unter Mitarbeit von David Bebnowski, Oliver D'Antonio, Ivonne Kroll, Michael Lühmann, Felix M. Steiner und Christian Woltering)

[transcript]

Bibliografische Information der Deutschen Nationalbibliothek
Die Deutsche Nationalbibliothek verzeichnet diese Publikation in der Deutschen Nationalbibliografie; detaillierte bibliografische Daten sind im Internet über http://dnb.d-nb.de abrufbar.

© 2011 transcript Verlag, Bielefeld

Die Verwertung der Texte und Bilder ist ohne Zustimmung des Verlages urheberrechtswidrig und strafbar. Das gilt auch für Vervielfältigungen, Übersetzungen, Mikroverfilmungen und für die Verarbeitung mit elektronischen Systemen.

Umschlaggestaltung: Kordula Röckenhaus, Bielefeld
Satz: Roland Hiemann, Göttingen; Philipp Kufferath, Göttingen
Korrektorat: Katrin Herbon, Bielefeld; Roland Hiemann, Göttingen; Katharina Rahlf, Göttingen
Druck: Majuskel Medienproduktion GmbH, Wetzlar
ISBN 978-3-8376-1789-4

Gedruckt auf alterungsbeständigem Papier mit chlorfrei gebleichtem Zellstoff.
Besuchen Sie uns im Internet: *http://www.transcript-verlag.de*
Bitte fordern Sie unser Gesamtverzeichnis und andere Broschüren an unter: *info@transcript-verlag.de*

Inhalt

Die starken Arme legen keine Räder mehr still
Der „Malocher" trat ab und ein Prekariat entstand
Franz Walter | 7

Entbehrliche der Bürgergesellschaft?
Sozial Benachteiligte und Engagement
Johanna Klatt, David Bebnowski, Oliver D'Antonio, Ivonne Kroll,
Michael Lühmann, Felix M. Steiner, Christian Woltering, Franz Walter

1. Forschungsvorhaben | 35
1.1 Die moderne Bürgergesellschaft | 35
1.2 Forschungsdefizit | 37
1.3 Forschungsziel | 40
1.4 Forschungsstand | 41
1.5 „Unterschicht", „Prekariat" oder sozial Benachteiligte?
Die Untersuchungsgruppe | 46

2. Methodisches Vorgehen | 51
2.1 „Unterschichten" – eine methodische Herausforderung | 51
2.2 Erhebungsmethoden | 52
2.3 Datenerhebung | 54

3. Erhebungsorte | 59
3.1 Stadtviertel, Quartier und soziale Lage | 61
3.2 Stadtteilauswahl | 70

4. Einstellungen und Handlungslogiken:
Das Leben im Viertel | 91
4.1 Einstellungen: Leben/Freizeit im Quartier | 91
4.2 Problemlagen und Hilfsnetzwerke | 103
4.3 Gemeinschaft und Gemeinsinn | 111
4.4 Einstellungen zu Bürgergesellschaft/Bürger | 121
4.5 Wahrnehmung von Politik und Gesellschaft | 133

5. „Klassische" und „moderne" Bürgergesellschaft | 145
5.1 Bürgergesellschaft: Zugänge und Barrieren | 146
5.2 Das „Neue": Zu den modernen Engagement-
und Aktivitätsformen | 157
5.3 „Moderne" Formen der Bürgergesellschaft
als Anknüpfungspunkt | 163

6. Exkurs I: Traditionelle Arbeiterviertel vs.
Trabantenstädte/Großwohnsiedlungen | 165
6.1 Monofunktionale Quartiere – soziale Netzwerke
als Ressource | 166
6.2 Innerstädtische Altbauviertel – Ausstiegschancen
aus der Arbeitslosigkeit | 169
6.3 Durchmischung versus Soziale Segregation | 172

7. Exkurs II: Bewohner mit und
ohne Migrationshintergrund | 175
7.1 „Wir Ausländer" – gemeinsame Identifikation | 175
7.2 Parallelgesellschaften und der Wunsch nach mehr
„Vermischung" | 177

8. Typologie einiger Bewohner des Viertels | 181
8.A „Viertelkinder" | 181
8.B „Aufstiegsorientierte" | 182
8.C „Isolierte" | 183
8.D Junge Männer | 185
8.E Jüngere Frauen und Mütter | 186
8.F „Viertelgestalter" | 188

9. Erkenntnisse und Handlungsempfehlungen | 191
9.1 Erkenntnisse ... | 191
9.2 Handlungsempfehlungen | 207

Literatur- und Quellenverzeichnis | 223
Anhang | 237
Autorinnen und Autoren | 249

Die starken Arme
legen keine Räder mehr still

Der „Malocher" trat ab und ein Prekariat entstand

FRANZ WALTER

Als sich zwischen den 1840er und 1860er Jahren in Deutschland eine gewerkschaftlich organisierte Arbeiterbewegung formierte, war es keineswegs die neue Klasse der Fabrikarbeiter, die den Motor dieser Entwicklung bildete. Denn im Frühkapitalismus besaßen die traditionslosen Fabrikarbeiter keine Organisationserfahrungen, keine Solidaritätspotentiale, keine gruppenbildenden Leitideen. Das war bei den vorkapitalistischen Handwerksgesellen jener Jahre – den Schriftsetzern, Scherenschleifern, Drechslern, Sattlern, Zimmerern usw. – hingegen ganz anders. Sie verfügten über die Kompetenzen, die dem industriellen Frühproletariat fehlten. Sie wurden infolgedessen zu Pionieren der gewerkschaftlichen Emanzipationsbewegung. Sie prägten die Führungsschicht ihrer Organisationen bis weit in das 20. Jahrhundert hinein. Sie besaßen die Voraussetzungen, die man braucht, um eine neue soziale Bewegung ins Leben zu rufen und sie peu à peu in Parteistrukturen zu übersetzen: Organisationskompetenz, Selbstbewusstsein, Bildung, Leitziele.[1]

Aus diesem Herkommen wurden „Assoziation" und „Bildung" zu Zauberwörtern der frühen Arbeiterbewegung – und prägten sie auf lange Dauer. Denn in den frühgewerkschaftlichen Organisations- und Bildungsidenti-

---

1 Vgl. Kocka, Jürgen: *Lohnarbeit und Klassenbildung*, Berlin [u.a.] 1983, S. 179ff.

täten spiegelten sich die Gruppenmoral und der Ehrgeiz der berufsstolzen Handwerkerelite. So entstand ein bildungsbeflissenes, organisationszentriertes, aufstiegsorientiertes Facharbeiterbewusstsein.² Auf ungelernte Arbeiter wirkte das von Beginn sehr viel weniger anziehend. Die Assoziations-, Bildungs- und Strebsamkeitsmentalität stieß sie oft eher ab, war ihrer oftmals diskontinuierlichen Lebensgeschichte fremd. Und so blieb der mentale Gegensatz zwischen den gelernten und ungelernten Arbeitern lange eine Konstante in der deutschen Arbeiterschaft.³

Insofern liefen etwa auch die Protestbewegungen in den traditionslosen Teilen der Arbeiterklasse seit 1917 an den Gewerkschaften vorbei, ja: richteten sich zuweilen aggressiv gegen die Organisationsapparate der Arbeiterverbände und Parteien. Der Entstehungsort und die Aktionszentren der jungproletarischen Rebellionen waren die Reviere der Rüstungsindustrien, die im Laufe des Ersten Weltkrieges meist aus dem Nichts in die Höhe gezogen worden waren. Als Arbeitskräfte hatte man junge Leute rekrutiert, oft ungelernt, häufig aus dem agrarischen Hinterland herbeigezogen. Für diese jungen Arbeiter kam der Wechsel in die Rüstungsfabriken und in die neuen Wohnquartiere jäh und schroff. Ihr Grundgefühl war das der Wurzellosigkeit: Die alten Bindungen waren gekappt, neue Ligaturen zur Organisationswelt und Kultur der organisierten Arbeiterbewegung hatten sich nicht aufgebaut. Das „neue Unten" der Weimarer Republik wurde zum Ferment eines bis dahin unbekannten aktionistischen Arbeiterradikalismus in Deutschland.

Die Distanz der hochqualifizierten Facharbeiter zu den schlecht ausgebildeten Massen – das findet man nicht zuletzt deshalb auch während der 1920er Jahre verstärkt wieder. Und es forcierte sich noch in dem Maße, in dem gerade die „Ungelernten" seit 1929/30 ihre Berufsarbeit verloren beziehungsweise gar nicht erst in den Produktionsprozess hineinfanden. Fortan war nicht mehr der Betrieb, sondern komplett die Straße der Erlebnis-

---

2   Welskopp, Thomas: *Das Banner der Brüderlichkeit. Die deutsche Sozialdemokratie zwischen Vormärz und Sozialistengesetz*, Historisches Forschungszentrum der Friedrich-Ebert-Stiftung, (Reihe Politik- und Gesellschaftsgeschichte, Bd. 54), Bonn 2000.
3   Vgl. insgesamt auch Ritter, Gerhard A.: Die Sozialdemokratie im Deutschen Kaiserreich in sozialgeschichtlicher Perspektive, in: *Historische Zeitschrift*, 249 (1989), S. 295-362.

und Erfahrungsraum dieser Arbeiterschicht. Die Straße lud weit mehr als der Betrieb zum martialischen Aufmarsch, zum gewalttätigen Aufruhr, zur körperbetonten Protestgebärde ein, was den qualifizierten Facharbeitern des kopfbetonten Arbeiterbildungswesens fremd war. Es entwickelten sich mithin zwei Kulturen in der industriellen Arbeiterschaft, die umso weiter auseinander trieben, je länger die ökonomische Krise zum Ausgang der Weimarer Republik anhielt.[4] Und dazu kam noch die quantitativ wahrscheinlich sogar stärkste Arbeiterkultur, die sich um Politik nicht scherte, sondern in der Freizeit an den neuen Angeboten der kommerziellen Massenkulturen orientierte, am Kino etwa, aber auch an Tanz- und Sportveranstaltungen.[5]

Der protestantische Theologe und anfängliche Sozialdemokrat Günther Dehn charakterisierte dabei die freizeitfixierten Einstellungsmuster junger Ungelernter im Kontrast zum Berufsstolz der Facharbeiterelite zeitgenössisch so:

„Beim Ungelernten ist die Trennung zwischen Beruf und Leben fast völlig durchgeführt. Die Arbeit ist hier für den Menschen nur noch in ganz geringem Maße Basis seines Seins, Möglichkeit der Auswirkung der in ihm schlummernden Kräfte und Fähigkeiten, Mittel der Eingliederung in den verantwortlichen lebendigen Zusammenhang mit den Mitmenschen, sie ist nur sachliche Leistung zum Zweck des Lebensunterhalts. Das eigentliche Leben beginnt erst jenseits der Arbeitssphäre. […] Nicht etwa der Sozialismus, sondern der Amerikanismus wird das Ende aller Dinge sein."[6]

Zunächst setzte sich nach dem Zweiten Weltkrieg diese sozialmoralische und politische Spaltung in Arbeiterklasse und Sozialismus nicht weiter fort. Die 1950er Jahre bildeten vielmehr das Jahrzehnt, in dem sich die Arbeiterklasse entproletarisierte. Die Vollbeschäftigung, die sich allmählich durchsetzte, vermittelte den Arbeitern ein stärkeres Gefühl der Sicherheit. Die Massenkonsumartikel, an denen in der zweiten Hälfte der 1950er Jahre mehr und

---

4 Vgl. Schönhoven, Klaus: *Reformismus und Radikalismus. Gespaltene Arbeiterbewegung im Weimarer Sozialstaat*, München 1989, S. 127ff.

5 Vgl. Langewiesche, Dieter: Politik – Gesellschaft – Kultur. Zur Problematik von Arbeiterkultur und kulturellen Arbeiterorganisationen in Deutschland nach dem I. Weltkrieg, in: *Archiv für Sozialgeschichte*, 22 (1982), S. 359-402.

6 Dehn, Günther: *Proletarische Jugend. Lebensgestaltung und Gedankenwelt der großstädtischen Proletarierjugend*, Berlin 1930, S. 39, 80.

mehr auch die Arbeitnehmer partizipierten, schufen Wohlstand und Privatheit. In den 1960er Jahren schienen gar bereits einige der klassischen sozialen Fragen der Industriegesellschaft, was Armut und Elend anging, final beantwortet zu sein. Denn auch kinderreiche Familien und alte Menschen, die zuvor am stärksten der Gefahr existenzieller Unsicherheit ausgesetzt waren, verzeichneten durch die zielstrebige Sozial- und Gesellschaftspolitik der Sozialstaatsregierungen erhebliche materielle Positionsgewinne. Soziale Sicherheiten lösten infolgedessen die früher chronischen Fragilitäten der Lebensführung ab. Zudem schliffen sich zuvor scharf ausgeprägte Interessensorientierungen und Einstellungsmuster zwischen den verschiedenen Schichten der Arbeitnehmerschaft ab. Arbeiter und Angestellte wurden nicht eins, aber sie näherten sich einander im Laufe der 1960er Jahre stärker an als in den zurückliegenden hundert Jahren der industriellen Gesellschaft. Auch der Anteil der Ungelernten in der Arbeiterschaft verringerte sich, von einem Drittel Mitte der 1920er Jahre auf ein Fünftel 1970.[7]

Doch markierten die frühen 1970er Jahre eine Wende anderer Art. In diesen Jahren übertraf der tertiäre Sektor den sekundären an Relevanz und Umfang. Im Zuge dieses Transformationsprozesses verschwanden etliche Traditionsfirmen aus der über hundertjährigen Industriegeschichte Deutschlands von der Bildfläche.[8] Ganze Arbeitergruppen, die lange das Bild der Straßen und Wohnquartiere in den urbanen Zentren des Landes bestimmt hatten, lösten sich in diesem Vorgang allmählich mit auf. Ihre Arbeitskraft wurde nicht mehr gebraucht, da man Intelligenz, nicht mehr Manpower suchte, wie es der Soziologe Heinz Bude ausdrückte: Daran musste ein Lebensplan, der „auf die harten und dreckigen Jobs in der alten Industrie zugeschnitten ist, scheitern."[9] Alternativen gab es auf dem Arbeitsmarkt für die meisten ebenfalls nicht mehr. Und so rutschten sie in die soziale Gruppe ab, die später die Kategorisierung beziehungsweise Stigmatisierung „neue Unterschicht" erhielt.

---

7 Vgl. Hradil, Stephan: *Die Sozialstruktur Deutschlands im internationalen Vergleich*, Wiesbaden 2006, S. 204ff.

8 Vgl. Doering-Manteuffel, Anselm: Langfristige Ursprünge und dauerhafte Auswirkungen. Zur historischen Einordnung der siebziger Jahre, in: Jarausch, Konrad (Hrsg.): *Das Ende der Zuversicht. Die siebziger Jahre als Geschichte*, Göttingen 2008, S. 318ff.

9 Bude, Heinz: Ein neuer politischer Egalitarismus, in: *Herder Korrespondenz*, 63 (2009) 2, S. 71.

In der Tat: Die alte, berufsstolze, disziplinierte, selbstbewusste, zukunftsoptimistische, kulturell ambitionierte Arbeiterklasse verließ die Bühne. Der „Malocher" mit starken Muskeln und hohem Klassenbewusstsein, mit gewerkschaftlichem Engagement und gut geschulter sozialistischer Gesinnung trat ab.[10] Das, was früher ein linkes Arbeitermilieu konstituierte, engmaschig organisiert und lebensweltlich wie normativ homogen, konnte nicht mehr bestehen. Das industrielle Fundament großbetrieblicher Zusammengehörigkeit und Wohnförmigkeit fehlte dafür. Die Arbeiterklasse von ehedem spaltete sich: auf der einen Seite in die Verlierer, die zunehmend atomisierten, resignierten und zur Apathie neigten. Sie blieben in ihrem angestammten Wohnviertel, das aber Jahr für Jahr mehr von einem wertgebundenen Arbeiter- zum desintegrierten Arbeitslosenquartier herabsank.[11] Auf der anderen Seite standen die Gewinner, welche die Bildungsreformen genutzt, die Aufstiegschancen im öffentlichen Dienst und in den neuen ökonomischen Sektoren ergriffen hatten. Keine andere Sozialgruppe war auf das Aufstiegsversprechen durch schulische Weiterqualifikation besser vorbereitet als die Familien dieses gewerkschaftlichen Funktionärskerns der Facharbeiterschaft. Sie waren die „Insider", denen es nach 1973 besser ging als ihren zuvor sozial blockierten Eltern und Großeltern.[12] So entfernten sich die Kinder, Enkel und Urenkel dieser Facharbeiterelite peu à peu aus den Arbeitermilieus mit ihren Zusammenhängen einer überlieferten Solidargemeinschaft.[13] Spätestens mit der eigenen Familiengründung,

---

10 Vgl. von Saldern, Adelheid: Geoff Eley, Forging Democracy. The History of the Left in Europe 1850-2000 (Rezension), in: *AFS*, 44 (2004), S. 697.
11 Häußermann, Hartmut: Ungleichheit und Wohnen, in: *Neue Gesellschaft/ Frankfurter Hefte*, 56 (2009) 10, S. 42-45, hier S. 44.
12 Zur Unterscheidung von „Insider" und „Outsider" vgl. besonders Rueda, David: Spaltung der Sozialdemokratie in Insider und Outsider. Beschäftigungsförderung und Großbritanniens ‚Third Way', in: *Berliner Debatte Initial*, 17 (2006) 1/2, S. 199ff.
13 Hierzu und im Folgenden vor allem Ortmann, Hedwig: *Arbeiterfamilie und sozialer Aufstieg. Kritik einer bildungspolitischen Leitvorstellung*, München 1971; Hansen, Hans: *Arbeiter-Jugendliche auf dem Gymnasium*, Dissertation zur Erlangung der Würde des Doktors der Philosophie der Universität Hamburg, Hamburg 1976; Fürstenberg, Friedrich: *Das Aufstiegsproblem in der modernen Gesellschaft*, Stuttgart 1969.

mit der beruflichen Etablierung wechselten sie dann die Wohngegend, die Bezugsgruppen, die Geselligkeitsformen, die Manieren, den Habitus schlechthin. Die „Insider" des Aufstiegs goutierten in den folgenden Jahren die Möglichkeiten einer nicht-milieugebundenen Individualität und Optionsvielfalt. Die aufsteigenden „Insider" ließen fortan die Ausgestoßenen des Deindustrialisierungsprozesses, die neuen „Outsider", hinter sich und zurück, organisierten sie nicht mehr, formten sie nicht mehr kulturell, gaben ihnen keine politischen Impulse und Interpretationen mehr vor, stifteten weder Sinn noch Halt. Die Klassenbasis der Handarbeiterbewegung zerbrach durch Aufstieg der einen und Abstieg der anderen. Die zurückgelassene Herkunftsgruppe betrachtete die Konversion der Gymnasiasten/Studenten aus ihren unterschichtigen Quartieren zunächst mit Argwohn, später dann in Teilen mit offener Feindschaft. Die Aufsteiger wurden zur sichtbaren Personifikation der Illoyalität, zur Inkarnation der Hohlheit der ursprünglich vollmundig skandierten Postulate von Brüderlichkeit, Solidarität und kollektiver Emanzipation. Die Aufsteiger hatten die Normen verraten, die Bindungen abgestreift, die Schwüre gebrochen. Ein Prinzipienvakuum öffnet sich im Folgenden – oben wie unten.

Durch die „Kettenabwanderung" aus den Arbeiterquartieren während der Bildungsexpansion der 1960er und 1970er Jahre[14] gingen die bisherigen Sprecher der Benachteiligten verloren. Diejenigen, die zurückblieben[15], besaßen nicht die Kraft, wohl auch nicht die Kompetenzen, in ihren Quartieren kollektivierende Strukturen einzuziehen, durch intermediäre Einrichtungen – wie früher die Arbeiterwohlfahrt, Jugendverbände, Samariterkolonnen, Elternvereinigungen etc. – auch arbeitslose Einzelne zu assoziieren. Die vielen Einzelnen, die nun arbeitslos wurden und es blieben, sahen sich allein, isoliert, ohne die Kooperationen der Vergangenheit. Selbst Nachbar-

---

14 Vgl. auch Solga, Heike; Wagner, Sandra: Die Zurückgelassenen – die soziale Verarmung der Lernumwelt von Hauptschülerinnen und Hauptschülern, in: Becker, Rolf; Lauterbach, Wolfgang (Hrsg.): *Bildung als Privileg. Erklärungen und Befunde zu den Ursachen der Bildungsungleichheit*, Wiesbaden 2008, S. 191ff.

15 Generell über dies Phänomen vgl. Gestrich, Andreas; Krause, Marita (Hrsg.): *Zurückbleiben. Der vernachlässigte Teil der Migrationsgeschichte*, Stuttgart 2006.

schaften trugen bald nicht mehr. Sicherheit und belastbare Alltagsgewissheit garantierten allein die vier eigenen Wände. Dahin zogen sich etliche Personen aus den früheren Arbeitermilieus für sich zurück, resignierten, wandten sich von der Politik ab. Die Räume, welche die Aufsteiger verlassen hatten, besetzten nun Migrantenfamilien, was die Rückzugs- und Abkapselungstendenzen der Alt-Einheimischen der unteren Schichten häufig noch mehr verstärkte. Einst waren diese Viertel hoch politisiert, demonstrativ in Aktivität gehalten; jetzt gingen die einen enttäuscht nicht mehr zur Wahl, die anderen durften es aus Gründen des Staatsbürgerrechts nicht. Die Wahlenthaltung war ein Indiz für die Spaltung der Gesellschaft, welche – so der französische Soziologe Érich Maurin – zwischen denen verlief, die eine gesicherte Zukunft besaßen und solchen, die von der Wucht der Veränderungen auf dem Arbeitsmarkt heftig nach unten und an den Rand geschleudert worden waren.[16] So hatten die Stadtbereiche jener keine Vokalisierer und keine Stimme bei den politischen Entscheidungsträgern. Man konnte sie vernachlässigen.[17] In Frankreich, wo die soziale, kulturelle und politische Segregation während der vorangegangenen Jahrzehnte noch weiter fortgeschritten war, wurde diagnostiziert, dass das nicht-wählende Prekariat sich eben nicht mehr als Teil der Gesellschaft fühlte, dass sich dort vielmehr das Gefühl verbreitet hatte, keine eigene und wirksame politische Existenz innerhalb der Nation noch innezuhaben. Insofern schafften sich die zunehmend ghettoisierten Wohnviertel eigene Regeln.[18] Und eine der Normen, die sich auf diese Weise quartiersbezogen entwickelt hatte, lautete: nicht mehr wählen zu gehen. Bezeichnend war sicher auch, dass gerade in den Stadtteilen, die in unregelmäßigen Abständen durch Jugendkrawalle Aufmerksamkeit erregten, die Partizipation am Wahlakt besonders geringe Quoten aufwies. Man fühlte sich vom dominanten Teil der Gesellschaft verlassen, sah infolgedessen auch keinen Grund, an deren Vereinbarungen und Verständigungsmustern mitzuwirken.

In Deutschland gebrach es den Zurückgelassenen in den früheren Arbeitersiedlungen der Industriegesellschaft ebenso an potentieller Macht wie auch

---

16 Vgl. das Interview mit Maurin, Érich, in: *Le Monde* vom 25.03.2010.
17 Hierzu und im Folgenden: Häußermann, Hartmut; Kronauer, Martin; Siebel, Walter (Hrsg.): *An den Rändern der Städte*, Frankfurt a.M. 2004.
18 Vgl. Bronner, Luc: Certaines cités se sont exclues du système electoral, in: *Le Monde* vom 19.3.2010.

nur an Bedeutung und Funktion. Die Arbeiterklasse in der Hochzeit des Industriekapitalismus konnte damit drohen, „alle Räder" zum Stillstand zu bringen, wenn der „starke Arm" des Proletariats dazu entschlossen war.[19] So lautete noch der Text des ersten Bundesliedes der frühen deutschen Sozialdemokratie. Doch die schlecht qualifizierten Arbeiter im Deindustrialisierungsprozess der 1970er Jahre waren für die modernen Unternehmen nicht mehr wichtig. Sie waren überflüssig geworden, ohne Nutzen für Produktivität und Gewinn. Die Lohnabhängigen mochten früher über Ausbeutung geklagt haben. Die Entbehrlichen der postindustriellen Gesellschaft mussten bekümmert feststellen, dass sie mittlerweile niemand mehr ausbeuten wollte, da die Ausbeute ihres Arbeitsvermögens dem Besitzbürgertum nicht mehr genügte. Sie waren diejenigen, die übrig blieben, als die Fabrikarbeit verschwand.[20] In den Jahren der Kanzlerschaft von Helmut Schmidt hofften noch etliche, dass die Arbeitslosigkeit Folge ungünstiger konjunktureller Rahmenbedingungen wäre und wieder vergehen würde, wie so oft in der Geschichte des Kapitalismus. Spätestens mit den 1980er Jahren aber wurde manifest, dass sich die Arbeitslosigkeit zu einem Langzeitphänomen festigte und verstetigte, dass selbst in guten Wachstumsjahren, wenn die Börsenkurse nach oben jagten, der Bedarf nach manueller Industriearbeit nicht wieder stieg.[21] Eine neue Klasse entstand darauf, ohne Wahrnehmung eigener Kollektivität und verbindender Interessen, ohne Gegenideologie und subversiven Aktionsdrang. Sozialwissenschaftler sprachen jetzt von den „Exkludierten", der „Underclass" oder auch der „neuen Unterschicht".[22]

Das Signum dieser neuen Unterschichtigkeit war die Perpetuierung der randständigen Existenz, gewissermaßen die intergenerationelle Vererbung von sozialem Ausschluss und gesellschaftlicher Aussichtslosigkeit.[23] Die

---

19 Vgl. das Bundeslied, in: Bartels, Hans-Peter et al. (Hrsg.): *Das Vorwärts-Liederbuch*, Berlin 2009, S. 40.
20 Vgl. Wilson, William J.: *When Work Disappears. The World of the New Urban Poor*, New York 1996.
21 Vgl. Reinprecht, Christoph: Zur Wiederkehr sozialer Unsicherheit, in: *Neue Gesellschaft/Frankfurter Hefte*, 57 (2010) 12, S. 27ff.
22 Vgl. Bude, Heinz; Willisch, Andreas: *Exklusion. Die Debatte über die ‚Überflüssigen'*, Frankfurt a.M. 2008.
23 Vgl. Pollak, Reinhard: *Kaum Bewegung, viel Ungleichheit. Eine Studie zu sozialem Auf- und Abstieg in Deutschland*, hrsg. v. Heinrich-Böll-Stiftung, (Schriften

Tragik dieser Lage bestand darin, dass die verschiedenen Elemente der Marginalität und der Abtrennung von der Mehrheitsgesellschaft ineinander übergingen, sich gegenseitig verstärkten, kumulativ die Not vermehrten. Arbeitslosigkeit bedeutete minderes Einkommen. Minderes Einkommen reduzierte die Wohnungsqualität. Schlecht beleumdetes Wohnumfeld barg große Defizite an infrastruktureller Versorgung. Vor allem das Niveau der Erziehungseinrichtungen, von der Kita bis zu den Schulen, fiel weit unterdurchschnittlich aus. Bildungsmangel aber verhindert die Integration in das Erwerbsleben – ein wirklicher Teufelskreis, der sich spiralförmig reproduzierte.[24]

Umstritten blieb bei den Experten der Stadt- und Segregationssoziologie, wie bedeutsam und aussichtsreich eine Politik der sozialen Durchmischung sein mochte, um verfestigte Prekariatsstrukturen, eine Subkultur der Armut zu verhindern. Oft wurde darauf verwiesen, dass in gründerzeitlichen Stadtteilen urbaner Zentren neben Langzeitarbeitslosen eine etablierte Facharbeiterschicht, gut verdienende Mittelklassezugehörige und Studierende lebten, die mittels zivilgesellschaftlicher Organisationen und Vernetzungen auch die unterschichtigen Gruppen einbeziehen, ihnen Schutz bieten, ein Stück weit Zuversicht über Aktivitätsnormen vermitteln konnten. Sehr viel weniger optimistisch beurteilten die beiden Wissenschaftler Sebastian Beck und Thomas Perry die Zielsetzung einer integrativen Stadtgesellschaft durch systematische Mischung des Wohnstandortes. Ein zu hohes Maß an Vielfalt und Verschiedenartigkeit, so ihr Befund, führe nicht zu mehr und kooperativeren Kontakten, sondern im Gegenteil: zu Abgrenzung. Andere Verhaltensweisen werden häufig als fremder Eingriff in die eigene Welt interpretiert und übel genommen. „Wegziehen wird deshalb zu einer sehr rationalen Lösung, der Spannung auszuweichen. Dass dies zu

---

zu Wirtschaft und Soziales, Bd. 5), Berlin 2010, online verfügbar unter: www.boell.de/downloads/201010_Studie_Soziale_Mobilitaet.pdf (zuletzt eingesehen am 04.12.2010).

24 Vgl. hierzu grundlegend die Studien von Kronauer, etwa: Kronauer, Martin: ‚Soziale Ausgrenzung' und ‚Underclass': Über neue Formen gesellschaftlicher Spaltung, in: *Leviathan*, 25 (1997) 1, S. 28ff; Ders.: Armut, Ausgrenzung, Unterklasse, in: Häußermann, Hartmut (Hrsg.): *Großstadt. Soziologische Stichwörter*, Opladen 1998, S. 13ff; Ders., Die neue soziale Frage: Armut und Ausgrenzung in der Großstadt heute, in: Walther, Uwe-Jens (Hrsg.): *Soziale Stadt – Zwischenbilanzen. Ein Programm auf dem Weg zur sozialen Stadt?*, Opladen 2002, S. 165ff.

Segregation führen könnte, kümmert die nicht, die wegziehen."[25] Etwas mehr Bedauern darüber klingt bei Heinz Bude an: „Wenn diese Familien abwandern, gehen dem Stadtteil wichtige zivilgesellschaftliche Potentiale verloren, weil Kinder immer einen Grund darstellen, sich um das Wohnumfeld zu kümmern und den Kontakt mit Nachbarn zu pflegen."[26]

So aber verwahrloste dieses Wohnumfeld, folgt man wiederum der expressiven Darstellung von Bude:

„Jedes Mal gerät man in eine soziale Zone mit hoher Arbeitslosigkeit oder massiver Unterbeschäftigung, wo die Straßen dreckig, die Bushaltestellen demoliert, die Häuser mit Graffiti übersät und die Schulen marode sind. Hier treffen ökonomische Marginalisierung, ziviler Verfall und räumliche Abschottung zusammen. Die Menschen, die man in den Billigmärkten für Lebensmittel trifft, wirken abgekämpft vom täglichen Leben, ohne Kraft, sich umeinander zu kümmern oder aufeinander zu achten, und lassen gleichwohl kein Anzeichen von Beschwerdeführung oder Aufbegehren erkennen. Die Jugendlichen hängen herum und warten darauf, dass etwas passiert, die Männer mittleren Alters haben sich ins Innere der Häuserblocks zurückgezogen, und die Frauen mit den kleinen Kindern sehen mit Mitte zwanzig schon so aus, als hätten sie vom Leben nichts mehr zu erwarten. Es herrscht eine Atmosphäre abgestumpfter Gleichförmigkeit. Hier leben Menschen, die sich daran gewöhnt haben, wenig zu besitzen, wenig zu tun und wenig zu erwarten."[27]

Im Herbst 2006 schien die Gruppe der Exkludierten plötzlich in den Mittelpunkt des öffentlichen Masseninteresses zu rücken.[28] Verantwortlich dafür

---

25 Beck, Sebastian; Perry, Thomas: Studie Soziale Segregation. Nebeneinander und Miteinander in der Stadtgesellschaft, in: *vhw FW*, (Juni-Juli 2008) 3, S. 115-122, hier S. 119f.

26 Bude, Heinz: *Die Ausgeschlossenen. Das Ende vom Traum einer gerechten Gesellschaft*, München 2008, S. 67.

27 Ebd., S. 10.

28 Vgl. zu der Debatte um die „neuen Unterschichten", die ausgelöst wurde durch die von der Friedrich-Ebert-Stiftung 2006 herausgegebene Studie des Instituts TNS Infratest Sozialforschung: *Gesellschaft im Reformprozess*. Zentrale Inhalte der Studie sind online verfügbar unter: http://www.fes.de/aktuell/documents/061017_Gesellschaft_im_Reformprozess_komplett.pdf (zuletzt eingesehen am

war eine Studie der Friedrich-Ebert-Stiftung, durchgeführt vom Institut TNS Infratest Sozialforschung, zur „Gesellschaft im Reformprozess". Die Sozialforscher hatten in ihrer Untersuchung auf die Rückkehr sozialer Polarisierungen, vor allem auf die Existenz eines „abgehängten Prekariats" hingewiesen. Acht Prozent der Bevölkerung zählten sie hierzu. Die meisten davon befanden sich im berufsaktiven Alter, aber die wenigsten gingen einem Erwerb nach, da zwei Drittel der Zugehörigen dieser Lebenswelt (länger bereits) in der Arbeitslosigkeit feststeckten. Überwiegend handelte es sich beim Prekariat um Männer, die sich wenig mit ihrer (früheren) Arbeit identifizierten, dazu eine geringe berufliche Mobilität und Aufstiegsorientierung aufwiesen. In dieser Gruppe herrschte die mit Abstand größte finanzielle Unsicherheit, die Zukunftssorgen waren immens; man wähnte sich selbst im gesellschaftlichen Abseits, auf der Verliererseite, vom Staat allein gelassen. Gegenüber Ausländern schotteten sich die Prekarisierten rigide ab; sie füllten ihre Frustrationen mit einem entschiedenen Ethnozentrismus. Die Distanz zu Parteien und Politikern konnte größer kaum sein; im Jahr der Erhebung fand man in diesem Milieu den höchsten Anteil an bekennenden Nichtwählern, aber auch von trotzigen Sympathisanten der PDS und rechtsextremer Formationen.

Die Bekanntgabe der Untersuchungsergebnisse mündete in eine durchaus furiose, aber letztlich wieder rasch vorübergehende „Unterschichtendebatte". Vor allem die Sozialdemokraten, einst politische Repräsentanten der unteren gesellschaftlichen Schichten, reagierten irritiert und ein wenig richtungslos, fast beleidigt. Dass ausgerechnet während ihrer Regierungszeit sich die sozialen Antagonismen und Marginalisierungen verschärft haben sollten, war ihnen nur schwer erträglich.[29]

Später legte das Heidelberger Sinus-Institut explorativ nach. Die Vorzüge der Sinus-Studien, wie auch die von TNS Infratest, liegen darin, dass

---

04.12.2010); vgl. auch Neugebauer, Gero: *Politische Milieus in Deutschland. Die Studie der Friedrich-Ebert-Stiftung*, Bonn 2007; Schnibben, Cordt: Die Überflüssigen, in: *Der Spiegel*, 43 (2006), S. 28-30; Kahlweit, Kathrin: Eine Klasse für sich, in: *Süddeutsche Zeitung* vom 17.10.2006; Wehler, Hans-Ulrich: Verschämte Klassengesellschaft, in: *Die Zeit*, 48 (2006).

29 Vgl. auch Alber, Jens; Fliegner, Florian: Eine merkwürdige Debatte. Die von manchen Politikern geleugnete Unterschicht gibt es wirklich, in: *WZB-Mitteilungen*, 114 (2007), S. 22-24.

sie Analysen zur sozialen Lage mit den Einstellungen und Lebensstilen der Zugehörigen unterschiedlicher Milieus verknüpfen. Solche Lebensweltanalysen machen die soziokulturellen Ungleichzeitigkeiten von gleichzeitig auftretenden Milieus deutlich.[30] Die Ungleichzeitigkeiten rühren zunächst aus den verschiedenartigen historischen Orten ihrer Entstehung und Prägung. Die 1950er Jahre haben einen anderen Lebensstil hervorgebracht als die 1970er Jahre, deren Zeitgeist wiederum in den 1990er Jahren nachgerade anachronistisch auf die hier nachwachsenden Kohorten wirkte. Die Heterogenitäten der sozialen Lagen begründen nach wie vor – vielleicht sogar stärker als 30 Jahre zurück – ungleiche Chancen, Möglichkeiten, Optionen, kulturelle und materielle Realitäten. So differieren die Milieus im Deutschland des frühen 21. Jahrhunderts nach Demographie, sozialer Lage, Habitus, Freizeit, Medienbenutzung, Ästhetik, Lebensstil, Werten, Sprachcodes und Sinnperspektiven.[31]

Schließlich sagt die soziale Lage allein nichts über politische Einstellungen, soziales Engagement, den Charakter alltagsorientierender Deutungsmuster aus. Und dass die unzweifelhaft bedrückende soziale Lage der Prekarisierten in diesem Land bemerkenswert geringe altruistische oder solidarische Zuwendungen hervorruft, hat gewiss mit eben dieser subjektiven, lebensstilistischen Seite des Problems zu tun.[32]

Denn: Es gab Zeiten, da wurden die Outcasts und Unterdrückten dieser Welt politisch umschwärmt und literarisch mythologisiert. Das Prekariat des Postindustrialismus hingegen wurde und wird eher verachtet. Über dieses Prekariat werden vielmehr expressive Geschichten über die Disziplinlosigkeit, den schrillen Konsumismus, die Antriebsschwäche, ja die „Asozialität" des „neuen Unten" erzählt. Als Kontrast wird an die tüchtigen Facharbeiter früherer Jahrzehnte erinnert – berufsstolz, aufstiegswillig, bildungsbeflissen, organisationsbereit. Die fleißigen Dreher, Drucker und

---

30 Vgl. Flaig, Bertold Bodo; Meyer, Thomas; Ueltzhöffer, Jörg (Hrsg.): *Alltagsästhetik und politische Kultur*, Bonn 1993.

31 Vgl. z.B. Rössel, Jörg: *Sozialstruktur Deutschlands. Strukturierte soziale Ungleichheit, Lebensstile und Milieus*, Wiesbaden 2007; sowie Bremer, Helmut: *Soziale Milieus und Wandel der Sozialstruktur. Die gesellschaftlichen Herausforderungen und die Strategien der sozialen Gruppen*, Wiesbaden 2006.

32 Vgl. auch Walter, Franz: *Baustelle Deutschland. Politik ohne Lagerbindung*, Frankfurt a.M. 2008, S. 7ff.

Drechsler der frühen Arbeitsgesellschaft hatten sich noch – so wird es zumindest gerne etwas verklärend erinnert – nach langen Arbeitszeiten bei Kerzenlicht durch Buchlektüre weiterzubilden versucht; das neue Prekariat aber – so wird es vorwurfsvoll kolportiert – liegt faul mit Dosenbier und Kartoffelchips auf der Couch vor einfältigen Kabel-1-Spielfilmen, verfettet und verlottert so auf Dauer in der von den Fleißigen mühevoll gespannten sozialen Hängematte des deutschen Wohlfahrtsstaates.

Die Sinus-Sozialforscher hatten nun einen genaueren Blick in die prekären Lebenswelten der deutschen Gesellschaft geworfen. Zur Underclass zählten sie diejenigen mit einem Nettoeinkommen unter 600 Euro, einer geringstufigen Schulbildung und der soziokulturellen Entkopplung von den Möglichkeiten der Mehrheitsgesellschaft. Folgte man der Prämisse, dann gehörten in Deutschland nahezu vier Millionen Menschen zu dieser mehrfach abgehängten Schicht. Es gab dabei ein deutliches Ost-West-Gefälle, da in den neuen Bundesländern zehn Prozent niederschichtig angesiedelt sind, im Westen waren es nur fünf Prozent. Bemerkenswerterweise konzentrierten sich die Unterschichten nicht – wie vielfach angenommen – in erster Linie in den urbanen Zentren, sondern verteilten sich, wenngleich nur leicht überproportional, im ländlichen, klein- und mittelstädtischen Raum.

Gemeinsam war den Zugehörigen dieser Lebenswelt, dass sie sich von Arbeitslosigkeit zumindest bedroht fühlten, sich vor weiteren Einschränkungen sozialer Transfers elementar fürchteten, mit den beschleunigten Wandlungsprozessen in der Gesellschaft nicht mehr zurechtkamen, sich als Loser sahen und daher zunehmend in subkulturellen Nischen einschlossen. Ins Auge fiel auch, dass sich die unteren Schichten des Jahres 2007 anders als die qualifizierte Industriearbeiterschaft der Jahre 1890, 1920 oder 1960 überwiegend keine langfristigen Ziele mehr setzten, auch nicht mehr an eine bessere Zukunft für sich durch Weiterqualifikation glaubten. Emanzipation durch Bildung, Organisation und zähe, kontinuierliche Reformarbeit gehörten somit nicht mehr zu den Identitäten und Hoffnungen der Minderprivilegierten.

Doch eine homogene Lebenswelt fand sich in den sozialen Hinterhöfen auch nicht. Es gab kein uniformes soziales Unten in der deutschen Gesellschaft. Die Sinus-Expertise teilt ihren Untersuchungsgegenstand in „traditionelle" und „moderne Unterschicht" ein. Die „Traditionellen" waren während ihrer Sozialisation besonders in den ersten beiden Nachkriegsjahrzehnten geprägt worden, die „Modernen" im Laufe der nachfolgenden Jahre von Individualisierung, Genussorientierung und mehr Optionalität.

Die traditionelle Unterschicht Mitte des letzten Jahrzehnts war weiblicher; ihre Zugehörigen waren älter. Ein stattlicher Teil lebte von einer äußerst kargen Rente, war verwitwet. Das Wertefundament war noch klassisch und wies durchaus einige Affinitäten zur sozialdemokratisch, gewerkschaftlich, auch katholisch durchformten Arbeiterschaft auf. Die traditionelle Unterschicht lebte bescheiden und sparsam, war um Sauberkeit und Ordnung bemüht, schätzte Fleiß und Pünktlichkeit, strebte nach intakten Familienverhältnissen, sah die Dinge nüchtern und realistisch. Soziale Gerechtigkeit, Solidarität und die Integration in Freundes- wie Vereinsnetzwerke galten ihnen nach wie vor viel. Dieser Kanon von Tüchtigkeitstugenden übersetzte sich unmissverständlich in Freizeitaktivitäten: Man strickte, schneiderte, gärtnerte, bastelte und hobelte emsig vor sich hin.

Die Freizeit in den modernen Unterschichten gestaltete sich anders. Man strömte in Freizeitparks und begab sich zu Techno-Events, hielt sich in Schnellrestaurants auf oder vergnügte sich zu Hause bei Action-, Thriller- und Horror-DVDs. Die modernen Unterschichten waren jünger, männlicher, lebten bevorzugt in Mehrpersonen-Haushalten, waren in der Tat keine praktizierenden Freunde von Disziplin, Langfristigkeit, Triebaufschub. Freizeit, Spaß, Unterhaltung, Ablenkung, Traumwelten, und Body-Kult – in diesen Chiffren drückten sich die Alltagsphilosophien und die Lebensbewältigung der modernen Underclass aus.

Mit der sozialkatholischen Lebensweise der kleinen, bescheidenen Leute und dem gewerkschaftlichen Milieu klassenbewusster Arbeiter hatte das nichts mehr zu tun. In der neuen Unterschicht – das zeigten die Sinus-Studien sehr präzise – flackert demgegenüber gleichsam ein Stück Insubordination, Unberechenbarkeit, Aufbegehren. Die neuen Unterschichten lehnen es in großen Teilen ab, sich „bei der Arbeit herumkommandieren" zu lassen. Sie zeichnen sich durch Tabulosigkeiten, Lebenshunger, spontane Direktheit aus.

Kurzum: Die Milieus in den unteren Bereichen der gesellschaftlichen Rang- und Sozialordnung differierten durch Sozialisation ihrer Zugehörigen in verschiedenen Zeitkontexten nicht unerheblich. Doch einte sie das Grundgefühl, in der ökonomischen Dynamik unter die Räder zu kommen, zu den Abgehängten und Ausgeschlossenen der Modernisierung zu gehören. Positive kollektive Entwürfe für eine bessere gesellschaftliche Zukunft fanden sich dort nicht; auch ließen sich solidarische Organisationsformen vor allem in den jüngeren Lebenswelten der Underclass kaum mehr erkennen.

Der Blick auf die Migration ergänzt einiges.[33] Nicht ganz wenige Kinder aus dem berufsstolzen, disziplinierten, traditionellen Arbeitermilieu der seinerzeit so genannten „Gastarbeitergeneration" hatten sich im Lauf der Jahrzehnte stärker nach oben gerobbt, ehrgeizig, anpassungsbereit. Und ähnlich der Entwicklung in den 1970er Jahren hat man sich auch in der neumittigen Migration von den unten Zurückgelassenen getrennt und kulturell distanziert. Die neue Mitte der Einwanderung war ebenso wie das Zentrum der klassischen Mehrheitsgesellschaft darauf erpicht, sich nur in solchen Wohnquartieren niederzulassen, in denen der Ausländeranteil gering war.

Und so blieben auch in der Migration etliche – rund ein Viertel dürften es wohl mindestens gewesen sein – zurück. Der Aufstieg der einen lässt die anderen ihr Scheitern und ihre Rückständigkeit als noch schmerzhafter empfinden. Ebenfalls in einer Sinus-Studie firmieren sie als „entwurzelte" beziehungsweise „hedonistisch-subkulturelle Milieus." Hier wurde am stärksten die Aussage bekräftigt, dass „Menschen mit einem Migrationsintergrund gerade in Deutschland Bürger zweiter Klasse" wären. In beiden Lebenswelten dominierten Männer mit geringer schulischer Qualifikation, unzureichender beruflicher Ausbildung. Das „entwurzelte Milieu" speiste sich vor allem aus der meist nur wenige Jahre zurückliegenden Einwanderung aus der früheren Sowjetunion und dem Ex-Jugoslawien. Die Deutschkenntnisse waren sehr gering; weder im Familien- noch im Freundeskreis wurde hauptsächlich deutsch gesprochen. Man blieb mithin unter sich, pflegte keine oder kaum Außenkontakte zu anderen Lebenswelten. Fast die Hälfte identifizierte sich mit dem Satz: „Mein Herkunftsland ist meine eigentliche Heimat; in Deutschland verdiene ich nur mein Brot." Das „hedonistisch-subkulturelle Milieu" hingegen – wo nur ein Viertel ein derartiges Bekenntnis abgibt – wurde eher von jungen männlichen Türken geprägt, die größtenteils während der 1990er Jahre nach Deutschland gekommen sind, von denen aber auch überproportional viele hier bereits geboren worden waren. Über die Hälfte besaß nicht die deutsche Staatsbürgerschaft, aber ihre Kenntnisse der deutschen Sprache waren bemerkenswert gut.

---

33 Vgl. Walter, Franz: Einwanderer-Elite beflügelt Deutschland, in: *Spiegel online*, 16.10.2007, online verfügbar unter: http://www.spiegel.de/politik/deutschland/ 0,1518,511474,00.html und unter: http://www.sociovision.de/uploads/tx_mpdown loadcenter/Zentrale_Ergebnisse_16102007.pdf (beide zuletzt eingesehen am 04.12.2010).

Es war dies Milieu junger, sich ihrem Selbstverständnis unsicherer Menschen, von denen sich viele vehement dagegen sträubten, in der deutschen Mehrheitsgesellschaft adaptiv aufzugehen. „In der dritten Generation werden die Erwartungen nicht mehr nur auf die eigene Herkunftsfamilie, sondern mehr noch auf die Lebenschancen von Gleichaltrigen überhaupt bezogen. Die Enkel denken nicht mehr daran, für andere die Drecksarbeit zu machen. Damit werden nicht nur starke Motive des Vorankommens, sondern auch ganz andere Bezüge der Frustration geschaffen."[34] Sie wollten sich nicht unter Druck assimilieren, verhielten sich renitent, demonstrativ provokativ. Diese Eigenkultur war unzweifelhaft modern, aber sie akkulturalisierte mindestens Spuren oder Teilelemente auch der Traditionalität, des Rückgriffs auf Ethnie und religiösen Eigensinn, um sich von der verhassten Mehrheitsgesellschaft abzugrenzen und dadurch vielleicht eine eigene, gewiss schwierige Identität zu konstruieren.

Diesseits der Migrantendebatte wurde in den letzten Jahren vorwiegend die Abstiegsangst der gesellschaftlichen Mitte zum Thema von Politik und Publizistik. Dabei: Die Wut, allerdings auch Frustration und Resignation waren zum Ausgang des letzten Jahrzehnts in den abgehängten Quartieren der bundesdeutschen Gesellschaft noch weiter gewachsen.[35] Dies ergab eine sozialwissenschaftliche Untersuchung zur „Politikwahrnehmung in der Unterschicht", die eine Göttinger Gruppe aus der Parteien- und Politischen Kulturforschung der Universität zusammen mit dem Heidelberger Sinus-Institut im Winter 2008/09 für das Land Nordrhein-Westfalen durchgeführt hat. Die Resultate der Studie werden hier im Folgenden referiert. Die Menschen im unteren Drittel waren, wie sich herausstellte, mutlos geworden, keineswegs zukunftsgewiss, sondern voller Furcht vor dem, was noch kommen mochte. Die „kleinen Leute" im mittleren oder höheren Alter waren konservativ in dem Sinne, dass ihr Fluchtpunkt stets die Verhältnisse von „früher" waren. „Früher", da galten sie und ihre Fähigkeiten noch was. Früher, da kam man auch mit einem ordentlichen Volksschul- oder Realschulabschluss weiter. „Heute muss man doch mindestens Abitur haben, sonst brauchst Du Dich gar

---

34 Bude: *Die Ausgeschlossenen*, S. 26.
35 Vgl. auch Walter, Franz: *Vom Milieu zum Parteienstaat. Lebenswelten, Leitfiguren und Politik im historischen Wandel*, Wiesbaden 2010, S. 200ff.

nicht erst vorzustellen" – lautete die immerwährende Klage der Menschen in prekären Lebensverhältnissen. Mit dem Begriff der „Chance" konnten sie nichts anfangen. Auf die Formel „Chance durch Bildung" reagierten sie gar wütend. Jeder oder jede von ihnen, der/die über 16 Jahre alt war, erfasste ganz realistisch, dass die Chancen-Bildungs-Gesellschaft für ihn oder sie bedeutete, in den nächsten Jahrzehnten ohne Aussichten, ohne Ansehen, erst recht ohne Möglichkeiten des Weiterkommens zu bleiben. Denn Bildung war schließlich der Selektionshebel, der sie in die Chancenlosigkeit hineinsortiert hatte. Bildung bedeutete für sie infolgedessen das Erlebnis des Scheiterns, des Nicht-Mithalten-Könnens, der Fremdbestimmung durch andere, die mehr gelesen hatten, besser reden konnten, gebildeter aufzutreten vermochten. „Die anderen sind mit dem Fahrstuhl eine Etage höher gefahren; sie sind jedoch in ihrem Stockwerk geblieben", fassen Heike Solga und Sandra Wagner andernorts das Dilemma dieser Gruppe zusammen:

„Diese generationelle Veränderung der Wahrnehmung von den Hauptschülerinnen und Hauptschülern äußert sich unter anderem darin, dass den älteren Generationen (insbesondere den Frauen) noch ein strukturell verwehrter Übergang auf höhere Schultypen zugestanden wird, während die jüngeren Generationen – mit der Expansion des allgemeinen Bildungssystems – Gefahr laufen, dass ihr Verbleiben auf der Hauptschule einem individuellen Leistungsdefizit zugeschrieben wird."[36]

Mehr Bildungschancen mochte ein Rezept für ihre ganz kleinen oder noch nicht geborenen Kinder sein – aber selbst daran glaubten sie nicht –, für sie selbst bedeutete die Konzentration staatlicher Anstrengungen auf Bildung statt sozialer Transfers die Verfestigung von sozialer Labilität, ja Marginalität. Ganz illusionslos sahen sie, dass es für sie nicht eine einzige plausible Idee für ein sozial gesichertes und respektables Leben in den nächsten Jahrzehnten gab. Daher klammerten sie sich stärker als alle anderen Gruppen an den Staat. Zugleich aber beschwerten sie sich bitter über die Bürokratie, mit der sie bei ihren täglichen Behördengängen zu tun bekamen, von der sie sich gegängelt, überwacht, schikaniert fühlten.

Signifikant war die dominante Fortschrittsangst. Der Fortschritt bedeutete Bedrohung, übte einen permanenten Druck aus, den man nicht zu be-

---

36 Solga; Wagner: Die Zurückgelassenen, S. 217f.

wältigen vermochte, der hilflos und klein machte, der die eigene Entbehrlichkeit und Nutzlosigkeit grell ausleuchtete.[37] Auch hier war der pessimistische Fatalismus spürbar, das allgegenwärtige Gefühl, die Dinge nicht mehr in der Hand zu haben, erst recht nicht steuern zu können, weshalb sich gerade die überforderten Unterschichten in ihre Refugien von Couch und Fernsehzimmer zurückzogen, um ihre Hilflosigkeit nicht noch öffentlich preisgeben und sich der Lächerlichkeit aussetzen zu müssen.

Bezeichnend an der Selbstinterpretation der unteren Schichten war, dass sie die schlimmste Zeit, die fatalsten Brüche in ihrer Lebensgeschichte in den 1980er/90er Jahren verorteten, als nicht nur die schon zuvor existente Arbeitslosigkeit drückte, sondern als überdies die neuen Medien, die neuen Technologien, die Deutsche Einheit, die neue Währung, die neuen Ansprüche im Geschlechter- und Familienverhältnis, die Appelle zur fortwährenden Bildung ihnen auf den verschiedensten Ebenen zusetzten. Mit einem Problem fertig zu werden, hätte ihnen noch gelingen mögen. Doch nun bündelten sich die Wandlungen und Zumutungen auf allen Seiten der Alltagsbewältigung. Der Soziologe M. Rainer Lepsius hatte in anderer Angelegenheit darauf hingewiesen, dass Nationen kaum dazu in der Lage sind, mit sich überlappenden Basisproblemen, die sämtlich zeitgleich auftreten, auf zivile Weise fertig zu werden. Auch ein gut funktionierendes System kann in der Regel jeweils nur ein Großproblem konstruktiv lösen, denn jede Organisation – eben auch der Staat – besitzt eine beschränkte Leistungsfähigkeit. Für die mit kulturellen Ressourcen minderausgestatteten Unten-Milieus gilt das erst recht.

Politiker bildeten für diese Gruppen eine hermetisch abgeschlossene Kaste, die vom Volk nichts wisse, die quasi hinter Mauern lebe und sich auf Kosten des Steuerzahlers mit teuren Delikatessen ein angenehmes Leben mache. Bemerkenswert allerdings war, dass viele aus den vernachlässigten sozialen Segments, die schon einmal einem Politiker „live" begegnet waren, diesen – aber eben nur diesen – als „sympathisch", „normal geblieben", „verständnisvoll" empfanden. Ansonsten waren es seinerzeit bestenfalls Politiker wie Friedrich Merz oder Wolfgang Clement, denen Lob zuteil wurde, weil sie sich nicht „verbiegen" ließen, „echt" und „ehrlich" agierten, die Dinge „aussprechen", wie sie seien. Nun verkörperten diese Politiker bekanntlich nicht die staatliche Schutzmacht der kleinen Leute.

---

37 Vgl. auch Embacher, Serge: *Demokratie! Nein Danke?*, Bonn 2009, S. 22f.

Die „Bruce-Willis"-Haltung also schien zugkräftiger als die wackere Sozialstaatlichkeit der oft etwas unbekannten sozialpolitischen Experten in den Bundestagsfraktionen.

Bezeichnend war, dass man in den jüngeren Teilen des „neuen Unten" überhaupt nur noch den politischen Typus akzeptierte, der mit Geradlinigkeit verbunden wurde, die politische Spezies des „lonesome cowboys" gleichsam, der sich auch durch Abstrafungsaktionen oder gar Ausschlussandrohungen von oben nicht einschüchtern ließ. Es war der Typus des harten Mannes, der ohne Schleimereien und ohne Parteipatronage „seinen Weg geht", „für etwas steht", seiner Sache „nicht untreu" werde. Darin spiegelt sich nicht nur das in der Tat große Bedürfnis nach Politikern, die wirklich machen, was sie sagen, die einen also nicht – wie so viele andere im bisherigen Leben – enttäuschen, betrügen oder verraten, sondern die Hoffnungen aufrechterhalten, dass man es doch schaffen kann: mit Trotz und Eigensinn.

Bedrückend fiel die Bilanz aus, die von älteren Menschen der „kleine-Leute-Milieus" gezogen wurde. Sie hatten in der Regel hart gearbeitet, waren sparsam und nachhaltig. Sie hatten Kinder in die Welt gesetzt und versucht, aus ihnen ordentliche Menschen zu machen. Sie hatten rechtschaffend und fleißig gelebt. Aber irgendwann vor Jahren und Jahrzehnten verloren ihre einfachen Bildungsabschlüsse, ihre manuellen beruflichen Fertigkeiten und ihre traditionell geprägten biographischen Erfahrungen an Wert, jedenfalls im Ansehen derjenigen, die gesellschaftlich jetzt den Ton angaben und seither dominant definierten, was als „Leistung" zu gelten habe und was nicht. Das Leben und die Arbeit der früheren Schreiner, Tischler, Bergarbeiter, Hausfrauen und Näherinnen wurden so aus der „Leistungsgesellschaft" der postindustriellen Eliten verbannt. Seither ist an der früheren, alt gewordenen Basis der arbeitsamen Industriegesellschaft eine Verbitterung zurückgeblieben, die auch die Erosion der Volksparteien in Teilen erklärt. Denn diese waren nicht mehr die Schutzmächte der „kleinen Leute", für die sie ursprünglich Stimmen gesammelt hatten.

Es existierte im unteren Drittel der Gesellschaft die Vorstellung von einer „an sich richtigen" Politik, von generell unzweifelhaften Lösungen gesellschaftlicher Probleme – und dadurch auch von dem einen unstrittig richtigen Lösungsweg. Daher blieb ihnen unverständlich, warum in der Politik dieser Weg nicht unverzüglich und zielstrebig beschritten wurde, warum alles so lange dauerte, vor allem: warum die Parteien überhaupt ständig stritten. Konflikte waren in dieser Perspektive – die auch und gerade in der gesellschaftlichen Mitte zu finden ist – nicht Ausdruck verschiedener Interessen und legitimer unterschiedlicher Sichtweisen, sondern Profilgehabe, Deformation einer politischen Klasse, der es gut ging und die sich schon deshalb keine Gedanken darüber machen musste, was für Folgen ihre in die Länge gezogenen Querelen für den Rest des Volkes hätten. Hauptsächlich bei den älteren Zugehörigen der unteren Schichten herrschte ein auch in anderen Fragen immer wieder durchschimmerndes Harmoniestreben: „Alle Parteien an einen Tisch" – das traf die Projektion der älteren „kleinen Leute" wohl am besten.

Geld war ein zentrales Thema in den unteren Schichten. Denn in der Regel reichte es nicht oder kaum. Hier, in den jüngeren und modernen Unterschichten, von denen viele, wenn überhaupt, lediglich schlecht bezahlte Jobs bei Zeitarbeiterfirmen hatten, wurde von allen Bevölkerungsschichten im Übrigen am stärksten ein großer Bogen um Artikel gemacht, die ein Bio-Etikett trugen. Es wurde über die unerschwinglichen Preise bei solchen Produkten geklagt. Und überhaupt: Auf diese „Verarsche" falle man nicht herein. Ökologie sei etwas für Reiche, für die grün wählenden Heuchler, die Verzicht predigten, selbst aber wie Gott in Frankreich lebten. Umweltappelle hielten vor allem die jungen Zugehörigen der sozial an den Rand gedrängten Schichten für Angriffe auf die wenigen Freuden, die ihnen noch geblieben waren, vom Auto über den Grillabend im Park bis hin zum Tabak.

In den traditionellen Kleine-Leute-Milieus überwog stärker die Sorge, dass der Lohn oder die Rente, die man derzeit noch bekommt, bald gemindert werden oder gar wegfallen könnten. Viele der Älteren, die selbst körperlich nicht mehr sonderlich fit waren, versorgten pflegebedürftige Angehörige, deren professionelle Betreuung zu finanzieren sie sich nicht leisten konnten. Das führte zu einer massiven Einigelung in das unmittelbare Lebensumfeld. Doch ragt das so genannte „traditionsverwurzelte Milieu", wie ein anderes Projekt der Göttinger Gruppe mit den Sinus-Forschern im Auftrag des Bundesumweltministeriums ergab[38], durch exemplarisches um-

---

38 Die Untersuchung trug den Titel *Alltagseinstellungen in der Bevölkerung zu Umwelt und Umweltpolitik* und wurde von einer Göttinger Forschungsgruppe des Verfassers zusammen mit dem Heidelberger Sinus-Institut im Frühjahr 2009 für das Bundesministerium für Umwelt, Naturschutz und Reaktorsicherheit durchgeführt.

weltschonendes Alltagsverhalten heraus. Der Begriff „Nachhaltigkeit" kam in der Rhetorik der Traditionsverwurzelten zwar nicht vor, aber sie lebten in der täglichen Praxis nachhaltiger als andere sonst. Mit Wasser ging man behutsam um. Der Komposthaufen im Garten war selbstverständlich. Man nahm die Bahn oder fuhr ein Ressourcen sparendes Auto, benutzte noch häufiger das Fahrrad. Alte Möbel wurden zu Regalen neu geschnitten und weiter gebraucht. Lockere Wegwerfneigungen waren verpönt. Einzig in diesem Milieu war die Philosophie präsent, dass man in einem großen Kosmos gewissermaßen seinen Platz und seine Aufgabe zugewiesen bekommen habe und die daraus resultierenden Pflichten schlicht selbstverständlich erfüllen müsse. Und man delegierte die Verantwortung keineswegs fort, wie neoliberale Jungbürger oft unterstellen. „Viel Kleines gibt ja auch was Großes" – hieß es wieder und wieder zur Begründung dafür, dass bei ihnen das Wasser beim Zähneputzen nicht lief. Die so genannten Elitegruppen belächelten dergleichen süffisant als Naivitäten .

In der Lebenswelt des modernen Prekariats waren konstruktiv gewendete Ideen, wie man es politisch oder gesellschaftlich denn anders machen könnte, kaum bis gar nicht vorhanden. Von der Politik erhoffte man sich mittlerweile überwiegend nichts mehr. Es gab auch keinen Ansehenszuwachs der Politik durch die Diskreditierung von Wirtschaftsführern und Bankern nach Ausbruch der Finanzkrise 2008 zu verzeichnen. Sie alle, Unternehmer, Politiker und Medienmenschen, galten als ein miteinander verbandelter Haufen, der sich gegen die da „unten", den „kleinen Mann" oder „die kleine Frau" unheilvoll verschworen habe. Konspirationsvermutungen solcher Art zirkulierten in der Vorstellungswelt der unteren Schichten in einem opulenten Ausmaß. Dass Deutschland noch eine „wirkliche Demokratie" sei, glaubten die meisten dort jedenfalls nicht mehr. Zuweilen entlud sich regelrechter Hass gegen diejenigen, die – wie einige Ausländergruppen – sie im Aufstieg nach oben überholt und weit hinter sich gelassen hatten, oder gegen solche, denen sie die Verantwortung für ihre Marginalisierung zuschrieben, eben den Politikern.

Immer wieder dokumentieren die „Prekarisierten" ihre Müdigkeit und Hoffnungslosigkeit. Selbst die wenigen Freuden, die ihnen geblieben waren, wie insbesondere das Rauchen, wurden ihnen von denen, die überall das Sagen hatten, durch Verbote genommen. Bemerkenswert war, dass sie die Zeit vor zehn oder fünfzehn Jahren als noch „normal" erinnerten. Seither aber waren nur noch, geradezu pausenlos Unsicherheiten, Zumutungen,

Bedrohungen über sie hereingebrochen. Doch wurden Generationsdifferenzen erkennbar. Diejenigen, die seit den 1960er Jahren geboren wurden, ließen ihrer Wut ungezügelt freien Lauf. Diejenigen hingegen, die zumindest als Kinder noch Krieg, Vertreibung und unmittelbare Nachkriegszeit erlebt hatten, traten besonnener auf, wirkten dem Staat und der Demokratie nach wie vor positiver zugewandt. Doch äußerten sich viele Ältere bitter darüber, dass sie trotz eines seinerzeit soliden Schulabschlusses, trotz oft auch ordentlich absolvierter Lehre und dann jahrzehntelanger harter Arbeit nun eine lediglich marginale, fragile Stellung in der Gesellschaft zugewiesen bekommen haben. Dass es zutiefst ungerecht sei, im letzten Fünftel des Lebens nach vielen beschwerlichen Jahren der Kinderaufzucht und der oft körperlich anstrengenden Erwerbsarbeit nun von „jungen Schnöseln" als überflüssige Vergangenheitslasten verworfen zu werden, das stand für sie fest und deprimierte sie zutiefst. Das oft leise vorgetragene Satzfragment dafür lautet: „Das darf doch nicht sein." Die Traditionsverwurzelten gingen von einer Art Sicherungspflicht des Staates aus. Diese ergab sich in ihrer Perspektive aus ihrem redlich und in einem arbeitsamen Leben erworbenem Recht auf einen anständigen Lebensabend. Gegenwärtig oder künftig noch mitzuhalten, galt ohnehin nicht mehr als ein realistisches Ziel. Dass das Sicherungsrecht zukünftig nicht mehr, wie ursprünglich erwartet, eingelöst werden könnte, wirkte wie ein großer Betrug an ihrer Lebensgeschichte, ihrer Vorleistung. Mit Blick auf künftige Jahrgänge und Generationen erzeugte diese Entwertung der staatlichen Schutz- und Fürsorgegarantie in der Rezeption einen Abgrund an Alters- und Notfallunsicherheit, dem durch eigenes Bemühen nicht zu entkommen sei. Damit wurde in ihren Augen eine Art impliziter Vereinbarung zwischen Staat und Bürgern gebrochen; die Menschen blieben damit zunehmend allein zurück. Ihr Gesellschaftsbild war dadurch schwer beschädigt. Die bekannte Folge waren unverkennbar: Verbitterung, Zorn und Wut, mitunter Zukunftspessimismus und Paralyse.

Der Legitimitätskern von hart erbrachten Erwerbsleistungen fehlte den meisten jüngeren Zugehörigen dieser Schicht, weshalb Resignation, sarkastischer Fatalismus oder auch ziellos wirkende Hasstiraden hier weitaus stärker anzutreffen waren. Dort vagabundierte überdies eine massive Krise der Männlichkeit. Alles, was einst den „starken Mann" ausgemacht hatte, war in der gesellschaftlichen Bedeutung während der letzten Jahre geschrumpft – das Manuelle, die kesse Lippe, Sexprotzereien, die Kraft der

Faust, die vitale körperliche Unmittelbarkeit. Stattdessen wird nun wertgeschätzt: Wissen, Bildung, Kultur, Sprachfähigkeit, körperlose Interaktivität. Das Gros der politischen und interpretierenden Klasse stand für die zweite Variante, verkörperte und postulierte also all das, was das Selbstwertgefühl des männlichen Teils der unteren Schichten täglich in Frage stellte.

Noch herrschte die Stimmung vor: „Ich schaffe es soeben noch". Doch wuchs die Furcht, dass bald „gar nichts mehr geht". Und alle ahnten, dass sie dann den oft durchaus noch langen Rest ihres Lebens nicht mehr aus der Aussichtslosigkeit herauskommen würden. Dennoch fand man keine Bereitschaft, auch keine organisatorische oder ideelle Grundlage zur Gegenwehr. Dafür war der Fatalismus – „es hat keinen Sinn, sich aufzuregen", „man kann eh nichts machen" – dominant. Unternehmer ihrer selbst zu werden, wie oft sozialpädagogisch empfohlen, konnten sie nicht schaffen. Dazu fehlte es ihnen ganz an dem dafür nötigen Rüstzeug und am Sozialkapital („eigenständig sein", „Chancen erkennen und ergreifen", „sich entwickeln", „sich gut verkaufen"). Zu einem komplementären Befund gelangte im Sommer 2008 Renate Köcher, die einen verbreiteten „Statusfatalismus" bei den immerhin noch einen Erwerb nachgehenden unteren Schichten ausmachte: „59 % der Berufstätigen aus der Unterschicht [...] sind überzeugt, dass die Sozialstruktur der deutschen Gesellschaft letztlich zementiert ist und die eigene Position durch eigene Leistung nur sehr begrenzt verändert werden kann."[39] Die kleinteilige Binnenperspektive überwog deutlich. Man grübelte nicht über die Umwelt, erregte sich nicht einmal über die Finanzkrise, hoffte erst recht nicht auf Chancen durch Bildung, glaubte auch nicht an die segensreiche Wirkung von „Konjunkturprogrammen" – im Gegenteil: Darin sahen sie ein weiteres raffiniertes Manöver von Politikern und Wirtschaftsbossen, sich selbst die Taschen zu füllen. Politiker waren für etliche von ihnen schlicht: „Drecksäue".

Wie ein roter Faden durch all die Frustrationen und Erbostheiten im unteren Segment der Gesellschaft zog sich das Gefühl, überhaupt nicht mehr zu überblicken, wohin das alles führen mochte, ob das, was jetzt noch galt oder zugesagt wurde, auch morgen weiterhin Bestand hätte. Die Vermehrung von Komplexität ist bekanntlich ein Signum der Moderne. Sie machte auch anderen Milieus zu schaffen, die aber durch ihr kulturelles Kapital über Methoden

---

39 Köcher, Renate: Das Bewusstsein der Mittelschicht, in: *Frankfurter Allgemeine Zeitung* vom 15.7.2008.

und soziale Verhaltensweisen verfügten, um die Problemvielfalt im Alltag handhabbar zu machen. Diese Fähigkeiten fehlten den meisten Zugehörigen der niedriger angesiedelten Milieus. Daher waren für diese Milieus im Prinzip Institutionen oder Personen, die Maßstäbe von längerer Gültigkeitsdauer begründen und Ziele weisen konnten, elementar wichtig. Dass die Politik diese Repräsentanz- und Orientierungsfunktion nicht mehr verlässlich ausfüllte, war sicher konstitutiv für das Beziehungsdesaster zwischen dem „politischen Oben" und dem „sozialen Unten".

So war und ist das Prekariat in Deutschland sozial und kulturell verwaist, ist in dieser Beziehung buchstäblich obdachlos. Der Verlust von Sozialmoral, Weltanschauung und Glaubensüberzeugungen hat die moderne Gesellschaft zwar ideologisch pazifiziert, dabei aber sozial und altersstrukturell desintegriert. In der postweltanschaulichen Gesellschaft ist insbesondere das „soziale Unten" aus den früheren kulturellen Behausungen herausgefallen, ist politisch verwaist, ist gleichsam heimatlos geworden.

Die Frage ist, ob die viel zitierte und hoch belobigte Zivilgesellschaft zur Reintegration der Herausgefallenen, Überflüssigen, Marginalisierten beitragen mag, ob sie zur Partizipation und Selbstorganisation, zur Aktivierung und Einbeziehung des unteren gesellschaftlichen Fünftels taugt. Grund zur Skepsis gibt es genug. Denn vor allem die „neuen Formen des sozialen Kapitals, die Selbsthilfegruppen und modernen Initiativen entspringen, erweisen sich so als exklusiv".[40] So erscheint bislang die Bürgergesellschaft als ein Forum akademischer Mittelschichten, nicht als Terrain bildungsferner Sozialgruppen.[41] Die unteren Schichten haben in der Diskursöffentlichkeit stets den Kürzeren gezogen, verfügen so nicht über Erfolgserlebnisse in den aktiven Partizipationsarenen und scheinen schon deshalb vielfach beteiligungsblockiert. Die Fähigkeit zur Partizipation ist schließlich gebunden an besondere Ressourcen: Sprachgewandtheit, Kompetenz, Selbstbewusstsein, Informationen. Partizipation prämiert den privilegierten Zugang

---

40 Brömme, Norbert; Strasser, Hermann: Gespaltene Bürgergesellschaft? Die ungleichen Folgen des Strukturwandels von Engagement und Partizipation, in: *Aus Politik und Zeitgeschichte*, 39 (2001) 25/26, S. 6-14.

41 Gabriel, Oscar W.: Partizipation, Interessenvermittlung und politische Gleichheit, in: Wissenschaftszentrum Berlin für Sozialforschung (Hrsg.): *Zur Zukunft der Demokratie*, Berlin 2000.

zu Bildungsgütern. Bürgergesellschaftliche Partizipation könnte so die Elitenstruktur moderner Demokratien noch verfestigen. „People with higher incomes, more education, and in professional or managerial positions volunteer at higher rates."[42]

Jedenfalls stellt sich uns die Frage: Wo bleibt das Prekariat in der modernen Bürgergesellschaft? Hier spielen horizontale Netzwerke offenbar eine besondere Rolle; Nachbarn, Verwandte, das Quartier 43 sind von elementarer Bedeutung, vor allem wenn es jenseits davon an Verlässlichkeiten fehlt.[44] Nach chronisch negativen Erfahrungen im Berufsleben oder im Umgang mit der staatlichen Bürokratie versprechen allein noch Freunde, Nachbarn und nicht zuletzt die Familie halbwegs verlässlichen Halt.

Hier genauer hinzusehen bedeutet für akademische Forscher sicher eine Herausforderung. Denn natürlich stellt sich für sie stets das Problem einer persönlichen und sozialen intimen Vertrautheit beziehungsweise Distanz gegenüber ihrem Forschungsgegenstand. Durch den eigenen akademischen Werdegang und Lebensweg fallen analytische Porträts von Einstellungen, Verhaltensweisen und Weltbildern gesellschaftlicher Mittemilieus oder auch sozialer Eliten leichter und sind in der Beobachtung meist schärfer, nuancierter, empfindsamer. Anderes gilt für das „Prekariat" oder die Milieus mit Migrationshintergrund, hier kann sich die lebensweltliche Transferleistung – sowohl bei Datenerhebung wie bei deren Interpretation – durchaus als mögliche Barriere erweisen.[45] Bei bildungsfernen Bevölkerungsschichten könnte zudem leicht zivilgesellschaftliches Engagement übersehen werden, zumindest wenn man die konventionelle Zivilgesellschaft unabdingbar als einen Bereich definiert, der soziologisch außerhalb

---

42 Hodgkinson, Virginia A.: Volunteering in Global Perspective, in: Dekker, Paul et al. (Hrsg.): *The Values of Volunteering. Cross-cultural Perspectives*, New York [u.a.] 2003, S. 35-53.

43 Zur Rolle des Quartiers in sozialen Exklusionsprozessen vgl. Keller, Carsten: *Leben im Plattenbau. Zur Dynamik sozialer Ausgrenzung*, Frankfurt a.M. 2005.

44 Keller spricht in bestimmten Fällen gar von einer „Überinvestition in nachbarschaftliche Netze", vgl. ebd., S. 169.

45 Vgl. Froschauer, Ulrike; Lueger, Manfred: *Das qualitative Interview. Zur Praxis interpretativer Analyse sozialer Systeme*, Wien 2003, S. 11. Präziser bei Gabriele Rosenthal: *Interpretative Sozialforschung. Eine Einführung*, Weinheim [u.a.] 2008, S. 19ff., 22ff.

von Wirtschaft, Staat und Privatem zu lokalisieren ist.[46] Doch gerade die in diesen Milieus bedeutsamen privat-familial geprägten Solidarbeziehungen passen nicht in das einschlägige Bild bürgerschaftlicher Partizipation. Die Zivilgesellschaftsforschung sollte an dieser Stelle etwas elastischer agieren und sich für den Bereich des Privaten öffnen, um die Aktivitäten von Unterschichten und Migranten, die sich häufig im Quartier, in der Nachbarschaft und im Familienumfeld von Cousins und Cousinen abspielen, den Alltagsrealitäten entsprechend nachvollziehen zu können.[47]

Gleichviel, die Forschungen darüber, welchen Ort die Unterschichten in der Bürgergesellschaft einnehmen, sind nicht sehr weit gediehen. Das war Anstoß und Antrieb für die nachfolgende, vom Bundesministerium für Familie, Senioren, Frauen und Jugend geförderte Studie.

Göttingen, im Dezember 2010

---

46 Vgl. Gosewinkel, Dieter et al. (Hrsg.): *Zivilgesellschaft – national und transnational*, Berlin 2004.

47 Blaschke, Ronald: Arm, arbeitslos und aktiv – Bürgerschaftliches und politisches Engagement armer und arbeitsloser Bürger in eigener Sache, in: Munsch, Chantal (Hrsg.): *Sozial Benachteiligte engagieren sich doch. Über lokales Engagement und soziale Ausgrenzung und die Schwierigkeiten der Gemeinwesenarbeit*, Weinheim [u.a.] 2003, S. 45-78, hier S. 47.

Entbehrliche der Bürgergesellschaft? Sozial Benachteiligte und Engagement

JOHANNA KLATT, DAVID BEBNOWSKI, OLIVER D'ANTONIO,
IVONNE KROLL, MICHAEL LÜHMANN, FELIX M. STEINER,
CHRISTIAN WOLTERING, FRANZ WALTER

1. Forschungsvorhaben

1.1 DIE MODERNE BÜRGERGESELLSCHAFT

Nicht nur unsere Gesellschaft hat sich in den letzten Jahrzehnten gewandelt. Auch die Bürger- oder Zivilgesellschaft in der Bundesrepublik sieht heute anders aus als noch vor wenigen Jahrzehnten. Während einerseits die Großorganisationen wie Kirchen, Parteien und Gewerkschaften an Mitgliedern verlieren, ja das „Aktivitätsmodell Mitgliedschaft" selbst durch die Bindungen und Verpflichtungen, die damit einhergehen, an Attraktivität verliert,[1] werden „neue" Formen von Engagement und Partizipation vermehrt nachgefragt. Die „neuen" Engagierten suchen in erster Linie Partizipationsformen, die informell und individuell auf sie zugeschnitten sind. Ein Bedarf, auf den Organisationen, Vereine und die Politik zunehmend eingehen, etwa durch Engagementwochen oder Aktionstage, Freiwilligenzentren[2] oder Projektmärkte. Dabei lassen sich grundsätzliche Übereinstimmungen feststellen – in erster Linie der mit gesamtgesellschaftlichen Entwicklungen einhergehende

---

1   Vgl. Alscher, Mareike et al.: *Bericht zur Lage und zu den Perspektiven des bürgerschaftlichen Engagements in Deutschland*, Wissenschaftszentrum Berlin für Sozialforschung (WZB), Berlin 2009, S. 52f.
2   Zu Freiwilligenzentren in Deutschland vgl. Kamlage, Jan-Hendrik: *The Awakening Giant: The Development of Civil Society Infrastructure in Germany*, Konferenzpapier, Volunteering Infrastructure and Civil Society, Aalsmeer, Niederlande, 24.-25.04.2008, online verfügbar unter: http://www.cev.be/data/File/The %20awaking%20giant_%20The%20Development%20of%20Civil%20Society% 20Infrastructure_final1.pdf (zuletzt eingesehen am 04.12.2010).

Trend von der Kollektivität zur Individualität des Ehrenamtes. Doch was genau kennzeichnet darüber hinaus diese neuen Formen?

Ein „modernes Ehrenamt" findet sich gerade in westeuropäischen Demokratien, deren Zivilgesellschaften[3] einstmals von Großorganisationen und festen Milieus[4] geprägt waren, und die sich heute durch soziale Pluralisierungs- und Individualisierungsentwicklungen verändert sehen. Vereinfacht ausgedrückt sind dabei besonders individuelle Formen von Engagement und unverbindlichen, temporären oder projektorientierten Aktivitäten beliebt.[5] Zudem sollte der Einsatz möglichst unbürokratisch und effizient verlaufen; und auch Produktivität sowie Geschwindigkeit spielen eine Rolle, um die geplanten Ziele zu erreichen. Die konventionelle Mitgliedschaft, eine damit einhergehende langfristige Bindung, mitunter auch langwierige Prozesse erscheinen dabei aus verschiedenen Gründen unpopulär. Ein wichtiges Charakteristikum ist schließlich die zunehmende Eigenorientie-

---

3   Im Bewusstsein der definitorischen Hintergründe werden die Termini Bürgergesellschaft und Zivilgesellschaft im Folgenden synonym verwendet. Für eine ausführliche Auseinandersetzung vgl. u.a. Adloff, Frank: *Zivilgesellschaft. Theorie und Politische Praxis*, Frankfurt a.M. 2005.

4   Der Milieubegriff ist zwar umstritten, jedoch bis heute etabliert, weshalb er hier herangezogen wird. Zum Milieubegriff vgl. zunächst Lepsius, M. Rainer: Parteiensystem und Sozialstruktur. Zum Problem der Demokratisierung der deutschen Gesellschaft, in: Ritter, Gerhard A. (Hrsg.): *Die deutschen Parteien vor 1918*, Köln 1973, S. 56-80; in Bezug auf Armutsforschung vgl. Schacht, Annette: Sozialräumliche Milieus der Armut. Zur Bedeutung des Wohnens in benachteiligten Wohngebieten, in: Dangschat, Jens S.: *Modernisierte Stadt, Gespaltene Gesellschaft. Ursachen von Armut und sozialer Ausgrenzung*, Opladen 1999, S. 289-313.

5   Zu den „neuen" Partizipationsformen vgl. insbesondere Wuthnow, Robert: *Loose Connections. Joining Together in America's Fragmented Communities*, Cambridge [u.a.] 1998; Stolle, Dietlind; Hooghe, Marc: Inaccurate, Exceptional, One-Sided or Irrelevant? The Debate about the Alleged Decline of Social Capital and Civic Engagement in Western Societies, in: *British Journal of Political Science*, 35 (2004) 1, S. 149-167; Hustinx, Lesley; Lammertyn, Frans: Collective and Reflexive Styles of Volunteering: A Sociological Modernization Perspective, in: *Voluntas: International Journal of Voluntary and Nonprofit Organizations*, 14 (2003) 2, S. 167-187.

rung.[6] Ein Freiwilliger strebt häufig an, sich selbst zu entwickeln, zu lernen, etwas aus seiner Tätigkeit „zu ziehen". Man mag darüber streiten, ob es sich hierbei um einen Wertewandel und den Verlust von Altruismus in der Gesellschaft handelt.[7] Unzweifelhaft jedoch wird dem Blickwinkel der Helfenden zunehmend Aufmerksamkeit geschenkt.[8]

1.2 Forschungsdefizit

Lassen sich zwar einige Grundpfeiler der „neuen" bürgerschaftlich Aktiven nachzeichnen, so stehen wir trotz allem vor einem Messproblem. Offen bleibt – neben den beiden unbekannten Variablen, also der Größe und dem Ausmaß dieser Bereiche – die Frage nach der sozialen Basis des „neuen" Ehrenamtes. Dieses Forschungsdefizit hat verschiedene Gründe:

Fokussierung auf Organisationen: Nur wenige Studien bewegen sich außerhalb von Organisationen und klassisch formellem Engagement.[9] Angesichts der Tatsache, dass sich eine wachsende Anzahl der Aktivitäten informell, das heißt außerhalb traditioneller Strukturen abspielt, wirkt sich

---

6 Vgl. Klein, Ansgar: Bürgerschaftliches Engagement und zivilgesellschaftliche Reformpolitik, in: *Der Bürger im Staat*, 57 (2007) 4, S. 212-217, hier S. 213. Brömme und Strasser weisen darauf hin, dass die „Normen direkter und nicht nur generalisierter Wechselseitigkeit [...] im Vordergrund des Handelns" stehen. Brömme, Norbert; Strasser, Hermann: Gespaltene Bürgergesellschaft? Die ungleichen Folgen des Strukturwandels von Engagement und Partizipation, in: *Aus Politik und Zeitgeschichte*, 39 (2001) 25/26, S. 6-14., hier S. 9.

7 Kritisch zu dieser Diskussion vgl. Kühnlein, Irene; Böhle, Fritz: Motive und Motivationswandel des bürgerschaftlichen Engagements, in: Enquete-Kommission „Zukunft des Bürgergesellschaftlichen Engagements", Deutscher Bundestag (Hrsg.): *Bürgerschaftliches Engagement und Erwerbsarbeit* (Bd. 9), Opladen 2002, S. 268-297.

8 Erkennbar ist der beschriebene Perspektivwechsel vom Blickwinkel der Bedürftigen zum Blickwinkel der Helfenden anhand von Organisationsentwicklungen, etwa dem explosionsartigen Entstehen von Freiwilligenagenturen und -zentren im Zeitraum der letzten zehn bis fünfzehn Jahre.

9 Eine Ausnahme im deutschen Sprachraum bildet Peglow, Meike: *Das neue Ehrenamt. Erwartungen und Konsequenzen für die soziale Arbeit*, Marburg 2002.

eine pragmatische, gewiss auch bequeme Herangehensweise der Forschung fatal aus, nämlich die Konzentration auf Organisationen. Die vielleicht repräsentativste regelmäßige Erfassung bürgergesellschaftlicher Aktivität in Deutschland, das aktuelle Freiwilligensurvey, räumt Schwierigkeiten ein, diesen informellen und modernen Bereich des Engagements zu erfassen.[10] Somit verschwindet gerade der im Wachstum begriffene Teil der Entwicklung des Ehrenamtes aus dem Blickfeld.

Konservativer Blick: Hinzu kommt die Schwierigkeit, insbesondere die neuen, informellen und innovativen Partizipationsformen als solche zu erkennen. Aus der politischen Partizipationsforschung lässt sich vernehmen, dass die Klagelieder über die sinkende Teilnahme eventuell an der Wirklichkeit vorbeigehen.[11] Denn – so die Vermutung – vielleicht messen wir einfach falsch?[12] Möglicherweise sind konventionelle Messmethoden, Fragestellungen und Quantifizierungen der Wirklichkeit in der Tat insoweit

---

10 Bei freiwilligem Engagement sei eine „Grauzone zwischen öffentlicher Beteiligung und Nichtbeteiligung bzw. von Privatheit und Öffentlichkeit" zu berücksichtigen, die „einen unscharfen Rand des Übergangs und der Überlappung darstellt", der im Freiwilligensurvey zunächst „nicht weiter aufgelöst werden" sollte. Gensicke, Thomas; Geiss, Sabine: *Hauptbericht des Freiwilligensurveys 2009. Zivilgesellschaft, soziales Kapital und freiwilliges Engagement in Deutschland 1999 – 2004 – 2009*, München 2010, hier S. 71, online verfügbar unter: http://www.bmfsfj.de/RedaktionBMFSFJ/Broschuerenstelle/Pdf-Anlagen/3._20Freiwilligensurvey-Hauptbericht,property=pdf,bereich=bmfsfj,sprache=de,rwb=true.pdf (zuletzt eingesehen am 28.02.2011).

11 Entsprechend argumentieren u.a. Bang, Henrik P.; Sorensen, Eva: *The Everyday Maker. A New Challenge to Democratic Governance*, Konferenzpapier für die ECPR 26th Joint Sessions of Workshops, University of Warrick, 23-28.03.1998; Schudson, Michael: The Varieties of Civic Experience, in: *Citizenship Studies*, 10 (2006) 5, S. 591-606; Li, Yaolin; Marsh, David: New Forms of Political Participation: Searching for Expert Citizens and Everyday Makers, in: *British Journal of Political Science*, 38 (2008) 2, S. 247-272.

12 Vgl. Stolle, Dietlind; Hooghe, Marc: *Shifting Inequalities? Patterns of Exclusion and Inclusion in new Forms of Political Participation*, Konferenzpapier, American Political Science Association, Washington D.C., 01.-04.09.2005, online verfügbar unter: http://www.allacademic.com/meta/p40375_index.html (zuletzt eingesehen am 04.12.2010).

„hinterher", als dass manche moderne Ausprägungen gar nicht entdeckt werden.

Parzellierter Blick: Selbst wenn sie in den wissenschaftlichen Blick geraten, so sind die informellen, heterogenen und verstreuten Aktivitäten nur schwerlich in ihrer Gänze zu beobachten, geschweige denn zu begreifen.[13] Dieses Beobachtungsproblem wirkt sich vielleicht am schwerwiegendsten aus, denn die zunehmend informelle Art von Partizipation in der Zivilgesellschaft – in Kombination mit deren heterogenem, diffusem und kaum konkret fassbarem Charakter – ist es, die einen Blick auf die Bürgergesellschaft insgesamt verdeckt. Zwar versuchen zahlreiche Studien zur Größe und Konstellation der Bürgergesellschaft das „bürgerschaftliche Engagement" und brachliegende „Engagementpotential" in der Bundesrepublik zu durchdringen.[14] Doch auch quantitative Vermessungen vermögen hier nur einen Teil der Gesamtsituation abzubilden.

Aktionsfokussierung: Gerade in Bezug auf die angedeuteten modernen Ausprägungen der Bürgergesellschaft wissen wir also äußerst wenig. Gering ist unser Wissensstand auch über jene Gruppen, die an ihnen partizipieren. Doch die wohl größte Forschungslücke besteht in Bezug auf diejenigen, welche der Bürgergesellschaft bisher fern bleiben.[15] Wie ist die Gruppe der nicht-

---

13 Ähnlich kommentiert Schudson: „[...] all these phenomena that social scientists and historians have not yet been able to piece together into a comprehensive portrait of the underpinnings of any kind of civic participation in the present age.", Schudson: The Varieties, S. 605.

14 Vgl. u.a. die Freiwilligensurveys oder internationalen John-Hopkins-Vergleichsstudien.

15 „Die enge Verbindung zwischen ökonomischem, sozialem und kulturellem Kapital und Formen politischer Partizipation legt nahe, dass die Mainstream-Literatur zur politischen Partizipation bislang versagt hat, die zu Grunde liegenden strukturellen Ursachen für Nicht-Partizipation ausreichend zu adressieren." (Eigene Übersetzung aus dem Englischen), Li; Marsh: New Forms, S. 271. „Ein weiteres Forschungsdefizit besteht darin, dass sich die meisten bisherigen Untersuchungen mit den Engagierten beschäftigen und Untersuchungen über engagementferne Bürger fehlen." Olk, Thomas; Reim, Daphne; Schmithals, Jenny: Qualitative Studie, in: Gensicke, Thomas et al.: *Entwicklung der Zivilgesellschaft in Ostdeutschland. Quantitative und qualitative Befunde*, Wiesbaden 2009, S. 87-146, hier S. 146.

zivilgesellschaftlich Aktiven beschaffen? Und: Warum sind sie nicht aktiv? So lauten die wohl dringlichsten Fragen. Und da zahlreiche empirische Studien zu dem Ergebnis kommen, dass gesellschaftliches Engagement parallel zu individuellem Einkommen und Bildungsgrad steigt, liegt es nahe, hier bei der so genannten „Unterschicht" beziehungsweise dem „neuen Unten" anzusetzen. Denn die Milieus am „unteren" Rand der Gesellschaft wurden bislang auch aufgrund einer Aktionsfokussierung schwerwiegend vernachlässigt.[16]

Die vorliegende Untersuchung strebt zwar nicht an, die skizzierten Forschungsdefizite gänzlich aufzulösen. Vielmehr möchten wir an diesen zwei bisher aufgrund nachvollziehbarer methodischer Schwierigkeiten eher stiefmütterlich behandelten Forschungsgebieten ansetzen und ein weitgehend offenes Themenfeld neugierig betreten. Gerade durch die Kombination dieser zwei Gebiete – moderne, informelle Bürgergesellschaftsformen mit der Perspektive sozial Benachteiligter – erhoffen wir uns nicht nur konkrete Erkenntnisse, sondern auch Anregungen für die weitere Erkundung und methodische Handhabung dieses „Neulands" der Zivilgesellschaftsforschung.

1.3 FORSCHUNGSZIEL

Aus diesen Gründen strebt das vorliegend skizzierte Forschungsvorhaben anhand einer qualitativen Betrachtung sozial unterprivilegierter Bevölkerungsmilieus zusätzliche Erkenntnisse zu deren Einstellungen und – soweit vorhanden – ihren Aktivitäten in einer modernen Bürgergesellschaft an. Im Vordergrund stehen dabei zwei Fragestellungen:

Wie sind die Einstellungen und Kenntnisse der Befragten zur Zivil- und Bürgergesellschaft im Allgemeinen sowie zu deren modernen Ausprägungen im Besonderen beschaffen?

Treten dabei bisher unerkannte und den modernen Formen bürgerschaftlicher Aktivität ähnliche, das heißt informelle und individuelle Aktivitäten zum Vorschein?

---

16 Munsch spricht in diesem Zusammenhang von der Notwendigkeit einer „rekonstruktiven Wendung", einem Perspektivwechsel sozusagen, mit einem neuen Fokus auf die Lebenslagen der sozial Benachteiligten. Vgl. Munsch, Chantal: Lokales Engagement und soziale Benachteiligung, in: Dies. (Hrsg.): *Sozial Benachteiligte engagieren sich doch,* Weinheim [u.a.] *2003,* S. 7-28, hier S. 8.

Ziel des Projekts ist es, bislang nicht oder nur geringfügig identifizierte Mentalitäten, Einstellungen und Aktivitäten gemeinschaftsbezogener Art aufzuspüren und daraus weitere, vor allem neue Handlungsempfehlungen für die Engagementpolitik zu formulieren.

1.4 FORSCHUNGSSTAND

1.4.1 Neue Möglichkeiten der sozialen Integration ...

Mit Blick auf das neue Ehrenamt bestehen zahlreiche Ungewissheiten. Nicht zuletzt fehlt eine Antwort auf die Frage, wie diese neuen Formen der Partizipation soziodemographisch ausgefüllt werden. Wer nimmt an ihnen teil – und wer nicht?

Einerseits gibt es durchaus Grund zu der Annahme, dass die neuen Formen gerade aufgrund von geringen zeitlichen Anforderungen, die sie an das Individuum stellen (sie sind kurzfristig, wenig bürokratisch usw.), von einer breiten sozialen Basis wahrgenommen werden. Allein an einer Unterschriftensammlung, einer kurzzeitigen sozialen Aktion oder einem Projekttag teilzunehmen, stellt für die meisten Menschen keine Unmöglichkeit dar. Außerdem scheinen gerade unter den Aktivitäten im unteren Fünftel der Gesellschaft nachbarschaftsbezogene Freundschaftsdienste zu dominieren, das heißt das nicht-formelle Unterstützen des Nachbarn, von Bekannten oder Verwandten.[17]

Zudem: Während das „klassische", mitgliedschaftlich strukturierte Ehrenamt zumeist männlich geprägt ist, findet sich bereits bei den neuen Formen politischer Aktivitäten ein ausgewogenes Verhältnis der Geschlech-

---

17 „Die Eingrenzung auf den institutionellen Rahmen von Organisationen soll sicherstellen, dass es sich um ein Engagement handelt, bei dem es sich überwiegend um einen Dienst an Dritten handelt, zu dem keine verwandtschaftlichen, freundschaftlichen oder nachbarschaftlichen Beziehungen bestehen." Erlinghagen, Marcel et al.: Ehrenamt statt Arbeitsamt? Sozioökonomische Determinanten ehrenamtlichen Engagements in Deutschland, in: *WSI Mitteilungen*, 52 (1999) 4, S. 246-255, S. 247. „[G]enau durch diese Beziehungen ist aber das Engagement in so genannten sozialen Brennpunkten oft geprägt." Munsch: Lokales Engagement, S. 13.

ter.[18] Und im Bereich der Freiwilligenzentren beziehungsweise Freiwilligenagenturen dominieren gar weibliche Aktive. Möglicherweise sind es gerade die neuen Formen von sozialem oder politischem Engagement, die bei Frauen auf besonderes Interesse stoßen.[19]

1.4.2 ... oder verstärkte Unterschiede?

Andererseits werden in der Partizipationsforschung weiterhin starke soziale Ungleichheiten diagnostiziert. So stellen Marien et al. nach ihrer Beobachtung moderner gesellschaftlicher Partizipationsformen in westeuropäischen Demokratien fest:

„However, there is also a strong downside to our findings. [...] Access to unconventional participation is extremely skewed with regard to the education level of participants. [...] In practice, unconventional participation is not occurring among citizens with low levels of education."[20]

Es besteht also durchaus Grund zu der Besorgnis, dass die neuen Formen von Engagement bereits bestehende Ungleichheiten hinsichtlich des Einkommens- und Bildungsgrades von Bürgern erweitern. Dies hängt wiederum stark mit den Anforderungen zusammen, die die neuen Formen an das Individuum stellen. Die Amerikanerin Theda Skocpol hat dabei die Begriffe von der „membership"- und „management-society"[21] geprägt, die nahe legen, dass die moderne (Zivil-)Gesellschaft bestimmte kogniti-

---

18 Vgl. Diendorfer, Gertraud; Mayrhofer, Petra: BürgerInnenengagement und das Engagement von Frauen, in: *Der Bürger im Staat*, 57 (2007) 4, S. 266-273, insbesondere S. 267.

19 Für unkonventionelle Partizipationsformen, das heißt u.a. für das politische Konsumieren, Demonstrieren oder die Beteiligung an Unterschriftenaktionen stellen Marien et al. Entsprechendes fest. Marien, Sofie; Hooghe, Marc; Quintelier, Ellen: Unconventional Participation and the Problem of Inequality. A Comparative Analysis, in: Amnå, Erik (Hrsg.): *New Forms of Citizen Participation. Normative Implications*, Baden-Baden 2010, S. 131-146, S. 141.

20 Marien et al. (Hrsg.): Unconventional Participation, hier S. 141f.

21 Vgl. Skocpol, Theda: *Diminished Democracy. From Membership to Management in American Civic Life*, Norman 2004.

ve Anforderungen an das Individuum stellt, die nicht jeder oder jede erfüllen kann.
Entwicklungen im Bereich der Freiwilligenzentren veranschaulichen dieses Problem. In einer europäischen Vergleichsstudie ist der Niederländer Cees van den Bos auf eine vielfach vorzufindende Interessenkollision zwischen Freiwilligen und Organisationen gestoßen. Freiwilligenagenturen, -zentren oder -börsen vermitteln zwischen individuellen Engagementwilligen und Vereinen beziehungsweise Organisationen, die Helfer benötigen. Im Idealfall informiert und vermittelt die Agentur den Freiwilligen oder die Freiwillige. Gerade in den letzten Jahren ließ sich in Deutschland wie auch in anderen europäischen Staaten ein starker Zuwachs an diesen Zentren beobachten, die nicht zuletzt wegen ihrer Orientierung am Interesse des Freiwilligen als sinnbildlich für die moderne Bürgergesellschaft betrachtet werden können. Van den Bos stellte in Bezug auf die europäische Freiwilligenzentrenlandschaft fest, dass sich die Vorstellungen der Einzelnen durchaus nicht immer mit denen der Organisationen decken – und umgekehrt.[22] Der oder die Engagementbereite möchte sich selbst (weiter-)qualifizieren, ausprobieren, etwas lernen. Den Organisationen und Vereinen auf der anderen Seite ist viel daran gelegen, jemanden zugeteilt zu bekommen, der qualifiziert, kompetent und verlässlich ist; jemanden, der Arbeit abnimmt und nicht zusätzlich generiert, der hilft und dem nicht geholfen werden muss. Die Interessen kollidieren an dieser Stelle aufgrund einer beidseitigen, nicht immer deckungsgleichen Erwartungshaltung.

1.4.3 Gespaltene oder gar polarisierte Bürgergesellschaft?

An diesem Punkt wollen wir ansetzen. Viel zu wenig ist bekannt über diejenigen, die gar nicht engagiert sind, über Motivlage und Perspektive derjenigen, die sich vom sozialen oder politischen Engagement gewöhnlich fernhalten. Der belgische Wissenschaftler Marc Hooghe hat als einer der wenigen den Versuch unternommen, durch Einzelinterviews auf die per-

---

22 Van den Bos, Cees; Meijs, Lucas: *Using Volunteer Centres to Build Civil Society*, Konferenzpapier, Meeting of the Association for Research on Nonprofit Organizations and Voluntary Action, Philadelphia, P.A., 19.-22.11.2008, online verfügbar unter: http://www.kansalaisareena.fi/using_VCs_to_build_final.pdf (zuletzt eingesehen am: 29.07.2009).

sönlichen Hintergründe eben jener zu stoßen, die nicht aktiv an der Bürgergesellschaft teilnehmen. Er traf dabei auf einen interessanten Befund, den er das „Saure Trauben"-Phänomen nennt: Ähnlich einem Fuchs, der die Trauben an den oberen Zweigen nicht erreichen kann und sich einbildet, sie seien sauer, würden sich auch die Befragten einreden, dass diese Sphären des Engagements ohnehin nichts für sie seien; unter anderem auch deshalb, weil die Bürgergesellschaft für sie persönlich so unerreichbar scheint.[23]

Zudem hat jede historische Epoche – so jedenfalls argumentiert der Soziologe Michael Schudson – ihre eigene Form zivilgesellschaftlicher Partizipation. Seiner evolutionär angelegten Partizipationstheorie zufolge entwickeln sich je nach sozialen und politischen Bedingungen unterschiedliche Bürgertypen.[24] Die Anforderungen an das Individuum stünden in einem direkten Verhältnis zu den historischen und sozialen Konditionen eines partikularen Moments. Für die US-amerikanische Gesellschaft konstruiert der Partizipationsforscher mehrere Idealtypen des „guten Bürgers" und kommt zu dem Ergebnis, dass der heutige, modernste Typus (wegen der Forschungsdefizite auf dem Gebiet der „neuen" Formen auf der einen und einem nahezu nostalgischen Strukturkonservatismus der Wissenschaft auf der anderen Seite) stark unterschätzt wird.[25] Unterschätzt oder nicht – legt man Schudsons Raster auf die zeitgenössische Bundesrepublik, so begegnet man in der Tat diesem idealen modernen Bürger. Doch betrifft diese Veränderung wohl selten eine gesamte Gesellschaft. Die alten, durch das Aufkommen eines neuen Typus sogar relativ „veralteten" Typen existieren nebenher! Nicht nur scheitern sie womöglich an den Anforderungen der heutigen Partizipationsgesellschaft; es bestehen sogar starke Unterschiede zwischen ihnen und den modernen „guten Bürgern".

Bisher nicht hinreichend erforscht sind auch die soziokulturellen und habituellen Divergenzen, die möglicherweise zum Ausschluss bestimmter Gesellschaftsgruppen führen. Gibt es beispielsweise so etwas wie einen „esprit

---

23 Vgl. Hooghe, Marc: ‚Not for our kind of people'. The sour grapes Phenomenon as a Causal Mechanism for Political Passivity, in: Dekker, Paul; Uslaner, Eric M. (Hrsg.): *Social Capital and Participation in Everyday Life*, London [u.a.] 2001, S. 162-173.
24 Vgl. Schudson: The Varieties, S. 591.
25 Vgl. Schudson, Michael: *The Good Citizen. A History of American Civic Life*, New York [u.a.] 1998.

de corps"[26] der Bürgergesellschaft? Vielen sozial Benachteiligten fehlt der Zugang zu deren Sprache und Räumen.[27] Nicht jeder bringt beispielsweise die verbalen Fähigkeiten mit, die gesellschaftliche Partizipation oft erfordert. Überdies hat gesellschaftliche Isolierung, die sozial Benachteiligten nicht selten widerfährt, praktische Konsequenzen. Da die Teilhabe an der arbeitenden Gesellschaft mit der Möglichkeit einhergeht, lokale Einrichtungen, Vereinsheime oder andere Organisationsräume zu nutzen, bleibt manchen auch im wörtlichen Sinne der Zugang zur Bürgergesellschaft verwehrt.[28]

Vieles spricht damit für eine zunehmende soziale Stratifikation der Gesellschaft, auch der Bürgergesellschaft. Während auf der einen Seite die modernen Bürger Netzwerke knüpfen und ihre Interessen über zivilgesellschaftliche Arbeit potentiell in den staatlichen Entscheidungsprozess einbringen können, verabschieden sich die gesellschaftlich Benachteiligten samt ihrer ganz anders gelagerten Bedürfnissen aus der öffentlichen Wahrnehmung. Befragungen von Mitgliedern des „neuen Unten" weisen aus, dass zunehmend eine soziale Gruppe existiert, die statisch und resignativ an ihrem gesellschaftlichen Ort verharrt. Hier scheinen horizontale Netzwerke eine besondere Rolle zu spielen. Nachbarn, Verwandte, das Quartier[29] sind

---

26 Vgl. Daheim, Hansjürgen: *Der Beruf in der modernen Gesellschaft. Versuch einer soziologischen Theorie beruflichen Handelns*, Köln [u.a.] 1967, S. 39ff., zitiert nach: Herzog, Dietrich: Der moderne Berufspolitiker. Karrierebedingungen und Funktion in westlichen Demokratien, in: Wehling, Hans-Georg (Hrsg.): *Eliten in der Bundesrepublik Deutschland*, Stuttgart [u.a.] 1990, S. 28-51, hier S. 34.

27 Munsch: Lokales Engagement, S. 14; Stock stellt fest, dass die praktizierten Arbeitsweisen und erwarteten Verhaltensnormen in „den Bahnen eines verwaltungstechnisch dominierten Beteiligungsverfahrens und ähnlicher Beteiligungsverfahren" kaum der Lebenswelt benachteiligter Bevölkerungsgruppen entsprechen, bei denen „Impulsivität und spontane Reaktionsweisen, die durchaus auch einmal ‚über die Stränge schießen können'", zu den zentralen Sozialisationserfahrungen gehören. Stock, Lothar: Milieuspezifische Ressourcen und Formen von benachteiligten Bevölkerungsgruppen. Orientierungspunkte für die Gemeinwesenarbeit, in: Munsch, Chantal (Hrsg.): *Sozial Benachteiligte engagieren sich doch*, S. 229-238, hier S. 233.

28 Vgl. Munsch: Lokales Engagement, S. 12.

29 Zur Rolle des Quartiers in sozialen Exklusionsprozessen vgl. Keller, Carsten: *Leben im Plattenbau. Zur Dynamik sozialer Ausgrenzung*, Frankfurt a.M. 2005.

von ungemeiner Wichtigkeit, vor allem, wenn es anderweitig an Verlässlichkeiten mangelt.[30] Nach etlichen negativen Erfahrungen im Berufsleben oder mit staatlicher Bürokratie bedeuten Freunde, Nachbarn oder die Familie sichere Haltgeber.[31]

Der Abstand zwischen den unterschiedlichen Soziallagen weitet sich zu parallelen Welten, die sich zunehmend entfremdet gegenüberstehen. Auf Dauer mag dies die Grundlagen der Demokratie, also die wechselseitige Anerkennung der Staatsbürger und ihre allgemeine Respektierung einer elementaren rechtlichen Gleichheit[32] gefährden. Eine genauere Kenntnis der sozialen Milieus erscheint deshalb umso wichtiger.

1.5 „UNTERSCHICHT", „PREKARIAT" ODER SOZIAL BENACHTEILIGTE? DIE UNTERSUCHUNGSGRUPPE

Die Diskussionen über den Begriff „Unterschicht" oder das so genannte „Prekariat" hat in den letzten Jahren in den Feuilletons deutscher Tageszeitungen geradezu eine Renaissance erlebt.[33] Die kontroverse Debatte über die sich vergrößernden Abstände zwischen dem gesellschaftlichen Unten

---

30 Keller spricht in bestimmten Fällen gar von einer „Überinvestition in nachbarschaftliche Netze". Vgl. ebd., S. 169. Warr findet in den untersuchten australischen Problemvierteln insbesondere „horizontale" Netzwerke vor. Warr, Deborah J.: Gender, Class, and the Art and Craft of Social Capital, in: *The Sociological Quarterly*, 47 (2006) 33, S. 497-520, hier S. 507; zu Parallelgesellschaften vgl. zudem Micus, Matthias; Franz Walter: Mangelt es an ‚Parallelgesellschaften'?, in: *Der Bürger im Staat*, 56 (2006) 4, S. 215-221.

31 So stellt Läzer fest, dass mit sinkendem Bildungsgrad das Misstrauen gegenüber der Kommunalpolitik steigt (S. 99f.), die überwiegende Mehrheit der Befragten in benachteiligten Quartieren jedoch den Nachbarn vertraut. Läzer, Katrin Luise: *Politische Einstellungen in privilegierten und benachteiligten Großstadtquartieren in Deutschland*, Berlin 2008, S. 171f.

32 Vgl. Möllers, Christoph: *Demokratie. Zumutungen und Versprechen*, Berlin 2008.

33 Aktuell dazu vgl. Chassé, Karl August: *Unterschichten in Deutschland. Materialien zu einer kritischen Debatte*, Wiesbaden 2010.

und den Eliten wurde auch durch Äußerungen verschiedener Spitzenpolitiker angeheizt. Pflichten und Zuständigkeiten, Fürsorgebestrebungen oder der drohende gesellschaftliche Abstieg arrivierter Bevölkerungsschichten aus der Mitte wurden Teil einer lebhaften Auseinandersetzung, blieben dabei aber meist unscharf definiert. Zumeist wohnt der Diskussion dabei ein deliberatives Moment inne; der Begriff der „Unterschicht" wird oft reflexartig mit verschiedensten Inhalten gefüllt.

Dabei wird die Debatte um den Terminus „Unterschicht" spätestens seit dem Beitrag Paul Noltes wieder geführt, der in *Generation Reform*[34] eine kulturelle Abspaltung der „Neuen Unterschicht" von der Mehrheitsgesellschaft ausmacht. Im Jahre 2006 gewann die Debatte an Aktualität, als Franz Müntefering die sozialstrukturanalytische Ordnungskategorie der „Schicht" in Frage stellte und sich dahingehend äußerte, dass es in Deutschland keine Schichten gäbe. Ähnliche Wege schlug auch die von der Friedrich-Ebert-Stiftung lancierte Studie *Gesellschaft im Reformprozess* ein, die nicht von „Unterschicht" sondern von „abgehängtem Prekariat" spricht.[35] Es scheint, als ob der Begriff „Unterschicht" vor kurzem noch als zu stigmatisierend, zu herablassend, als das Unsagbare im sagbaren Raum galt.[36] Zu Zeiten der Großen Koalition warf der Sozialhistoriker Hans-Ulrich Wehler den regierenden Parteien so auch vor, die unbestreitbare Existenz einer „Unterschicht" „wortreich zu leugnen", und so eine „Vogel-Strauß-Taktik" zu betreiben.[37]

Die Debatte um diese soziale Teilgruppe wurde also sowohl wissenschaftlich wie auch medial in einem aufgeheizten Klima geführt. Der Begriff „Unterschicht" ist durchaus nicht vor Kritik gefeit. Da er vor allem die vertikale Ungleichheit ins Zentrum rückt, geht auch immer eine Stigmati-

---

34 Vgl. Nolte, Paul: *Generation Reform. Jenseits der blockierten Republik*, Bonn 2004.
35 Vgl. Lindner, Rolf; Musner, Lutz (Hrsg.): *Unterschicht. Kulturwissenschaftliche Erkundung der ‚Armen' in Geschichte und Gegenwart*, Freiburg i.Br. [u.a.] 2008, S. 7.
36 Vgl. Danilina, Anna et al.: Einleitung: Zur Analyse und Kritik gesellschaftlicher Verhältnisse, in: Altenhain, Claudio et al. (Hrsg.): *Von ‚Neuer Unterschicht' und Prekariat. Gesellschaftliche Verhältnisse und Kategorien im Umbruch. Kritische Perspektiven auf aktuelle Debatten*, Bielefeld 2008, S. 9.
37 Wehler, Hans-Ulrich: Verschämte Klassengesellschaft.

sierung der einbezogenen Personen mit ihm einher. Vielfältige Faktoren horizontaler Ungleichheit wie Habitus[38] und Lebensstile, welche soziale Ungleichheit beeinflussen, können mit ihm nicht erfasst werden. Dennoch ist der Begriff vor allem aus forschungspragmatischer Sicht nicht ungeeignet, da er Zugänge ermöglicht und Strukturen zur Interpretation anbietet. Auch der Soziologe Rolf Lindner attestiert: „Die Schichtungsterminologie als Mittel sozialer Skalierung ist soziologiegeschichtlich gesehen mehr als konventionell."[39] Hinzu kommen nicht zuletzt die einleitend geäußerten Überlegungen, dass gerade der Begriff der „Unterschicht" in den Medien vielbeachtet und Bestandteil des alltäglichen Denkens über Gesellschaft ist.

Auch der populäre, aber unhandliche Begriff des „abgehängten Prekariats" eignet sich wiederum nur eingeschränkt für die Analyse, da dessen Ausgangspunkt in der Beschreibung des Wandels von Beschäftigungsverhältnissen und den damit einhergehenden prekären Lebenslagen verortet werden kann,[40] was den Fokus dieser Studie nur zum Teil umreißt. Und schließlich weist auch der Exklusionsbegriff[41], der insbesondere auf die gesellschaftliche Teilhabe abzielt, über die hier zu erfassenden sozialen Ungleichheiten hinaus. Es steht zu vermuten, dass die Befragten aufgrund ihrer beruflichen Situation, ihres Bildungsstandes und ihrer Einkommensverhältnisse exkludiert, also von der Mehrheitsgesellschaft ausgeschlossen sind. Indes umreißt Exklusion sowohl die Teilgruppe der „Exkludierten" als auch den Prozess der Exklusion. Dementsprechend impliziert der Begriff ein prozessuales Verständnis von gesellschaftlichen Problemlagen. In dieser Studie soll jedoch eine soziale Lage am unteren Rand der Gesellschaft möglichst eindeutig identifiziert werden. Die Prozesse, die Menschen in diese Lage versetzen, sind demgegenüber zunächst nachrangig.

---

38 Vgl. Bourdieu, Pierre: *Die feinen Unterschiede. Kritik der gesellschaftlichen Urteilskraft*, Frankfurt a.M. 2008.

39 Lindner, Rolf: ‚Unterschicht'. Eine Gespensterdebatte, in: Lindner; Musner (Hrsg.): *Unterschicht*, S. 9.

40 Vgl. Kraemer, Klaus: Ist Prekariat überall?, in: Altenhain, Claudio et al. (Hrsg.): *Von ‚Neuer Unterschicht' und Prekariat. Gesellschaftliche Verhältnisse und Kategorien im Umbruch. Kritische Perspektiven auf aktuelle Debatten*, Bielefeld 2008, S. 139-150.

41 Zum Begriff der Exklusion vgl. Kronauer, Martin: *Exklusion. Die Gefährdung des Sozialen im hoch entwickelten Kapitalismus*, Frankfurt a.M. 2002.

Ein spezifischer Begriff allein vermag daher kaum die vorliegende Zielgruppe treffend zu beschreiben. Diese muss aufgrund anderer Faktoren festgelegt werden. Da quantitative Befragungen belegen, dass die Engagement- und Aktivitätswerte von Befragten bei zunehmenden Einkommens- und Bildungswerten steigen,[42] erscheinen insbesondere diese beiden Faktoren von besonderer Bedeutung. Der Ausgangspunkt dieser Studie sind daher Bürger, die aufgrund ihres Einkommens, ihres Bildungsstands und ihres Wohnorts eine relativ homogene Gruppe bilden und durch ihre Stellung als partiell oder vielfach von einer Mehrheitsgesellschaft exkludiert beschrieben werden können. Für das Haushaltseinkommen stellt das Nettoäquivalenzeinkommen (gewichteter Quotient aus der Höhe des Einkommens und Anzahl der im Haushalt lebenden Personen) den Bezugspunkt dar. In Orientierung an den Eckdaten des Statistischen Bundesamtes gilt als armutsgefährdet, dessen Nettoäquivalenzeinkommen weniger als sechzig Prozent des durchschnittlichen Haushaltseinkommens beträgt.[43] Diese Grenze gilt auch in dieser Studie als maßgebend. Weiterhin stellt die Bildung den zentralen Faktor für den Zugang zum Arbeitsmarkt und für gesellschaftliche Teilhabe dar. Somit wird sie als zweiter Faktor zur Rekrutierung der befragten Personen herangezogen. Dabei sollte der höchste erlangte Bildungsabschluss der Interviewpartner nicht über die mittlere Reife hi-

---

42 Vgl. u.a. Rucht, Dieter: Engagement im Wandel. Politische Partizipation in Deutschland, in: *WZBrief Zivilengagement*, 1 (2010), S. 1-7, hier S. 7.

43 Zur Berechnung des Nettoäquivalenzeinkommens vgl. Deckl, Silvia, *Indikatoren der Einkommensverteilung in Deutschland 2003. Ergebnisse der Einkommens- und Verbrauchsstichprobe*, Statistisches Bundesamt, Wirtschaft und Statistik 11/2006, S. 1179, online verfügbar unter: http://www.destatis.de/jetspeed/ portal/cms/Sites/destatis/Internet/DE/Content/Publikationen/Querschnittsveroef fentlichungen/WirtschaftStatistik/WirtschaftsrZeitbudget/IndikatorenEinkom mensverteilung2003,property=file.pdf (zuletzt eingesehen am 04.12.2010); Brock identifiziert diese Gruppe gar als arm. Vgl. Brock, Ditmar: Soziale Ungleichheit, Klassen und Schichten, in: Schäfers, Bernhard; Lehmann, Bianca (Hrsg.): *Handwörterbuch zur Gesellschaft Deutschlands*, Bonn 2001, S. 628-642, hier S. 631; zu ausgewählten Armutsgefährdungsquoten vgl. *Die Soziale Situation in Deutschland*, online verfügbar unter: http://www.bpb.de/wissen/ 8SE20H,0,Ausgew%E4hlte_Armutsgef%E4hrdungsquoten.html (zuletzt eingesehen am 04.12.2010).

nausgehen; ein Hauptschulabschluss wurde für die Auswahl der Teilnehmer bevorzugt. In Leipzig, wo aufgrund der Differenzen im DDR-Schulsystem eine andere Schulart zu Grunde lag, galt die Polytechnische Oberschule als obere Grenze der Bildungsabschlüsse, die für die Rekrutierung herangezogen wurde. Als aufgabengeleitete Spezifikation der rekrutierten Personen ist hierbei die Gemeinsamkeit des Quartiers zu nennen, das in den ausgewählten Städten einbezogen wurde, um lokale beziehungsweise lebensnahe Räume zu erfassen.

2. Methodisches Vorgehen

2.1 „UNTERSCHICHTEN" –
EINE METHODISCHE HERAUSFORDERUNG

Wie bereits oben beschrieben weist die Erforschung des Anteils, den die „Unterschicht" oder das Prekariat an der Bürgergesellschaft hält, zahlreiche Defizite auf.[1] Zudem dominieren bislang quantitative Verfahren die Erforschung bürgerschaftlicher Strukturen.[2] Ein qualitativ angelegtes Forschungsprojekt, wie das hier geplante, scheint jedoch durchaus in der Lage, die skizzierten Lücken ansatzweise zu schließen und die bislang existierenden quantitativen Studien um wesentliche Erkenntnisse zu ergänzen und zu bereichern.

Qualitative Verfahren beanspruchen für sich, ihre Erkenntnis nicht aus der Betrachtung sozialer Phänomene in ihrer Breite zu gewinnen, sondern sie detailliert in ihrer Tiefe zu durchleuchten. Gerade wenn es darum geht, die komplexen Strukturen wenig erforschter Milieus und Lebenswelten zu erfassen, hat diese Herangehensweise einen bedeutenden Vorteil.[3] Bezogen

---

1 Für eine bedeutende Ausnahme vgl. Munsch, Chantal (Hrsg.): *Sozial Benachteiligte engagieren sich doch*, Weinheim [u.a.] 2003.
2 So weist beispielsweise Hodgkinson darauf hin, dass die quantitativen Umfragen dringend einer Ergänzung durch qualitative Daten bedürften. Vgl. Hodgkinson: Volunteering in Global Perspective, in: Dekker, Paul et al. (Hrsg.): *The Values of Volunteering. Cross-cultural Perspectives*, New York [u.a.] 2003, S. 35-53, hier S. 52.
3 Vgl. Rosenthal, Gabriele: *Interpretative Sozialforschung. Eine Einführung*, Weinheim [u.a.] 2008, S. 21ff.

auf den konkreten Fall plädiert Chantal Munsch dafür, die Diskussion vom formellen, organisatorischen Rahmen zivilgesellschaftlichen Engagements zu lösen, um die bildungsfernen Schichten zu erforschen. „Dies erfordert einen neuen Blick und andere Untersuchungsinstrumentarien. Menschen, die von gesellschaftlicher Marginalisierung bedroht oder betroffen sind, organisieren sich in der Regel nicht in den etablierten lokalen Assoziationen, sondern entwickeln andere Ausdrucksformen."[4]

Die größte methodische Herausforderung liegt jedoch in der Person des Forschers selbst. Für ihn stellt sich dabei das Problem der persönlichen und sozialen Nähe beziehungsweise Distanz zu seinem Forschungsgegenstand. Durch den eigenen akademischen Werdegang und Lebensweg mögen ihm Skizzen der oberen (Bürger-)Gesellschaftsschichten verhältnismäßig leicht fallen. Anderes gilt für das „Prekariat" oder die Milieus mit Migrationshintergrund, denn hier erweist sich die lebensweltliche Transferleistung – sowohl bei der Datenerhebung als auch bei deren Interpretation – als mögliche Barriere, was sich nicht zuletzt auf die Ergebnisse und Handlungsanweisungen an die Politik negativ auswirken könnte. Um eine Aufhebung dieser Distanz zu erreichen, ist es entscheidend, dass sich der Forschungsprozess und der Forscher selbst auf die zu untersuchenden Menschen einlassen, sie in ihren Lebenswelten aufsuchen, um ihr Handeln präzise interpretieren und verstehen zu können.

2.2 ERHEBUNGSMETHODEN

In der ersten Projektphase galt es, anhand von Expertengesprächen vor Ort einen Eindruck des Quartiers sowie für die Auswahl und Durchführung hilfreiche Hintergrundinformationen zu gewinnen. Auf diese Weise sollten Erkenntnisse über Beispiele typisch informeller Netzwerke und insbesondere grundlegende Informationen über moderne Formen des Engagements erzielt werden. In einer zweiten Projektphase sollten dann vornehmlich zwei komplementäre methodische Herangehensweisen kombiniert werden.

---

4 Jakob, Gisela: Biografische Strukturen bürgerschaftlichen Engagements. Zur Bedeutung biografischer Ereignisse und Erfahrungen für ein gemeinwohlorientiertes Engagement, in: Munsch, Chantal (Hrsg.): *Sozial Benachteiligte engagieren sich doch*, S. 79-96, hier S. 94.

2.2.1 Fokusgruppen

Einen methodischen Zugang bieten Fokusgruppen, das heißt moderierte Diskussionen mit jeweils etwa sechs bis acht Teilnehmern.[5] Wichtig ist bei dieser Erhebungsform ein ausreichender Zeitrahmen (zwei bis drei Stunden), innerhalb dessen die Teilnehmer möglichst unbeeinflusst und frei erzählen und diskutieren können. Die Diskussionen wurden anhand eines Leitfadens begleitet und punktuell durch Input der Moderatoren angeregt (siehe Anhang). Zusätzlich konnten Planspielelemente oder Simulationen dabei helfen, den Gruppenmitgliedern auch nicht-verbale Kommunikations- und Wiedergabekanäle zur Verfügung zu stellen.

Durch eine Mischung von Alter und Geschlecht sollte bei der Teilnehmerrekrutierung ein möglichst breites Spektrum der Angehörigen eines Quartiers abgedeckt werden. Da Ziel unserer Fragestellung sowohl die Erforschung des „Wegbleibens" als auch die potentiell unentdeckten, informellen Tätigkeiten sind, ist die freiwillige Aktivität beziehungsweise Inaktivität kein Kriterium.[6]

2.2.2 Einzelinterviews

Häufig bedeuten die Nichteingebundenheit in Erwerbsarbeit oder andere Formen sozialer Benachteiligung die gesellschaftliche Desintegration oder gar Isolation des Einzelnen.[7] Bei diesen Menschen bietet sich die Form des Gruppengesprächs nicht an. Vielmehr ist ein individueller Zugang durch persönlichen Kontakt erforderlich, weshalb ergänzend Einzelinterviews durchgeführt wurden.

Bei leitfadengestützten Interviews begleitet der Moderator den Partizipanten, mit dem er während des Gesprächs kontinuierlich interagiert. Ziel ist es dabei, die Einstellungen und biographischen Hintergründe zu erfragen

---

5   Vgl. Fern, Edward F.: *Advanced Focus Group Research*, Thousand Oaks 2001; Loos, Peter; Schäfer, Burkhard: *Das Gruppendiskussionsverfahren*, Opladen 2001.
6   Des Weiteren soll die direkte Nachfrage nach Engagement in der ersten Befragungsphase aus bereits genannten Gründen vermieden werden.
7   Mehlich spricht von einem Endpunkt des „Überflüssig-Werdens". Vgl. Mehlich, Michael: *Langzeitarbeitslosigkeit. Individuelle Bewältigung im gesellschaftlichen Kontext*, Baden-Baden 2005, S. 236.

und Reaktanzen und Wahrnehmungen des Probanden zu ermitteln. Die Gespräche sollten in einem für die Befragten möglichst vertrauenerweckenden Umfeld stattfinden, also vor Ort oder gegebenenfalls zu Hause. Zur Orientierung diente dabei ein Gesprächsleitfaden, der situativ modifiziert und erweitert wurde, um sich gegebenenfalls auf jeden Teilnehmer individuell einlassen zu können (siehe Anhang).

2.3 Datenerhebung

Die Erhebung der Daten wurde in vier ausgesuchten städtischen „Problemquartieren" vorgenommen. Als Erhebungsstädte wurden dabei Göttingen-Grone, Kassel-Wesertor, Kassel-Brückenhof und Leipzig-Grünau ausgewählt. Auf Basis dieser Fallstudien sollte eine Annäherung an den Zusammenhang zwischen „Unterschicht" und Bürgergesellschaft erfolgen.

Für die Studie wurden innerhalb von sechs Monaten insgesamt 74 Personen qualitativ befragt. Die Teilnehmer wurden nach einem Rekrutierungsraster zusammengestellt, um eine möglichst große Vielfalt innerhalb des gleichen Milieus und Wohnumfelds realisieren zu können.[8]

Die Erhebungen begannen unmittelbar nach Projektbeginn im November 2009. Nachdem zunächst die beiden Fokusgruppen in Göttingen-Grone durchgeführt worden waren, folgten bis zum Jahreswechsel die zehn Einzelinterviews. Parallel zur weiteren Forschung wurde mit der Transkription und Auswertung der erhobenen Daten begonnen. Um eine differenzierte Auswertung des Diskussionsverlaufs zu gewährleisten, dienten Kamera- und Tonbandaufzeichnungen sowie schriftliche Notizen. Anfang Januar 2010 folgte die Erhebungsphase in Kassel-Wesertor und Kassel-Brückenhof. Hier wurden pro Stadtteil eine Fokusgruppe abgehalten und jeweils fünf Einzelinterviews durchgeführt. Die Erhebungen in Leipzig begannen Ende Februar mit den beiden Fokusgruppen sowie den ersten Einzelinterviews und dauerten bis Anfang April, da die letzten Gespräche in Grünau stattfanden.

Im Folgenden soll ein Überblick über den Teilnehmerkreis der Befragungen vermittelt werden.

---

8 Die Rekrutierung der Probanden wurde von einem professionellen Marktforschungsunternehmen durchgeführt.

Sowohl in Bezug auf das Geschlecht als auch auf das Alter wurde eine möglichst gleichmäßige Auswahl der Befragten angestrebt (siehe Abb. 1 und 2).

Abbildung 1: Geschlechtliche Verteilung der Teilnehmer

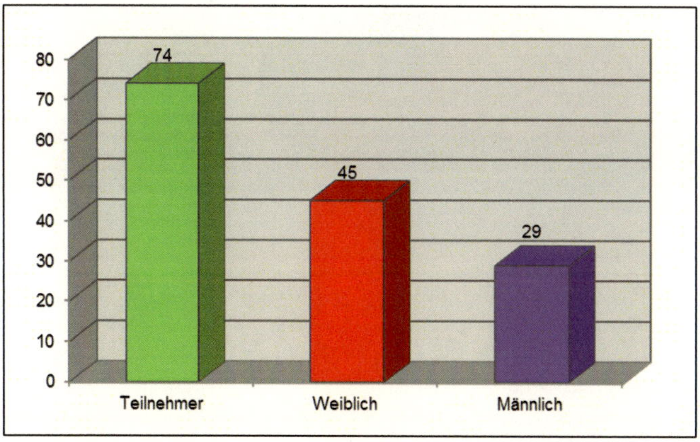

Abbildung 2: Altersstrukturelle Verteilung der Teilnehmer

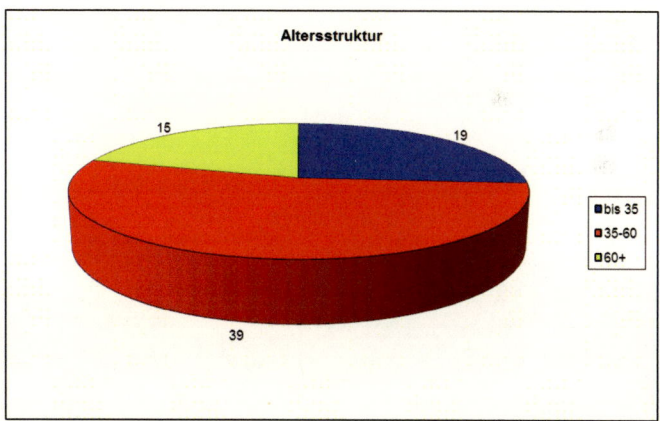

Abbildung 3: Migrationsanteil der Teilnehmer in Göttingen

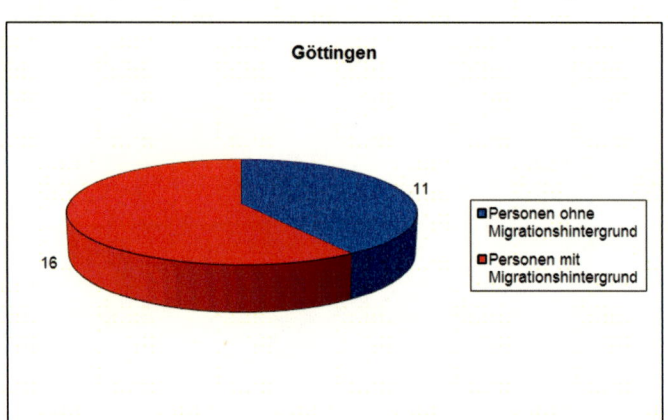

In Bezug auf den Anteil der Bewohner mit Migrationshintergrund gab es einen deutlichen Unterschied zwischen Ost und West (siehe Abb. 3 bis 5). Dieser entspricht jedoch weitestgehend den jeweiligen Anteilen von Menschen mit Migrationshintergrund in den betrachteten Vierteln.[9]

Abbildung 4: Migrationsanteil der Teilnehmer in Kassel

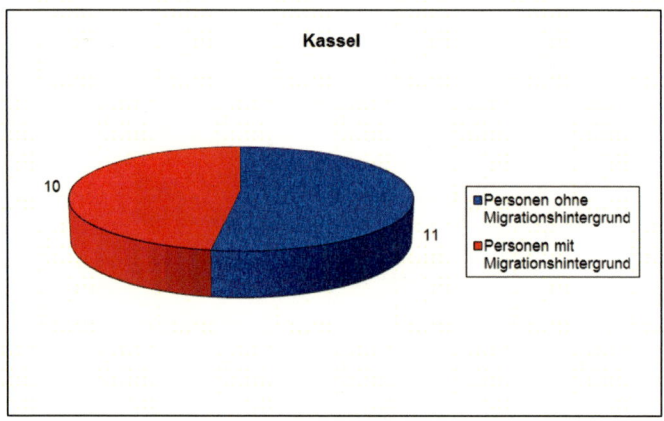

---

9   Vgl. hierzu die Abschnitte 3.2.1 bis 3.2.3 zu den Stadtteilen Göttingen-Grone, Kassel-Brückenhof und Kassel-Wesertor sowie Leipzig-Grünau.

Abbildung 5: Migrationsanteil der Teilnehmer in Leipzig

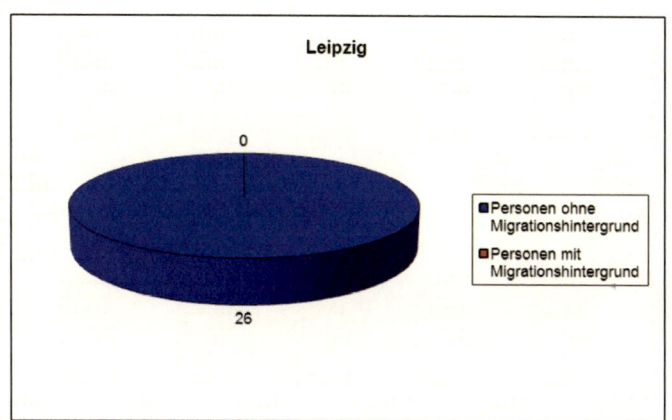

Als wichtiges Merkmal für die Auswahl der Befragten galt unter anderem der Bildungsabschluss.

Abbildung 6: Verteilung der Schulabschlüsse unter den Befragten

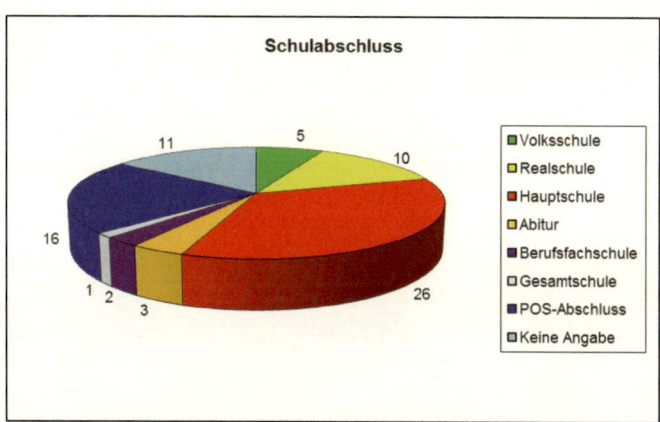

Im Anschluss an die Fokusgruppen und die individuellen Gespräche wurden unsere Probanden gebeten, einen einseitigen Fragebogen auszufüllen (siehe Anhang). Die Teilnahme an dieser Kurzumfrage, die unter anderem zum Ziel hatte, einige formelle Beteiligungsformen wie etwa die Teilnahme an Wahlen oder die Aktivität in Vereinen festzuhalten, war freiwillig und anonym.

Abbildung 7: Arbeitssituation der befragten Teilnehmer

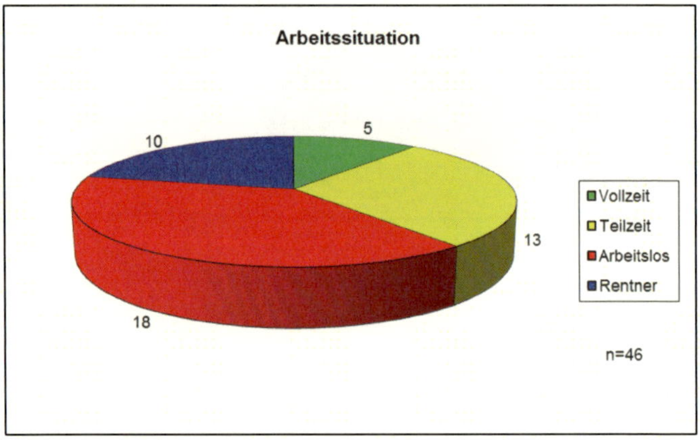

[Kreisdiagramm "Arbeitssituation": Vollzeit 5, Teilzeit 13, Arbeitslos 18, Rentner 10; n=46]

Erfasst wurden unter anderem auch Kriterien zur Arbeits- und Wohnsituation.

Abbildung 8: Wohndauer der Teilnehmer im Viertel

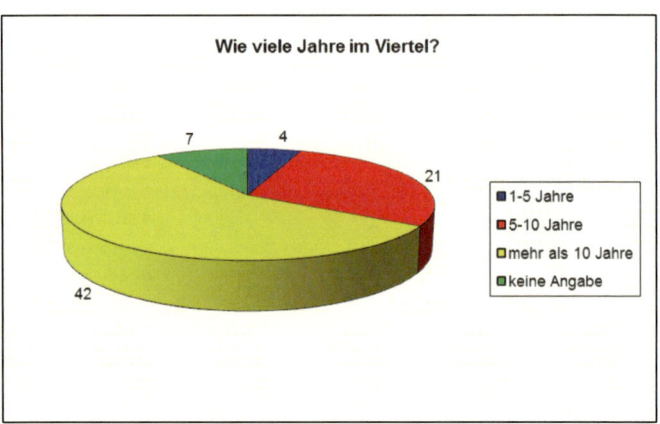

Die Mehrheit der Befragten lebt bereits seit mehr als fünf Jahren, meist sogar deutlich länger, in ihrem Viertel.

3. Erhebungsorte

Die Erhebung der Daten sollte in drei ausgesuchten städtischen „Problemquartieren" mit ähnlichen sozialstatistischen Grundvoraussetzungen und sozioökonomischen Hintergründen vorgenommen werden. Als Erhebungsstädte kamen dabei Göttingen in Niedersachsen, Kassel in Hessen sowie Leipzig in Sachsen in Frage. Göttingen als vor allem universitär geprägte Stadt, Kassel als gewachsene Arbeiterstadt, die vom Strukturwandel besonders massiv betroffen ist, und Leipzig als von der Transformation der letzten beiden Jahrzehnte stark betroffene ostdeutsche Stadt versprachen insbesondere, unterschiedliche Aspekte bei möglichst ähnlichen Rahmenaggregatdaten abzubilden.

Der begrenzte Umfang und Rahmen des Projekts sowie die für einen politikwissenschaftlichen Vergleich notwendigen Ausgangsbedingungen erforderten bei dieser Erhebung eine geographische Beschränkung auf vier städtische Gebiete. Auf der Basis der Auswertung sozialstatistischer Rahmendaten – etwa dem Anteil an Empfängern von Sozialleistungen, der Arbeitslosigkeit und der Wahlbeteiligung – und unter Hinzuziehung von Experten vor Ort sowie einschlägigen Erkenntnissen der Stadtsoziologie wurden jene Viertel ausgewählt, in denen die von uns gesuchte „Unterschicht" in überdurchschnittlichem Maße vermutet wurde.

Die Stadtteilauswahl orientierte sich an den nach diesen Kriterien aggregierten Daten. Den ausgesuchten Quartieren ist gemein, dass sie als „Problembezirke" gelten, also sowohl in baulicher, infrastruktureller, ökonomischer und sozialer Hinsicht Defizite aufweisen. „Neben baulichem Verfall, einer Ausdünnung und Überlastung des privaten wie öffentlichen Infrastrukturangebots und der Schließung und Verlagerung von Betrieben werden die Viertel durch Arbeitslosigkeit, Armut und eine hohe Zahl von Sozialhilfebeziehern charakterisiert."[1]

Mit den monofunktionalen Großwohnsiedlungen, die sich häufig in der städtischen Peripherie befinden, auf der einen und den eher innerstädtischen Altbauquartieren auf der anderen Seite wurden zwei verschiedene Typen sozialstrukturell schwacher Stadtviertel ausgewählt. Kassel-Brückenhof, Leipzig-Grünau und Göttingen-Grone sollten in der Untersuchung als Beispiele für den erstgenannten Typus fungieren, das Quartier Kassel-Wesertor für den zweiten.

Die Auswahl von Stadtvierteln folgte des Weiteren der Logik, dass sich in diesen Mikrokosmen soziale Bezugssysteme abbilden lassen, die sich nicht nur räumlich, sondern vor allem auch sozialstrukturell und/oder ethnisch differenziert von anderen Stadtvierteln abgrenzen. Ein Stadtviertel muss hierbei nicht unbedingt eine offizielle Sanktionierung durch Grenzziehung erfahren: Es ist vielmehr ein Konstrukt, das von den Stadtteilbewohnern selbst – etwa aufgrund einer gemeinsamen Geschichte – definiert oder – durch Stigmatisierung – von außen als solches gesetzt wird. Besonders für die im Rahmen der Studie untersuchten „Unterschichten" ist in zweierlei Hinsicht ein besonderer Bezug zum Viertel anzunehmen.

Zum einen erscheinen diese Quartiere als „Sammelbecken" benachteiligter Bevölkerungsgruppen, die in verschiedenen Bereichen – materiell wie soziokulturell – Defizite aufweisen, und deren konzentriertes Aufkommen in den Problembezirken auch den Abstand zur Mehrheitsgesellschaft charakterisiert. Zum anderen wird in der modernen Stadtsoziologie auch immer wieder von der besonderen Qualität des Zusammenlebens in diesen Quartieren gesprochen.[2] Dort wird hervorgehoben, dass diese Viertel auch die Prägung einer „ethnischen Kolonie" und eines „sozialräumlichen Milieus" haben können, die die Funktion eines Schutz- und Rückzugsraums gewährleisten. Dies gilt für Deutsche ebenso wie für Migranten. „Hier sucht man Verwurzelung, Vertrautheit mit Menschen und Umgebung, damit verbundene Verlässlichkeit, Berechenbarkeit, Stabilität, Geborgenheit und Heimatgefühl. In traditionellen Milieus spielt Verwurzelung und Ge-

---

1 Neef, Reiner; Keim, Rolf: *Wir sind keine Sozialen. Marginalisierung und Ressourcen in deutschen und französischen Problemvierteln*, Konstanz 2007, S. 11f.
2 Vgl. Ceylan, Rauf: *Ethnische Kolonien. Entstehung, Funktion und Wandel am Beispiel türkischer Moscheen und Cafés*, Wiesbaden 2006.

wohnheit, vermischt mit Inflexibilität, eine große Rolle. Der soziale Raum deckt sich stärker mit dem nahen räumlichen Umfeld. Man will auch deshalb oft im Quartier bleiben und harrt aus, selbst wenn Störfaktoren im Wohnumfeld zunehmen oder sich dessen Bewohnerstruktur im Sinne eines ‚Grading Down' sehr negativ entwickelt", so das Ergebnis einer Studie zur Sozialen Segregation in Stadtgesellschaften.[3]

3.1 STADTVIERTEL, QUARTIER UND SOZIALE LAGE

3.1.1 Das Quartier – Diskussion und Definition einer unscharfen Sozialkategorie

Der Begriff des Quartiers ist in den Sozialwissenschaften bislang weder näher spezifiziert noch gegen verwandte Begriffe wie etwa das Stadtviertel abgegrenzt worden. Tatsächlich finden sich stadtsoziologische Untersuchungen, die den Begriff implizit zur Beschreibung beobachtbarer sozialer Phänomene benutzen, insbesondere im Zusammenhang mit dem Komplex der Segregation.[4] Wenngleich eine klare, verbindliche Definition in diesen Werken zu vermissen ist, wird der Quartiersbegriffs zumeist intuitiv – etwa im Sinne einer sozialräumlich geschlossenen und abgrenzbaren, äußerlich durch verschiedene Merkmale identifizierbaren Einheit – verwendet.

Nachteil eines solch instinktiven und gleichsam nicht liminalen Verständnisses des Quartiersbegriffs ist, dass sich in ihm verschiedenste Diskurse verschränken. Diese sind keineswegs nur auf die theoretischen Subdisziplinen und Denkschulen der Sozialwissenschaften begrenzt, sondern

---

3 Beck, Sebastian; Perry, Thomas: Soziale Segregation. Nebeneinander und Miteinander in der Stadtgesellschaft, in: *vhw FW*, (Juni-Juli 2008) 3, S. 115-122.

4 Bspw. sprechen Reutlinger et al. von „Armutsquartieren", ohne nachzuweisen, welche Spezifika ein solches Quartier ausmachen. Reutlinger, Christian et al.: *Jugend und Jugendpolitik in benachteiligten Stadtteilen in Europa*, Wiesbaden 2007, S. 25; vgl. außerdem ergänzend Häußermann et al. (Hrsg.): *An den Rändern der Städte*, Frankfurt a.M. 2004; Löw, Martina; Steets; Silke; Stoetzer, Sergej: *Einführung in die Stadt- und Raumsoziologie*, Opladen 2008.

erstrecken sich oftmals auf die Bereiche der Stadtplanung und Geographie.[5] Unklar bleibt demzufolge nicht nur, was der Forschungsgegenstand „Quartier" umreißt, sondern ebenso die Nützlichkeit des Begriffs, der sich schließlich auch in politisch und sozialplanerisch bedeutsamen praktischen Anwendungsbereichen (wie etwa dem Quartiersmanagement) im Rahmen von Förderprogrammen benachteiligter Stadtteile niederschlägt.[6]

Im Folgenden soll deshalb in aller Kürze historisch hergeleitet werden, was den Quartiersbegriff ausmacht. Darauf folgend soll diese Herleitung durch neuere sozialtheoretische Hintergründe angereichert und abschließend auf die in diesem Bericht verfolgte Definition des Quartiers übergeleitet werden.

3.1.2 Vom Arbeiterviertel zum segregierten Quartier

Der Begriff des Quartiers kann begriffsgeschichtlich bis in die Antike, auf die schachbrettartige Struktur der Römersiedlungen, zurückverfolgt werden. Wenig zweckmäßig erscheint aus sozialwissenschaftlicher Perspektive jedoch eine derartig „geometrisch-historische" Abgrenzung des Begriffs auf Grundlage dieser baulichen Basis. Wichtiger sind soziostrukturelle Komponenten einer Definition, die die bauliche Struktur der Quartiere zwar berücksichtigen, dabei aber gleichzeitig Platz für soziale Interaktionsmuster, spezifische Funktionen sowie die Entstehungsbedingungen und -bedürfnisse eines „sozialräumlich"[7] identifizierbaren Quartiers einräumen.

---

5 Vgl. Schnur, Olaf: Einführung und Zusammenfassung der Beiträge, in: Ders. (Hrsg.): *Quartiersforschung. Zwischen Theorie und Praxis*, Wiesbaden 2008, S. 9-16, hier insbesondere S. 9f.

6 Vgl. Förderprogramme des Programms „Soziale Stadt", exemplarisch etwa in: Deutsches Institut für Urbanistik (Hrsg.): *Die Soziale Stadt. Eine erste Bilanz des Bund-Länder-Programms ‚Stadtteile mit besonderem Entwicklungsbedarf – die soziale Stadt'*, 2002, S. 37f.

7 Der Begriff des sozialen Raums geht auf den Soziologen Pitrim A. Sorokin zurück. Sorokin unterscheidet den sozialen Raum vom geometrischen dadurch, dass, obwohl eine geometrisch zu beobachtende Nähe zwischen verschiedensten Personen(-Gruppen) beobachtbar ist, eine soziale Distanz zwischen ihnen vorherrschen kann. Vgl. Löw et al.: *Einführung in die Stadt- und Raumsoziologie*, S. 46.

Die urbanen Strukturen, die auch noch das heutige städtische Leben konturieren, entstanden während des 19. Jahrhunderts. Treibende Kraft hinter diesem Strukturbildungsprozess war die Industrialisierung. Durch die erhöhte Nachfrage nach Arbeitskräften in den industriellen Betrieben kam es zu einem starken Zustrom und einer geballten Ansiedelung von Arbeitskräften in der Nähe der Fabriken. Hierdurch wuchsen die Städte und die Verstädterung der Gesellschaft nahm ihren Anfang.[8]

Dieser Prozess zeichnete sich jedoch durch Ungleichmäßigkeiten aus, so dass sich die Arbeiter in der Nähe ihrer Arbeitsstellen konzentriert in eigenen Vierteln – den Arbeiterquartieren – wiederfanden.[9] Sie stellen bis heute häufig den Referenzpunkt vieler sozialwissenschaftlicher Quartiersbezüge dar;[10] nicht zuletzt deshalb, weil es im Zuge der Arbeiterbewegung gelang, eine Infrastruktur auszubilden, die Versorgung, Selbstorganisation, kulturelles Leben, Hilfs- und Unterstützungsnetzwerke von der Arbeiterschaft ausgehend zu etablieren.[11]

Dabei ist jedoch zu konstatieren, dass diese Binnenorganisation der Quartiere seit den 1970er Jahren einem stetigen Erosionsprozess unterworfen ist. Der Strukturwandel der Wirtschaft evozierte die strukturelle Arbeitslosigkeit, die überproportional stark Geringqualifizierte aus den Arbeiterquartieren betraf. Zusätzlich verlor das Sozialsystem zunehmend seine Tragfähigkeit.[12] Durch diese Entwicklungen kam es zu einer massiven

---

8   Vgl. ebd., S. 23.
9   Vgl. ebd., S. 26.
10 Vgl. Häußermann, Hartmut; Siebel, Walter: *Stadtsoziologie. Eine Einführung*, Frankfurt a.M. 2004, S. 160ff.
11 Vgl. Lösche, Peter; Walter, Franz: *Die SPD: Klassenpartei – Volkspartei – Quotenpartei. Zur Entwicklung der Sozialdemokratie von Weimar bis zur deutschen Vereinigung*, Darmstadt 1992.
12 Unter dem Etikett „Abschied vom Malocher" behandelt der Zeithistoriker Doering-Manteuffel verschiedene derartige Prozesse. Vgl. Doering-Manteuffel, Anselm; Raphael, Lutz: *Nach dem Boom. Perspektiven auf die Zeitgeschichte seit 1970*, Göttingen 2008; auch Konrad Jarausch bringt das einsetzende Gefühl ab Mitte der 1970er Jahre mit dem „Ende der Zuversicht" prägnant auf den Punkt. Vgl. Jarausch, Konrad (Hrsg.): *Das Ende der Zuversicht? Die siebziger Jahre als Geschichte*, Göttingen 2008.

Konglomeration sozialer Problemlagen in den Arbeiterquartieren.[13] Gesamtgesellschaftliche Trends wie etwa die Immigration und die steigende soziale Ungleichheit fachten diese Problemlagen weiter an, so dass sich die sozialen Distanzen innerhalb der Gesellschaft vergrößerten. Vor diesem Hintergrund kam es vermehrt zu „selektiver Mobilität", die sich schließlich „in neue sozialräumliche Strukturen übersetzt[e]."[14]

Diese Prozesse sind keineswegs abgeschlossen, sondern verstetigen und verschärfen sich bisweilen. Wenn heute von Quartieren mit Problempotential die Rede ist, entsteht daher häufig ein im Vergleich zum historisch gewachsenen Arbeiterquartier negatives Bild. Vielmehr handelt es sich nun um „sehr heterogene und konfliktreiche Milieus",[15] denen es sowohl an Infrastruktur als auch an gegenkulturellen Angeboten mangelt. „Quartiere, in die die Verlierer des sozioökonomischen Wandels abgedrängt werden, können so zu Orten einer sozialen Exklusion werden."[16] Die angesprochenen Verlierer sammeln sich dabei vor allem in früheren Arbeitervierteln oder aber in Beständen des sozialen Wohnungsbaus.[17]

3.1.3 Quartiere: Zugänge und Definition

Die sozialwissenschaftliche und geographische Forschung bietet verschiedene Zugänge zur Definition und Abgrenzung des Quartiers.[18] Dabei fällt jedoch auf, dass nicht von einer weithin akzeptierten, neu zu verhandelnden

---

13 Ein kursorischer Problemaufriss findet sich in Häußermann; Siebel: *Stadtsoziologie*, S. 160ff.

14 Häußermann et al. (Hrsg.): *An den Rändern der Städte*, S. 12; anschaulich für die Entwicklungen der Arbeiterquartiere und Arbeitermilieus: Walter, Franz: *Vorwärts oder Abwärts? Zur Transformation der Sozialdemokratie*, Frankfurt a.M. 2010.

15 Häußermann et al: *An den Rändern der Städte*, S. 28.

16 Ebd., S. 32; an anderer Stelle spricht Häußermann explizit von „Quartiere[n] der Ausgrenzung", vgl. ebd., S. 160.

17 Ebd., S. 162.

18 In den letzten Jahren hat sich dabei gar die Forschungsgruppe „Quartiersforschung" unter dem Dach der Deutschen Gesellschaft für Geografie (DGfG) herausgebildet. Vgl. Schnur: *Quartiersforschung*, S. 10; siehe auch: http://www.quartiersforschung.de.

Begriffssetzung gesprochen werden kann.[19] Begründet scheint dies in der „Einzigartigkeit der Städte"[20]. Eine Quartiersdefinition muss also immer den jeweiligen Forschungserfordernissen in den jeweiligen Städten adäquat angepasst werden und verlangt so nach einer problemgeleiteten Selektierung durch den Forscher.

Für die in diesem Projekt angestrebte Herangehensweise bietet sich die soziographische Quartiersbetrachtung an. „Der soziographisch-holistische Ansatz verspricht aufgrund seiner umfassenden Möglichkeiten, in einen kleinräumigen Mikrokosmos einzutauchen, gerade in der Quartiersforschung ein gewinnbringender Forschungszugang zu sein."[21] Die Soziographie wird dabei mitunter als Methode verstanden.[22]

Dieser Ansatz ist für die hier porträtierte Forschung deswegen geeignet, weil er kongruent mit der Herangehensweise in Fokusgruppengesprächen sowie Einzelinterviews ist. Schließlich soll das Verständnis der verschiedenen untersuchten Stadtteile vor allem ausgehend von den Befragten entwickelt und erschlossen werden. Für dieses Vorgehen spricht weiterhin die Erfahrung der Mitarbeiter des Forschungsteams mit ähnlich gelagerten sozialtheoretischen Ansätzen aus dem Bereich der interpretativen Sozialforschung. Insbesondere die „Methode der dichten Beschreibung"[23] des Ethnologen Clifford Geertz und die „grounded theory" in der Tradition von Barney Glaser und Anselm Strauss wurden und werden andernorts bereits ge-

---

19 Dabei ist auch das Feld der Quartiersforschung und Stadtsoziologie einem steten Wandel zwischen verschiedenen theoretischen Schwerpunkten ausgesetzt, die hier in ihrer Breite nicht diskutiert werden können. Es ergeben sich beispielsweise Zugänge zur Quartiersforschung aus Ansätzen der neoklassischen Ökonomie, der Demographie oder der Governance-Forschung. Vgl. Schnur: *Quartiersforschung*, S. 21ff; eine neue und einflussreiche Debatte wird dabei in der Tradition des Poststrukturalismus und des Konstruktivismus geführt. Vgl. u.a. Löw, Martina: *Die Soziologie der Städte*, Frankfurt a.M., 2008.
20 Löw et al.: *Einführung in die Stadt- und Raumsoziologie*, S. 10.
21 Vgl. Schnur: *Quartiersforschung*, S. 25.
22 Vgl. Glaser, Barney G.; Strauß, Anselm L.: *Grounded Theory. Strategien qualitativer Forschung*, Bern 2005.
23 Vgl. Geertz, Clifford: *Die Methode der dichten Beschreibung. Beiträge zum Verstehen kultureller Systeme*, Frankfurt a.M. 2009.

winnbringend eingesetzt und haben das Potential, neue Zugänge zum Quartier zu eröffnen. Nach diesem hier umrissenen Verständnis sollen die Wahrnehmung des Quartiers, seine (sozial-)räumliche Beschaffenheit, die Interaktionsnetzwerke und die Handlungslogiken innerhalb des Quartiers über die Bewohner vor Ort erschlossen werden. Dennoch ist das Quartier im Idealfall immer auch durch äußere Anhaltspunkte wie etwa sozialstatistische Marker und baustrukturelle Indikatoren identifizierbar. Schließlich sollen die Quartiere passgenau auf die entwickelten Fragestellungen und Indikatoren hin ausgewählt werden. Zu diesem Zweck greift auch diese Studie auf eine Definition des Quartiers zurück, die sich an der des Göttinger Stadtsoziologen Rainer Neef orientiert. Neef setzt Stadtviertel als Synonym zum Quartier, was aus forschungspragmatischen Gründen in den Gesprächen mit den Bewohnern der Quartiere Erleichterung verspricht, da so keine Übersetzungsprobleme zu erwarten sind.

„‚Stadtviertel' oder ‚Quartiere' […] sind Wohngebiete mit ausreichenden Versorgungs-Einrichtungen für den Alltagsbedarf und einer Grundausstattung an sozialer Infrastruktur. Sie haben häufig baulich-räumliche Grenzen – etwa große Verkehrslinien, Gewerbegebiete; ihre Bauformen [und] Bewohner unterscheiden sie von angrenzenden Stadtvierteln – Mietwohnblocks verschiedener Epochen, Geschossbauten gegenüber Reihenhaus- und Eigentumsgebieten. Sozial sind es Gebiete, in denen sich die Wege der Bewohner in Alltagsvollzügen […] so überkreuzen, dass sie sich aus Begegnungen wiedererkennen und gegebenenfalls Bekanntschaften schließen können. Kommunikativ zeigen sich Quartiersgrenzen in einer ‚Verdünnung' der Beziehungen nach außen hin."[24]

Anhand dieser Skizze sollen die Quartiere in der vorliegenden Studie ausgewählt werden. Dabei wird im zweiten Schritt, wie angedeutet, explizit aus den Aussagen der Bewohner abgeleitet, wie ein Quartier wahrgenommen wird und mit welchen Motivationen die Bewohner innerhalb des Quartiers handeln. Neuere Forschungsansätze, die Städte und Quartiere als sozialkonstruierte Räume begreifen, die je nach individuellem Hintergrund erschlossen werden, stützen diese Anhaltspunkte:

---

24 Neef; Keim: *Wir sind keine Sozialen*, S. 29.

„Insofern entstehen am gleichen Ort zuweilen für unterschiedliche Personengruppen verschiedene Räume. [...] Diese Einsicht hat Auswirkungen auf die Gestaltung von Räumen, da Raum nicht länger als [leeres] zu gestaltendes Territorium betrachtet werden kann, sondern Wahrnehmen systematisch berücksichtigt werden muss."[25]

So eröffnen sich Fragen über „a) lokal spezifische Wahrnehmungs- und Thematisierungsmuster und b) die spezifischen materiellen und sozialen Konstellationen einer Stadt."[26] Dem Forschungsdesign dieser Studie entsprechend sollen Quartiere ergebnisoffen behandelt werden, um im Forschungsprozess genügend Raum zu lassen für eine möglichst vollständige Betrachtung, Interpretation und Erkenntnisgenerierung unter Einbeziehung verschiedenster Faktoren.

3.1.4 Soziale Stadt

Einen Hinweis auf die beschriebenen Problemlagen, die als Basis der Auswahl der untersuchten Quartiere dienten, bietet auch die Aufnahme in das Städtebauförderungsprogramm „Stadtteile mit besonderem Entwicklungsbedarf – Soziale Stadt" des Bundesministeriums für Verkehr, Bau und Stadtentwicklung (BMVBS), das ausgewählte sozialstrukturell schwache Viertel besonders fördert. Laut Selbstbeschreibung versucht das Programm, die „Abwärtsspirale" in benachteiligten Stadtteilen aufzuhalten und die Lebensbedingungen vor Ort umfassend zu verbessern.[27]

Einem Leitfaden zur Ausgestaltung dieser Initiative zufolge ist die „soziale Integration in diesen Stadtteilen oft völlig zum Erliegen gekommen."[28] Hartmut Häußermann führt dies auf die heterogene Bevölkerungs-

---

25 Löw et al.: *Einführung in die Stadt- und Raumsoziologie*, S. 10.
26 Ebd. Ausgehend von dieser Prämisse entwickelt Löw andernorts eine „Soziologie der Städte", die sich von dem schematischen Grundmuster der Stadtsoziologie ablöst. Vgl. Löw: *Die Soziologie der Städte*.
27 Vgl. http://www.sozialestadt.de/programm (zuletzt eingesehen am 04.12.2010)
28 Deutsches Institut für Urbanistik GmbH: *Leitfaden zur Ausgestaltung der Gemeinschaftsinitiative „Soziale Stadt"*, Stand 29.08.2005, S. 5, online als „Leitfaden Fassung 2005" einsehbar unter: http://www.sozialestadt.de/programm/ grundlagen/ (zuletzt eingesehen am 28.02.2011)

struktur vieler dieser Stadtteile zurück, in denen sich aus den unterschiedlichsten Anlässen marginalisierte einheimische Bewohner und Zugewanderte befinden.[29] Diese Bevölkerungsgruppe sei angeblich gekennzeichnet durch fehlende Brücken zur umgebenden Gesellschaft, eine geringe Anbindung an den Arbeitsmarkt, unzureichende soziale Netzwerke, geringe Identifikation mit dem Stadtteil sowie durch kaum vorhandenes Engagement und fehlende Beteiligung der Bewohner an politischen Entscheidungen,[30] was vermehrt zu sozialen Konflikten, Kriminalität und Vandalismus führen kann.[31] „Da die sozialen Konflikte im Stadtteil selber auftreten und spürbar werden und der Stadtteil gleichzeitig Identifikationsebene und Ressource für seine Bewohner darstellt, ist es [...] nur folgerichtig, Maßnahmen auf der Quartiersebene durchzuführen."[32]

Kriterien zur Festlegung der Gebiete, die einen besonderen Entwicklungsbedarf haben und durch das Programm gefördert werden sollen, sind mannigfaltig. Sie umfassen städtebauliche und Umweltprobleme, Probleme in den Bereichen Infrastrukturelle Ausstattung und Lokale Ökonomie, sozioökonomische Probleme wie (Langzeit-)Arbeitslosigkeit, Abhängigkeit von staatlichen Transferleistungen, Armut in Verbindung mit niedrigem Bildungsstatus und gesundheitlichen Beeinträchtigungen, nachbarschaftliche Probleme, soziale Konflikte aber auch Imageprobleme.[33] Unter Rückgriff auf diese Grundlage wurde auch die Auswahl der von uns untersuchten Stadtviertel getroffen. Einige Untersuchungsorte sind oder waren daher „Soziale-Stadt-Viertel".

Moderne Stadtentwicklungsprogramme wie etwa die „Soziale Stadt" haben sich zum Ziel gesetzt, die Ressourcen und Selbsthilfekräfte der

---

29 Vgl. Häußermann et al. (Hrsg.): *An den Rändern der Städte*, S. 13ff.

30 Vgl. Häußermann; Siebel: *Stadtsoziologie*, S. 24; vgl. auch *Leitfaden ‚Soziale Stadt'*, S. 5.

31 Vgl. Keim, Rolf; Neef, Rainer: Ausgrenzung und Milieu. Über die Lebensbewältigung von Bewohnerinnen und Bewohnern städtischer Problemgebiete, in: Harth, Annette et al. (Hrsg.): *Stadt und soziale Ungleichheit*, Opladen 2000, S. 248-273, hier S. 251.

32 Häußermann, Hartmut; Kapphan, Andreas: *Berlin. Von der geteilten zur gespaltenen Stadt? Sozialräumlicher Wandel seit 1990*, Opladen 2000, S. 262.

33 Vgl. http://www.sozialestadt.de/programm/hintergrund/ (zuletzt eingesehen am 04.12.2010)

Bewohner in Stadtteilen mit besonderem Entwicklungsbedarf durch Beteiligung und Aktivierung anzuschieben. Hier wird versucht, „Quartiersentwicklungsprozesse in Gang zu setzen, welche die sozialen Problemgebiete zu selbständig lebensfähigen Stadtteilen mit positiver Zukunftsperspektive machen".[34] Dabei ist es auch das Ziel, den Aufbau von sozialen Netzwerken zu fördern. Der integrative Ansatz des Programms „Soziale Stadt" spiegelt sich zudem darin wider, dass Maßnahmen und Projekte aus allen Politikbereichen realisiert werden und häufig mehrere Politikbereiche zugleich abgedeckt werden. Ziel der „Sozialen Stadt" in Verbindung mit Bewohnerbeteiligung und -aktivierung ist, „die Fähigkeit der Bewohnerschaft zur Zusammenarbeit, zum Miteinander und zur sozialen Vernetzung zu stärken."[35] Die Aktivierung soll in erster Linie Personen und Personengruppen durch Kommunikation und Interaktion zusammenbringen, ihre Probleme erfahren und ihre Bereitschaft wecken, mitzumachen. Umgesetzt wird das durch informelle und meist aufsuchende Techniken, wie zum Beispiel aktivierende Befragungen, Streetwork, Organisation von Stadtteilfesten oder durch Öffentlichkeitsarbeit. Mit einer „Beteiligung" hingegen sind länger geplante und zielgerichtete Verfahren wie beispielsweise Bürgerforen, Bürgergutachten, Arbeitskreise oder Ähnliches gemeint.

Bei den untersuchten Quartieren, die Teil dieser Förderungsmaßnahme sind oder waren, ist ein dahingehender Einfluss auf die lokale Bürgergesellschaft zu erwarten. Diesen gilt es als Hintergrund für die anschließende Analyse zu berücksichtigen.

---

34 Vgl. *Leitfaden zur Ausgestaltung der Gemeinschaftsinitiative ‚Soziale Stadt'* (zweite Fassung vom 01.03.2000), online einsehbar unter: http://www.soziale stadt.de/veroeffentlichungen/arbeitspapiere/band3/3_argebau.shtml (zuletzt eingesehen am 04.12.2010).

35 Deutsches Institut für Urbanistik (Hrsg.): *Die Soziale Stadt. Eine erste Bilanz des Bund-Länder-Programms ‚Stadtteile mit besonderem Entwicklungsbedarf – die soziale Stadt'*, im Auftrag des Bundesministeriums für Verkehr, Bau- und Wohnungswesen, Berlin 2002, S. 32.

Tabelle 1: Teilnahme am Programm „Soziale Stadt"

	2003	2004	2005	2006	2007	2008
Göttingen-Grone	O	O	O	O	X	O
Kassel-Wesertor	/	/	/	/	X	X
Kassel-Brückenhof	X	O	O	O	O	O
Leipzig Grünau	/	/	X	X	X	X

Legende: X = aktive Programmteilnahme
               O = Teilnahme ruhend
               / = keine Teilnahme

3.2 STADTTEILAUSWAHL

Der Stadtteilauswahl lagen vor allem zwei zentrale Auswahlkriterien zu Grunde: Das erste Auswahlkriterium bildete die soziale Zusammensetzung der Bevölkerung in den entsprechenden Stadtteilen. Hierbei waren insbesondere die Kriterien Bildung und Sozialquote ausschlaggebend. Da zu den Bildungsabschlüssen aber keine verlässlichen Statistiken zur Verfügung standen, wurden vor allem sozialstatistische Daten wie Erwerbsquote und die Quote der Empfänger von Sozialleistungen nach SGB II (bzw. ALG II), zum Teil Jugend- und Langzeitarbeitslosigkeit, ausgewertet.

Zudem wurden die Viertel auch nach ihrer Bezeichnung als „Problemviertel" ausgewählt. Ferner floss ganz zentral die „Gestalt" des Viertels mit ein. Bis auf das alte Arbeiterviertel Kassel-Wesertor handelt es sich bei allen anderen Vierteln um klassische, künstlich errichtete Wohnquartiere mit größtenteils typischer Wohnblockbebauung.

3.2.1 Göttingen-Grone Süd

Abbildung 9: Stadtbezirke Göttingen-Grone Süd

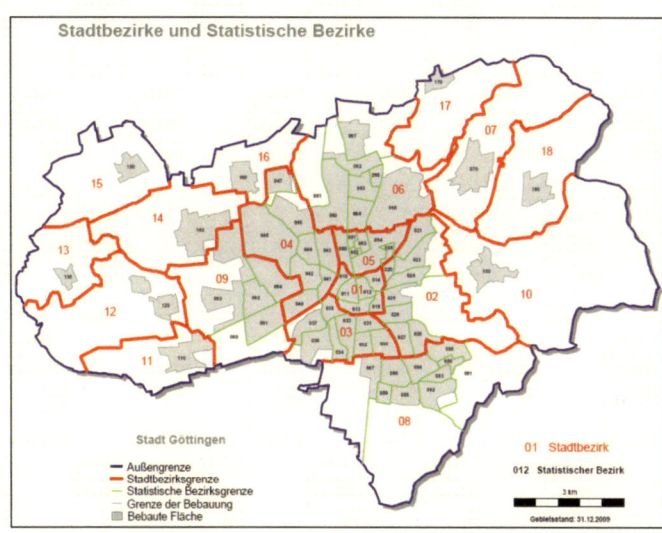

Quelle: Stadt Göttingen (Fachdienst Statistik und Wahlen), Februar 2010.

Der Göttinger Stadtteil Grone – hier insbesondere das Quartier Grone-Süd – erfüllt die der Studie zu Grunde liegenden sozialstatistischen Grundvoraussetzungen und sozioökonomischen Hintergründe. Im Stadtteil Grone, in dem unser Erhebungsgebiet Grone-Süd durch eine vierspurige Bundesstraße vom restlichen Stadtteil baulich getrennt ist, leben 11.449 Menschen, 4455 davon in Grone-Süd.[36] Die Quote der Empfänger von Sozialleistungen liegt hier mit einer Dichte von 31,3 Prozent (davon ALG II 27,8 Prozent) weit über dem städtischen Durchschnitt von 11,2 Prozent.[37] In Grone-Süd befinden sich prozentual die meisten Empfängerhaushalte von Sozialleistungen, zudem finden sich dort, in absoluten Zahlen, die meisten individuellen Empfänger von Sozialleistungen in Göttingen.

---

36 Stand: Januar 2010.
37 Quelle: http://goesis.goettingen.de/pdf/030_01.pdf (zuletzt eingesehen am: 04.12.2010).

Tabelle 2: Empfänger von Sozialleistungen in ausgewählten sozialstrukturell schwachen Göttinger Vierteln im Vergleich zum gesamten Stadtgebiet (in %, Stand 2009)[38]

Statistischer Bezirk	Empfänger-haushalte		davon ALG II		Empfänger-personen		davon ALG II	
	absolut	% HH	absolut	% HH	absolut	Dichte	absolut	Dichte
Leineberg	296	1,8	249	1,9	533	18,9	481	17,1
Holt. Berg	593	2,1	493	2,3	1236	31,5	1118	28,5
Grone Süd	**625**	**2,2**	**508**	**2,4**	**1390**	31,3	**1236**	27,8
Göttingen	8523	1,7	7010	1,8	14.451	11,2	12.581	9,7

Auch andernorts weist die Bevölkerungsstruktur erhebliche Ausschläge auf: Obwohl Göttingen eine vor allem durch die Universität geprägte Stadt ist, schlägt sich dies in Grone-Süd kaum nieder. Lediglich 1,5 Prozent der Bevölkerung sind Studenten (Stadtgebiet Göttingen 11 Prozent).[39] Eine in einer Universitätsstadt zu erwartende Durchmischung der Wohnbevölkerung von Studierenden und Werktätigen ist in Grone kaum gegeben.

Indes ist der Anteil der Bevölkerung mit Migrationshintergrund mit 38,8 Prozent weit höher als im städtischen Durchschnitt (18,5 Prozent)[40], die Anteile der ausländischen Bevölkerung (16,9 Prozent) sowie der Bevölkerung mit doppelter Staatsangehörigkeit (13,7 Prozent) liegen dementsprechend ebenfalls weit über dem gesamtstädtischen Durchschnitt. Die größten statistisch ausgewiesenen ausländischen Bevölkerungsgruppen stellen Türken (152 Personen), Migranten aus Serbien und Montenegro (95) und Ukrainer (81).[41] Daneben stellten wir in unseren Erhebungen fest, dass

---

38 Eigene Darstellung; Quelle: http://goesis.goettingen.de/pdf/030_01.pdf (zuletzt eingesehen am: 04.12.2010).
39 Quelle: http://goesis.goettingen.de/pdf/055_60.pdf (zuletzt eingesehen am: 04.12.2010).
40 Quelle: http://goesis.goettingen.de/pdf/028_74.pdf (zuletzt eingesehen am: 04.12.2010).
41 Quelle: http://goesis.goettingen.de/pdf/027_44.pdf (zuletzt eingesehen am: 04.12.2010).

viele Libanesen und ein großer Teil von Spätaussiedlern aus dem Gebiet der ehemaligen UdSSR in Grone-Süd leben. Ergänzend zum multikulturellen Charakter liegt der Anteil der Bevölkerung mit „sonstigen" religiösen Bekenntnissen (hierunter werden auch Muslime gefasst) in Grone-Süd mit 49,1 Prozent rund zehn Prozentpunkte über dem städtischen Durchschnitt (39,9 Prozent).[42]

Ein weiterer Indikator für die Wahl des Stadtbezirks war die relativ geringe Wahlbeteiligung, dem als eine Form bürgerschaftlichen Engagements eine interpretatorische Bedeutung zukommt.[43] Ein Abwärtstrend ist wie im Bundesdurchschnitt, besonders bei den Landtagswahlen, zu verzeichnen. Hier lag die durchschnittliche Wahlbeteiligung sowohl 2003 mit 53,2 Prozent als auch 2008 mit 43,7 Prozent jeweils rund 15 Prozent unter den Beteiligungszahlen im Göttinger Stadtdurchschnitt (66,7 bzw. 58,8 Prozent).[44]

Die bauliche Struktur unterscheidet das Viertel signifikant von nahezu allen Göttinger Stadtteilen. Grone-Süd wurde zum großen Teil im Stile funktionalistischer Architektur erbaut. Vor allem wird das Viertel von meist drei- bis sechsgeschossigen Wohnblocks dominiert, die in den 1960er und 1980er Jahren erstellt wurden. Der Renovierungsrückstand in den Immobilien ist zum Teil erheblich. Sowohl das äußere als auch das innere Erscheinungsbild einiger Wohnblocks und Straßenzüge vermögen das Gefühl zu unterstreichen, in einem benachteiligten Viertel zu leben.

Auch das unmittelbar angrenzende Stadtgebiet unterscheidet sich signifikant. Dabei verkörpert Grone-Süd einen deutlich wahrnehmbaren Gegensatz zum Gebiet Alt-Grone. Dieses wird durch höchstens dreigeschossige, teilweise baufällige Ein- und Mehrfamilienhäuser dominiert, die sich um einen gewachsenen Ortskern gruppieren.

---

42 Statistische Kategorie ist „sonstige Konfession", Referenzgrößen sind dabei evangelische und katholische Konfession. Quelle: http://goesis.goettingen.de/pdf/022_21.pdf (zuletzt eingesehen am: 04.12.2010).

43 http://goesis.goettingen.de/themenfelder/unterthemen_kleinr_daten.php?navId=04&uId=45&maintopic=11&docname=119 (zuletzt eingesehen am: 04.12.2010).

44 Zahlen für den Gesamtstadtteil Grone: http://goesis.goettingen.de/pdf/PDat-WB3.pdf, für Göttingen Stadt: http://www.nls.niedersachsen.de/LW2008/017.htm. (zuletzt eingesehen am: 04.12.2010).

Grone-Süd ist im Jahr 1999 in das Programm „Soziale Stadt" aufgenommen worden. Die Förderung des Stadtteils lief nach zehn Jahren 2008 aus. Im Zuge des Programms wurden einige Maßnahmen im Stadtteil angestrengt. Als Pilotprojekt kann dabei die Errichtung eines Mehrgenerationenhauses mit Hilfe von öffentlichen Bundesfördermitteln gelten. Diese Einrichtung wird vom Verein „Nachbarschaftszentrum Grone e.V." unterstützt, der sich aus vier verschiedenen Wohlfahrtsverbänden (Caritas, AWO, Diakonieverband, Paritätischer Wohlfahrtsverband) zusammensetzt. Das Mehrgenerationenhaus löste das alte Nachbarschaftszentrum als zentralen Treffpunkt im Stadtteil ab. Mit Hilfe der Mittel aus dem Programm „Soziale Stadt" wurden überdies Sanierungsmaßnahmen an einigen Wohnhäusern durchgeführt.[45] Viele Grünflächen wurden bereinigt, neu eingehegt und Spielplätze gebaut. Daneben wurde eine Sportanlage saniert, ausgebaut und für die Öffentlichkeit nutzbar gemacht. All diese Maßnahmen trafen auf ungeteilt positive Resonanz unter den von uns befragten Probanden und werden offenkundig auch in der Göttinger Öffentlichkeit zustimmend bewertet.[46]

Im Zuge dieser Förderungen wurde 2001 außerdem ein Quartiersmanagement etabliert. Dieses wurde von dem Architektur- und Stadtplanungsbüro plan-zwei geleitet.[47] Neben der baulichen Umstrukturierung

---

45 Zu den Tätigkeitsschwerpunkten des Programms Soziale Stadt bietet sich die vom Marktforschungsinstitut empirica durchgeführte Studie an: Heyn, Timo et al.: *Werkstattbuch Soziale Stadt. Fallstudie Gladbeck-Butendorf*, Berlin 2003.

46 Laut der Leiterin des Büros für Integration, Renate Kornhardt, bessert sich das Image des Stadtteils in der Presse langsam aber stetig. Vgl. Kornhardt, Renate: *Erfahrungen mit Lokalem Aktionsplan Göttingen-Grone*, in: 7. Bericht über die Zielgruppenkonferenz der Vertreter/innen von Städten und Gemeinden in E&C-Gebieten vom 16. bis 17. Dezember 2003: *Strategisches Management durch die Kommune*, S. 48-55, hier S. 48, online einsehbar unter: http://www.eundc.de/pdf/62005.pdf (zuletzt eingesehen am 28.02.2011)

47 Vgl. http://www.plan-zwei.com/pro.php?b=4&id=13&a=0 (zuletzt eingesehen am: 04.12.2010). Zum Anforderungsprofil eines Quartiersmanagements vgl. Deutsches Institut für Urbanistik (Hrsg.): *Die Soziale Stadt*, S. 37f.; zu grundlegenden Überlegungen zum Sozialmanagement in problembehafteten Stadtteilen

wurden die Ziele des Quartiersmanagements wie folgt beschrieben: „Die soziale Stabilisierung wird neben zahlreichen kleinteiligen Schritten mit dem Stadtteilzentrum und dem neuen Nachbarschaftszentrum auf der Grundlage der Stärkung des bürgerschaltichen [sic] Engagements angestrebt."[48] Aktive Bürgerinnen und Bürger aus dem Stadtteil stellten dabei – neben den städtischen Fachbereichen „Soziales" und „Planung" sowie dem Quartiersmanagement des Büros plan zwei – einen vierten Kooperationspartner bei der Umsetzung der Planungen dar.[49]

Im Zeitraum zwischen 2008 und 2012 wird zudem ein Modellvorhaben des Programms „Soziale Stadt" im Stadtteil Alt-Grone durchgeführt.[50] Dieses konzentriert sich auf die Förderung jugendlicher Schulverweigerer und versucht dadurch, die Quote der Schulabgänger ohne Hauptschulabschluss zu senken. Auswirkungen auf jugendliche Bewohner des Stadtteils Grone-Süd sind hiervon durchaus zu erwarten. Ferner sind Fördermaßnahmen im an Grone angrenzenden Gebiet der Göttinger Weststadt angedacht. Erste Studien wurden diesbezüglich von der Stadt in Auftrag gegeben.[51]

Zusätzlich zu den Fördermaßnahmen des Programms „Soziale Stadt" entstand in Grone-Süd in den zurückliegenden Jahren der „Friedensgarten". Dieser ist als eine interkulturelle Begegnungsstätte konzipiert und wird vom Verein Internationale Gärten getragen, der 1998 von Deutschen und Migranten gegründet wurde.[52] Ebenso finden sich verschiedene Sportvereine wie der FC Grone oder Rot-Weiß Göttingen sowie verschie-

---

vgl. Krings-Heckemeier, Marie-Therese; Heckenroth, Meike: *Sozialmanagement in überforderten Wohnquartieren*, Berlin 2000.

48 Vgl. http://www.plan-zwei.com/pro.php?b=4&id=13&a=0 (zuletzt eingesehen am: 04.12.2010).

49 Vgl. http://www.plan-zwei.com/pro.php?b=4&id=13&a=0 (zuletzt eingesehen am: 04.12.2010).

50 Vgl. BMVBS (Hrsg.): *Modellvorhaben der Sozialen Stadt. Gute Beispiele für sozial-integrative Projekte*, Berlin 2009, S. 26f.

51 Vgl. http://www.plan-zwei.com/pro.php?b=2&id=31&a=0 (zuletzt eingesehen am: 04.12.2010).

52 Quelle: http://www.sozialestadt.de/praxisdatenbank/suche/ausgabe.php?id=411. (zuletzt eingesehen am: 04.12.2010).

denste traditionelle Vereine, vom Kleingarten- bis hin zum Hundezüchterverein.

Nach den gewonnen Eindrücken kann konstatiert werden, dass das eigentliche Ziel dieser städteplanerischen Anstrengungen – eine Durchmischung des Quartiers durch Ansiedlung sozialstatistisch möglichst heterogener Einwohner – in Grone bisher nicht erreicht worden ist.[53] Die Isolierung und Segregierung von Einwohnern nach Nationalität, Ethnizität und/oder Einkommens- und Erwerbslage konnten demnach bislang nicht zufriedenstellend aufgebrochen werden.

3.2.2 Kassel-Brückenhof und Kassel-Wesertor

Die Kasseler Stadtteile bzw. Quartiere Brückenhof und Wesertor erfüllten am deutlichsten die der Studie zu Grunde liegenden sozialstatistischen Grundvoraussetzungen und sozioökonomischen Hintergründe eines „Problemviertels". Bei in etwa gleichen sozialstatistischen Rahmendaten unterscheiden sich diese beiden Stadtviertel in zweifacher Hinsicht. Während Brückenhof als Teil Oberzwehrens einige Zeit im Rahmen des Bund-Länder-Programms „Soziale Stadt" gefördert wurde (und inzwischen im Rahmen von „Stadtumbau West" gefördert wird), galt dies für Wesertor lange Zeit nicht. Erst seit 2007 wird der Stadtteil auf diese Weise mit Bundesmitteln unterstützt.[54] Brückenhof ist zudem in seiner äußeren Gestalt als typische Betonplattensiedlung vergleichbar mit Grone-Süd oder Leipzig-Grünau. Beim Stadtteil Wesertor handelt es sich folglich nicht um ein reines Wohngebiet, sondern es wird auch geprägt durch zum Teil brach liegende, gemischt-gewerbliche Bauflächen.

---

53 Ein Aufgriff mitsamt Kritik dieser weithin akzeptierten These findet sich etwa bei Beck; Perry: Studie Soziale Segregation, S. 115-122.
54 Vgl. http://www.sozialestadt.de/gebiete/liste_gebiete.php?bundesland=Hessen (zuletzt eingesehen am: 04.12.2010).

Abbildung 10: Kassel-Oberzwehren

Quelle: http://de.wikipedia.org/wiki/Datei:Lage_KS-Oberzwehren.png,
Urheber: Titus Groan, 19.02.2008.

Abbildung 11: Kassel-Wesertor

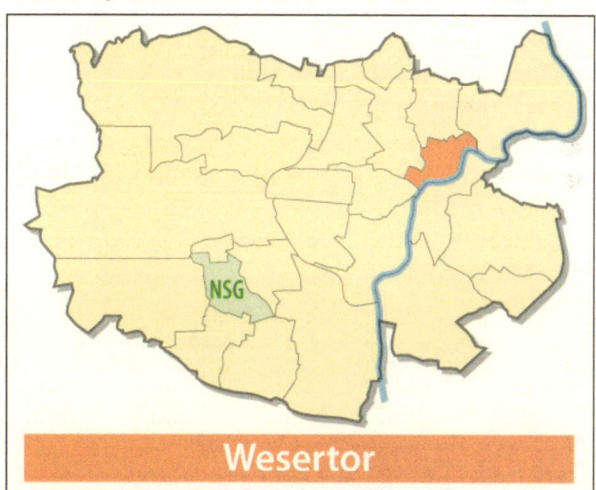

Quelle: http://de.wikipedia.org/w/index.php?title=Datei:Lage_KS-Wesertor.png, Urheber: Titus Groan, 19.02.2008.

Die Siedlung Brückenhof liegt im südwestlichen Teil Kassels und entstand als Sozialwohnungssiedlung in den späten 1960er bis Mitte der 1970er Jahre in Betonplattenbauweise. Aufgrund des anhaltenden Wohnungsmangels, verstärkt durch den Ausbau des VW-Werks in Baunatal, wurde ein neuer Stadtteil südlich der Innenstadt nötig. Ähnlich wie ihre bekannteren Verwandten „Neue Vahr" in Bremen oder das „Märkische Viertel" in West-Berlin sollten breite Bevölkerungskreise endlich Zugang zu vernünftigem Wohnraum bekommen.[55] Mit Mitteln des sozialen Wohnungsbaus sind nach dem Leitbild „Urbanität durch Dichte"[56] über 1.800 Wohnungen entstanden, die in viergeschossigen Zeilen und bis zu 17-geschossigen Punkthochhäusern und Winkeln angelegt sind. Brückenhof wurde als geschlossene Siedlung im Grünen konzipiert, mit Ladenzentrum, Schwimmbad und Sporteinrichtungen, seit den 1980er Jahren mit einem Schulzentrum und seit 1974 mit einem Teil der Gesamthochschule Kassel (der mit den Bewohnern praktisch nicht verbunden ist)[57]. Hier leben derzeit 5.781 Einwohner (Stand 31.12.2008). Arbeitsplätze existieren nur in geringem Maße.[58] Im Rahmen einer Bestandsaufnahme für das Programm „Soziale Stadt" wurde der Stadtteil Brückenhof wie folgt charakterisiert:

„Trotz differenzierter sozialer Infrastruktur ist zu Recht von überforderten Nachbarschaften zu sprechen: Arbeitslosigkeit, Haushalte, die auf Transferleistungen angewiesen sind, eine hohe Konzentration von Spätaussiedlern, von Einwohnern ausländischer Herkunft, von Flüchtlingen z.B. aus Eritrea, Schulklassen, mit vielen Kindern, die nicht fließend deutsch sprechen bzw. verstehen können, Verwahrlosungs-

---

55 Vgl. Schaake, Klaus: Besser bauen, schöner wohnen, glücklicher leben, in: *StadtZeit Kassel Magazin*, 7 (2009) 31, S. 2.

56 Vgl. Kaschlik, Anke: *Segregation unter Stagnationsbedingungen. Selektive Veränderungen von sozialräumlicher Struktur, baulich-räumlichen Qualitäten und Wohnungsversorgung dargestellt am Beispiel der Stadt Kassel seit den 1970er Jahren*, Kassel 2009, S. 22.

57 Vgl. Neef; Keim: *Wir sind keine Sozialen*, S. 118f.

58 Vgl. Servicestelle HEGISS: *Netzwerkanalyse und dialogische Begleitung – Schlussbericht* (Untersuchungszeitraum 2002 bis 2004), HEGISS Materialien, Begleitforschung 4, Frankfurt a.M., S. 146, online verfügbar unter: http://www.hegiss.de/he_download/Begleitforschung/Begleitforschung_04.pdf (zuletzt eingesehen am 04.12.2010).

erscheinungen, eine große Zahl junger Menschen, häufig ohne Heimatgefühl, eine hohe Jugenddelinquenzquote, hoher Wohnungsleerstand im Zusammenhang mit dem Auszug von Familien/Haushalten höheren/sicheren Familieneinkommens sind als Indikatoren zu benennen. Die Attraktivität dieses Siedlungsbereichs hat nachhaltig gelitten."[59]

Im Stadtteil Brückenhof leben vor allem mehr oder weniger alteingesessene, in Deutschland geborene und aufgewachsene Bewohner, Flüchtlinge und Spätaussiedler (knapp ein Fünftel der Bewohner besitzt keinen deutschen Pass). Gleichwohl: Viele Deutsche und Flüchtlinge sind sich auffallend einig in ihrer Abneigung oder gar Ablehnung der Aussiedler.[60] Die Bevölkerung hat selektive Einwohnerverluste – vor allem infolge der Abwanderung einkommensstärkerer deutscher Haushalte – hinnehmen müssen, wobei gleichfalls ein Zuzug von Haushalten mit Transfereinkommen zu registrieren ist.[61] Segregationstendenzen nicht nur hinsichtlich Alter und Erwerbseinkommen, sondern auch mit Bezug zur Herkunft sind hier kleinräumig nachzuzeichnen.

Lange Zeit wirkte die Anlage trotz eines hohen Anteils an Freiflächen monoton und durch die Bebauung mit Hochhäusern in Plattenbauweise lieblos und unmaßstäblich. Die Hochhäuser förderten die Anonymität. Einheitliche Waschbetonfassaden ermöglichten kaum eine Unterscheidung der Häuser und wirkten zudem nüchtern und lieblos. Die Hauseingangsbereiche waren dunkel und nicht einsehbar und wirkten dadurch keinesfalls geeignet, eine offene, kommunikative Stimmung herzustellen, die ein Gespräch unter Nachbarn fördern würde. Außerdem boten sie keine klare Orientierung und Hinführung zu den Eingängen.[62] Im Zuge des bis 2004 laufenden Programms

---

59 Vgl. http://www.sozialestadt.de/gebiete/dokumente/305-gebietsinformation.shtml (zuletzt eingesehen am 04.12.2010).
60 Vgl. Servicestelle HEGISS: *Netzwerkanalyse*, S. 146.
61 Vgl. *Stadtumbau West – Kassel-Oberzwehren*, online verfügbar unter: http:// www.frauentreff-brueckenhof.de/pdf/stadtteilmanagement/stadtteilmanagement/ stadtumbau-west.pdf (zuletzt eingesehen am 04.12.2010).
62 Vgl. Bund-Länder Programm: *Soziale Stadt Kassel – Oberzwehren Programm – Projekte – Perspektiven*: http://www.frauentreff-brueckenhof.de/pdf/stadtteil management/stadtteilmangement/soziale-stadt.pdf (zuletzt eingesehen am 04.12.2010).

"Soziale Stadt" wurden eine Reihe von Verbesserungsmaßnahmen eingeleitet, die zumeist lediglich äußerliche Missstände zu kaschieren, nicht jedoch die soziale Problemstruktur des Viertels selbst aufzulösen vermochten. So wurden beispielsweise die Treppenhäuser und Eingangsbereiche saniert, der Straßenbahnanschluss ausgebaut und Wohnumfelder z.b. durch Grünflächen und Spielplätze verbessert. Seit Dezember 2004 ist das Fördergebiet Brückenhof offiziell in das Programm "Stadtumbau West" übergeleitet worden. Geplant wurde eine "ganzheitliche Erneuerung". Konzeptioneller Ansatz war die gezielte Qualifizierung der zweifelsfrei vorhandenen Wohn- und Freiraumqualitäten. Aus einer homogenen und strukturarmen Siedlung sollte ein eigenständiger, individueller und vielfältiger Stadtteil mit verschiedenen Quartieren zeitgemäßen Charakters entwickelt werden. Zum Konzept gehörte es, die drei bis 16-geschossigen Gebäude besser "lesbar" zu machen, sie horizontal zu gliedern und farblich zu differenzieren.[63]

Sozialstrukturell stellt sich der Stadtteil Wesertor ähnlich dar. Dieses ältere Viertel basiert jedoch auf einer gründerzeitlichen Grundstruktur. Das Wesertor hat seinen geographischen Mittelpunkt am Kasseler ‚Katzensprung', wo einst das alte Weser-Tor stand. Dort wurden zum Jahresbeginn 1981 die Kasseler Bezirke Altstadt (Stadtteil Mitte) und Weserspitze (Stadtteil Nord-Ost) miteinander verbunden und der heutige Stadtteil Wesertor gebildet.[64] Das ehemalige Arbeiterquartier ist geprägt vom direkten Nebeneinander von Wohnsiedlungen (auch aus jüngeren Jahren) und umfangreichen gewerblichen Ansiedlungen.

Der Kasseler Stadtteil Wesertor ist ein so genannter Brennpunktstadtteil Kassels mit einem relativ hohen Anteil an ausländischen Mitbürgern, einer überdurchschnittlich hohen Arbeitslosigkeit und vielen sozial schwachen Familien. Das Stadtteilquartier, in dem sich die Grundschule Am Wall befindet, grenzt an die Innenstadt und wird vom übrigen Stadtteil durch eine Hauptverkehrsstraße abgeschnitten.[65] Es leben rund 9000 Einwohner im Stadtteil, was knapp fünf Prozent der Bevölkerung von Kassel ausmacht.

---

63 Vgl. Schaake: Besser bauen, S. 4.
64 Vgl. http://www.ibf-kassel.de/projekte/stageschwest.html (zuletzt eingesehen am 04.12.2010).
65 Vgl. http://www.sozialestadt.de/praxisdatenbank/suche/ausgabe.php?id=119 (zuletzt eingesehen am 04.12.2010).

Der Stadtteil weist eine hohe Zahl an Belastungsfaktoren auf: Die Arbeitslosigkeit liegt weit über dem Durchschnitt (siehe Tabelle 3). Die Bevölkerungsdichte ist sehr hoch (5997 EW/km^2 gegenüber 1795 EW/km^2 Kassel-Stadtgebiet, Stand Juli 2006), die Wohnfläche pro Person entsprechend deutlich unterdurchschnittlich. Hohe Umweltbelastungen durch stark frequentierte Hauptverkehrsadern prägen das Bild des Viertels. Es existieren auch einige größere Gewerbeflächen, die jedoch seit Jahren nicht mehr genutzt werden.

Besonders besorgniserregend sind die Einschätzungen des Jugendamtes der Stadt Kassel.[66] Demnach werden die Folgen von Arbeitslosigkeit und Armut im Quartier verstärkt sichtbar. Die Kosten für Kinderbetreuung müssen in drei von vier Fällen vom Jugendamt übernommen werden, die Jugendkriminalitätsrate ist anderthalb Mal so hoch wie im städtischen Durchschnitt; eine übermäßig hohe Zahl von Inanspruchnahme stationärer Hilfe zur Erziehung liefert darüber hinaus Hinweise darauf, dass vielerorts die Menschen an ihre soziokulturellen Grenzen stoßen und immer weiter in innere Isolation verfallen. Zusätzlich sinken Kulanzen der Wohnungsbaugesellschaften gegenüber Familien mit Mietrückständen, deren Folgen – wie z.B. Stromabschaltungen – als weitere Stressfaktoren wirken. „Die Bevölkerung verarmt und verelendet. Gegenseitige Unterstützungen und Rücksichtnahmen nehmen ab, Zuzüge von Menschen weiterer Nationalitäten und sozialer Benachteiligungen erschweren integrative Prozesse. Diese Belastungsfaktoren korrespondieren mit einer hohen Bevölkerungsfluktuation, der höchsten des Stadtgebiets: wer wegziehen kann, zieht weg", so das Urteil des Jugendamtes Kassel über den Stadtteil.[67]

Die durchschnittliche Wohndauer im Stadtteil Wesertor ist die niedrigste im ganzen Stadtgebiet. Eine hohe Fluktuation der Bevölkerung – einhergehend mit einer daraus resultierenden geringen Identifikation mit dem Stadtteil – lässt bereits auf ein niedriges bürgergesellschaftliches Engagementniveau schließen. Zu dieser Einschätzung kommt auch das Jugendamt: „Das Interesse, sich für Verbesserungen im Stadtteil einzusetzen und bürgergesellschaftliches Engagement zu zeigen, ist in der Bevölkerung nur in geringem Umfang vorhanden."[68]

---

66 Quelle: Jugendamt, Stadt Kassel: Stadtteilporträt Wesertor, Stand 12.06.2007.
67 Quelle: Jugendamt, Stadt Kassel. Stadtteilporträt Wesertor, Stand 12.06.2007.
68 Quelle: Jugendamt, Stadt Kassel. Stadtteilporträt Wesertor, Stand 12.06.2007.

Die Quote der Empfänger von Sozialleistungen liegt in beiden Vierteln deutlich über dem städtischen Schnitt. Jeder Fünfte über 65-Jährige im Stadtteil Wesertor erhält Leistungen nach dem SGB XII: Dies ist der höchste Anteil in Kassel. Auch die Arbeitslosenquote liegt in beiden Stadtvierteln weit über dem städtischen Durchschnitt.

Tabelle 3: Arbeitslose nach SGB II und SGB III in ausgewählten Kasseler „Problemvierteln" im Vergleich zum gesamten Stadtgebiet (in %, Stand 2009)[69]

Stadtteil	Arbeitslose SGB II (Juni 2009)				Arbeitslose SGB II+III	
	gesamt	Quote	langzeit-arbeitslos	Quote	gesamt	Quote
10 Rothenditmold	636	10,1%	304	4,8%	750	11,9%
11 Nord (Holland)	1473	10,5%	678	4,9%	1676	12,0%
14 Wesertor	863	9,4%	412	4,5%	1020	11,1%
20 Oberzwehren	897	7,0%	403	3,1%	1119	8,7%
Kassel	9026	4,7%	4332	2,3%	11.894	6,2%

Zudem ist in beiden Kasseler Untersuchungsgebieten der Anteil der ausländischen Bevölkerung relativ hoch, wobei in Brückenhof der Anteil nur leicht über dem städtischen Durchschnitt liegt, in Wesertor mit 29,6 Prozent (gegenüber 12,8 Prozent im gesamten Stadtgebiet) hingegen weit darüber. Die Hälfte der Einwohner des Stadtteils hat einen Migrationshintergrund.

Auch gilt wiederum für beide Stadtteile, dass die Wahlbeteiligung hier weit unterdurchschnittlich ist. Im Stadtteil Wesertor wird nahezu regelmäßig die geringste Wahlbeteiligung in Kassel gemessen. Mithin ist auch eine Korrelation mit geringem gesellschaftlichem Engagement anzunehmen.

Das Gebiet Wesertor wurde zu Teilen bereits 2008 in das Programm „Soziale Stadt" aufgenommen. Ziele des Programms sind die Verbesserung

---

69 Eigene Darstellung auf Basis von: Stadt Kassel: *Statistische Informationen. Arbeitslose nach dem Wohnort mit Leistungsbezug nach dem SGB II und/oder SGB III*, Stand 30.06.2009, (Fachstelle Statistik).

der Wohn- und Lebensverhältnisse in benachteiligten Stadtgebieten, die Stabilisierung der wirtschaftlichen Lage, die Erhöhung der Lebenschancen durch Vermittlung von Fähigkeiten, Fertigkeiten und Wissen sowie die Stärkung der Identifikation der Bewohner mit dem Stadtteil. Dazu wurde von der Planungsgruppe Stadtbüro sowie dem Diakonischen Werk Kassel ein Stadtteilmanagement eingerichtet. Beide stellen jeweils einen Stadtteilmanager, der die Umsetzung des Programms im Wesertor sicherstellen soll. Sie agieren außerdem als Knotenpunkt für die Stadtverwaltung und die lokalen Akteure sowie nicht zuletzt als Anlaufstelle für die Bewohner. Bislang gibt es einige verschiedene Stadtteilarbeitskreise, in denen sich die Bewohner engagieren können.[70]

3.2.3 Leipzig-Grünau

Der Leipziger Stadtteil Grünau ist ein besonderer Fall im Rahmen dieser Studie. Er steht als eines der größten Neubauviertel der ehemaligen DDR geradezu symbolisch für den nach der Wende als unzeitgemäß und überholt stigmatisierten DDR-Plattenbau.

Leipzig-Grünau ist ein vergleichsweise großer Stadtteil, mit 46.000 Einwohnern (Stand 2007) der zugleich größte und jüngste Leipziger Stadtteil. In die engere Untersuchungsauswahl kamen Grünau Ost (7.921 Einwohner, alle Angaben Stand 31.12.2007), Grünau Mitte (12.183 Einwohner), Lausen-Grünau (12.309 Einwohner) und Grünau Nord (8170 Einwohner).

Heute herrscht in Grünau großer Wohnungsleerstand; der Rückgang der Einwohnerschaft um fast die Hälfte (1989 lebten noch 85.000 Menschen in Grünau) hat den Stadtteil stark verändert. Überalterung und ein zum Teil starker Zuzug von einkommensschwachen Haushalten bei gleichzeitig hoher Einwohnerdichte (ca. 8.000 EW/km²) prägen das Viertel heute.

Dabei ist Grünau, verglichen etwa mit ähnlichen Vierteln in künstlich entstandenen Industriestädten wie Schwedt oder Hoyerswerda in der Binnenwahrnehmung der dort lebenden Bevölkerung relativ positiv bewertet. Umfragen in Grünau bescheiden dem Stadtteil immer wieder eine überraschend hohe Wohnzufriedenheit. Diese Wahrnehmungslücke resultiert, so

---

70 Vgl. http://www.dw-kassel.de/stadtteilmanagement/index.html (zuletzt eingesehen am 04.12.2010).

Alice Kahl,[71] aus der pauschalen Behandlung von Plattenbausiedlungen. Nicht zuletzt deshalb erscheint Grünau im Rahmen einer Befragung als der am wenigsten begehrte Wohnstandort der Stadt Leipzig.[72] Der Kontrast zwischen Fremdbild und Eigenwahrnehmung der Grünauer liegt auch darin begründet, dass das Neubaugebiet zu DDR-Zeiten noch als äußerst begehrter Wohnstandort gegenüber den unsanierten Altbauten der Innenstadt galt.

Bei der ersten städtischen Sanierungswelle in den 1990er Jahren noch ignoriert, ließen sich aufgrund des im Stadtverhältnis niedrigeren Altersschnitts und der leicht höheren Einkommen der Bewohner zahlreiche Handelsketten nieder. Zudem wandelte sich Grünau im Zuge der ostdeutschen Deindustrialisierung und durch infrastrukturelle Investitionen von einer reinen „Schlafstadt" zu einer Art Mittelstadt. Gleichzeitig vollzog sich ein deutlicher Rückgang der Berufstätigkeit zugunsten eines relativ starken Anstiegs der Zahl arbeitsloser Bewohner und Rentner.

Am schwersten war Leipzig, und hier insbesondere Grünau, vom Prozess der Suburbanisierung betroffen. Ein massiver Bevölkerungsverlust setzte Mitte der 1990er Jahre ein, als sowohl einkommensstarke Bewohner als auch mittlere Altersgruppen in der Familiengründungsphase die städtischen Quartiere verließen und das Leipziger Umland besiedelten. Grünau verlor binnen zwei Jahren auf diesem Wege rund 10.000 Einwohner. Der Wohnraumleerstand betrug 2002 rund 16 Prozent.[73] In Leipzig zog dieser Wandel zwar nicht die Bildung sozialer Brennpunkte nach sich, führte aber dennoch zu einer verstärkten kleinräumigen Armutskonzentration, von der auch Grünau betroffen war. Die Besiedlung der leer stehenden Wohnräume erfolgte hier sozial selektiv: „Einkommensschwache, Aussiedler, sozial Auffällige"[74] schadeten dem Image des Viertels und verschlechterten das Klima im Stadtteil, zumindest aus der Perspektive alteingesessener Bewohner.

---

71 Vgl. Kahl, Alice: *Erlebnis Plattenbau. Eine Langzeitstudie*, Opladen 2003, S. 11.
72 Vgl. Steinführer, Annett: *Wohnstandortentscheidungen und städtische Transformation. Vergleichende Fallstudien in Ostdeutschland und Tschechien*, Wiesbaden 2004, S. 191f.
73 Vgl. Glock, Birgit: *Stadtpolitik in schrumpfenden Städten. Duisburg und Leipzig im Vergleich*, Wiesbaden 2006, S. 107 und 110; Steinführer: *Wohnstandortentscheidungen*, S. 169ff.
74 Steinführer: *Wohnstandortentscheidungen*, S. 185.

Abbildung 12: Überblick Stadtteil Grünau

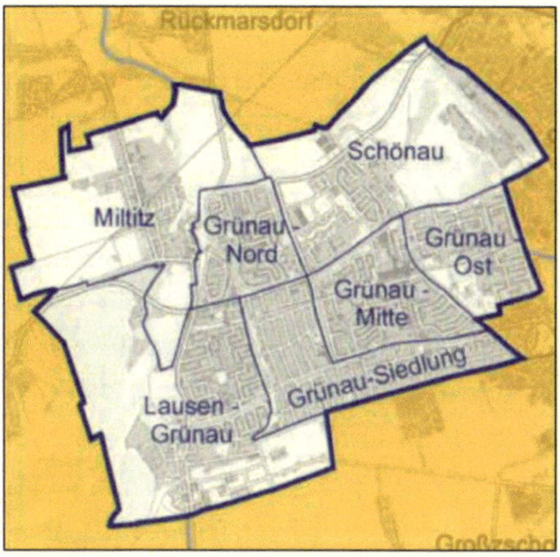

Quelle: Stadt Leipzig (Amt für Statistik und Wahlen), Ortsteilkatalog 2010.

Seines Attraktivitätssprungs ungeachtet wandelte sich Grünau seit Mitte der 1990er Jahre, zeitgleich mit dem unter großer Bürgerbeteiligung begonnenen Stadtumbau, zum „Problemviertel". Das beobachtete Paradox: Die sehr hohe Beteiligung der Bürger bei der Umsetzung führte zu einer breiten gesellschaftlichen Akzeptanz innerhalb des Viertels; die Wahrung lokaler Identifikationsräume hatte Vorrang. Doch die Verbundenheit im Viertel blieb nur bei denen weiterhin vorhanden, die sich nicht für die Abwanderung in nun attraktiver werdende Stadtteile entscheiden wollten oder konnten. Was einst als Wunschviertel galt, stand nun als Synonym für Beengung, Schlichtheit, Komfortarmut und vor allem soziale Abgründe. Diese Sichtweise wurde zu einem großen Teil ins Viertel selbst importiert, was zu einer starken Divergenz zwischen Ist- und Imagewahrnehmung führte: Im Jahr 2000 fanden viele das Wohnumfeld in Grünau deutlich verbessert, jedoch glaubten nur wenige, dass sich auch das Image verbessert hätte.[75] Dieses blieb im Zuge konstant negativer Medienberichterstattung schlecht.[76] Der bisweilen paradoxe Kontrast zwischen partizipationsorientiertem

---

75 Vgl. Kahl: *Erlebnis Plattenbau*, S. 147.
76 Vgl. ebd., S. 23.

Stadtumbau, negativer Fremdwahrnehmung und Berichterstattung sowie einem real stattfindenden sozialen Niedergangsprozess ließ die Wahl auf Grünau als Erhebungsort fallen.

Interessant erschien des Weiteren auch die unterschiedliche historische Ausgangssituation im Vergleich von ost- und westdeutschen Stadtteilen. Denn der Hintergrund der historischen Entwicklung vor 1989 gilt als nicht konstante Variable. Im Rahmen der Studie sollten (vermutete) Besonderheiten in ostdeutschen Stadtgesellschaften im Allgemeinen und in den großen Neubausiedlungen der 1970er und 1980er Jahre im Besonderen untersucht werden. Der Stadtteil Grünau entstand ab 1976 und zog augenblicklich das wissenschaftliche Interesse auf sich: Bereits drei Jahre später lassen erste, bis heute wiederholte Intervallstudien Rückschlüsse auf Gestalt und Verfasstheit des Viertels zu. Noch in den Gründerjahren herrschte großer Optimismus vor; die Bewohner des Viertels waren jung und qualifiziert. 1987 wurde im Rahmen der Studie erstmals eine Befragung zu sozialem Engagement durchgeführt: 54 Prozent erschienen als völlig inaktiv, vor allem Arbeiter waren kaum engagiert. Zentrale Akteure waren vielmehr die Angehörigen der „Intelligenz" im Viertel (meist Angestellte mit Hochschulabschluss).[77] Es existierten funktionsfähige nachbarschaftliche Solidaritätsnetzwerke (Hilfsbereitschaft, starker Kollektivgeist). Hausfeste, Grillabende und Kinderfeste bedurften auch hier vor allem des freiwilligen Engagements Einzelner.

Solide und verlässliche Nachbarschaftskontakte galten vor 1989 als Markenzeichen Grünaus (gerade im Gegensatz zum Vorurteil der Anonymität in urbanen Altbaugebieten). Zwar bot das Schlafstadt-Phänomen – die erwerbstätige Bevölkerung hielt sich an Wochentagen tagsüber in der Regel nicht in Grünau auf – seinerzeit kaum Gelegenheiten für Sozialkontaktpflege. Gleichwohl gab es vielfach, gerade von Seiten öffentlicher Stellen, Kollektivierungsbemühungen in den Hausgemeinschaften. Der (Zwangs-)Kollektivismus der DDR wurde damals mehrheitlich positiv bewertet bzw. es wurde sich damit abgefunden. Allerdings lösten sich diese Strukturen nach 1990 auf und sind bis heute – von wenigen, auf kleinere Hausgemeinschaften angelegten Aktivitäten des Nachbarschaftszentrums abgesehen – in den Hintergrund getreten.

---

77 Vgl. Kahl: *Erlebnis Plattenbau*, S. 57ff.

Abbildungen 13 und 14

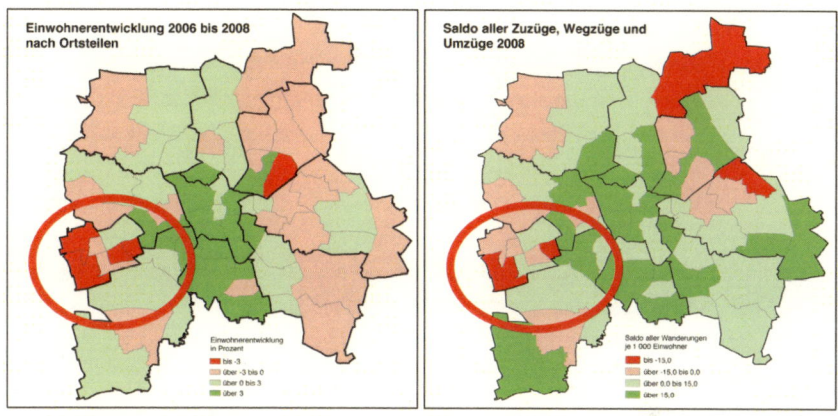

Abbildungen 15 und 16

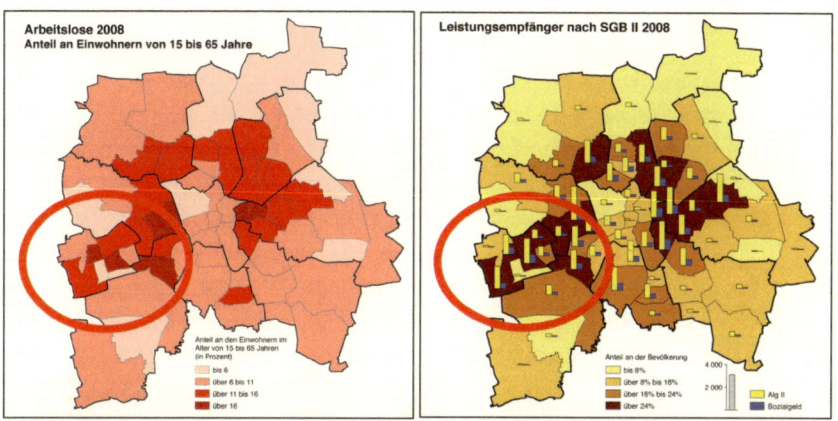

Quelle aller Abbildungen: Stadt Leipzig (Amt für Statistik und Wahlen), Strukturatlas 2009.

Unterschiede in der Wahrnehmung sozialer Kontakte im Viertel sind seither deutlich aufgespreizt. Die im Viertel verbliebenen Älteren schätzen den Kontakt zu Altersgenossen als gut ein, während bei den neu hinzugezogenen jüngeren Menschen viel weniger Sozialkontakte bestehen.

Die Wandlung Grünaus zu einem sozial schwächeren Viertel lässt sich schließlich auch mit sozialstatistischen Daten belegen. Wie die obenstehenden Karten (siehe Abbildung 13 und 14) zeigen, ist Grünau auch aufgrund einer tendenziellen Überalterung am stärksten von einer negativen Einwohnerentwicklung betroffen.

Auch hier gilt, dass es in den meisten Teilen Grünaus eine überdurchschnittlich hohe Quote von Sozialleistungsempfängern gibt, die, variierend nach den Stadtteilen, bis zu 11,3 Prozentpunkte über dem städtischen Durchschnitt liegt (siehe Abbildung 15).

Der „Ausländeranteil" ist hingegen relativ gering (zwischen 2,8 und 5,5 Prozent) und liegt damit zumeist unter dem ohnehin relativ niedrigen gesamtstädtischen Durchschnitt. Während der Anteil von Menschen mit Migrationshintergrund in ostdeutschen Städten (außer Berlin) – also auch in den „Problemvierteln", wo sich sonst migrantische Lebenswelten ballen – verhältnismäßig gering ist, lässt sich das Kriterium der Wahlbeteiligung wiederum problemlos anwenden. Generell ist die Wahlbeteiligung in den untersuchten Teilen Grünaus eher unterdurchschnittlich, wenngleich andere Stadtviertel hier, auch in puncto Sozialtransferquote, noch hinter Grünau rangieren.

Interessant erscheint in Grünau aber vor allem ein anderes Bündel an Phänomenen, das direkt mit der Zufriedenheit der Bewohner im Quartier korreliert. Die Wohnzufriedenheit im Viertel ist, wie oben bereits erwähnt, auffallend hoch. Trotz des seit den 1990er Jahren immer wiederholten Stigmas des „Problemviertels Grünau" nehmen viele Bewohner den eigenen Stadtteil viel positiver wahr als etwa in den beschriebenen Vierteln in Kassel und Göttingen.[78] Die Ursachen für eine positive Beschreibung des eigenen Wohnumfeldes zu finden, gab, neben den sozialstatistischen Rahmendaten und der Gestalt des Viertels, den entscheidenden Ausschlag für Grünau als Untersuchungsviertel, konkret aufgrund der Altersdurchmischung und des geringeren Sozialstatus die Wohnkomplexe 1-3, 4 und 8.[79]

Der Vielschichtigkeit und dem enormen Wandel des erst rund dreißigjährigen Stadtteils ist es geschuldet, dass im Rahmen der Studie mit Be-

---

78 Auf die Frage, wie zufrieden die Bewohner der verschiedenen Wohnviertel ganz allgemein sind, schneiden etwa Grünau-Ost und Grünau-Mitte relativ gut ab. Auch Lausen-Grünau und Grünau-Nord hatten, trotz größerer Probleme, noch gute Ergebnisse. Vgl. Stadt Leipzig (Amt für Statistik und Wahlen): *Bürgerumfrage 2008. Ergebnisbericht*, Leipzig 2009, S. 103ff.
79 Vgl. Kahl: *Erlebnis Plattenbau*, S. 73f., 81f.

dacht einzelne Wohnkomplexe (im Folgenden WK genannt) ausgewählt wurden. Die ältesten und relativ innenstadtnahen WK 1, 2 und 3, die bis Anfang der 1980er Jahre fertig gestellt wurden und vielfach noch von ihren Erstbeziehern bewohnt werden, stehen in einem gewissen Kontrast zum WK 4, der sich in den 1990er Jahren zunehmend zum städtischen Zentrum Grünaus mit Einkaufs- und Freizeitmöglichkeiten und bester infrastruktureller Ausstattung entwickelte. Schließlich wurde der WK 8 – gemeinsam mit dem WK 7 der jüngste Komplex – ausgewählt. Er ist in randstädtischer Lage am Kulkwitzer See gelegen und in besonderem Maße von sozialen Problemen sowie von Leerstand, Abriss und Umnutzung betroffen, erscheint aber aufgrund der Nähe zum See und den Naturlandschaften wieder attraktiv für Neumieter.[80]

Dr. Evelin Müller vom Leibniz-Institut für Länderkunde und Vorsitzende des KOMM e.V. in Grünau teilt diese Ansicht vollkommen. Ihr zufolge gebe es weit schlimmere Gegenden. Deshalb finde in Grünau viel statt, da der „gemeinsame Feind" – also die negative Außenwahrnehmung – mobilisierend auf Teile der Bevölkerung wirke. Grünau sei aber weiterhin das ungeliebte Kind der Stadt, die das Geld lieber in die City stecke; da aber viele Genossenschaften vorhanden seien, werde der Stadtteil trotzdem erheblich verschönert. Dennoch gebe es auch Probleme, vor allem weil viele junge Bewohner zuziehen, die in der Tat in prekären Verhältnissen leben. Aber es lebten auch sehr viele recht wohlhabende Alte der so genannten technischen Intelligenz im Stadtteil, die sich zwar durchaus bessere Wohngegenden leisten könnten, aber nicht wegziehen wollten.

---

80 Dank gilt Frau Dr. Evelin Müller vom Leipziger Leibniz-Institut Länderkunde, die uns hilfreiche Hinweise zur Auswahl der Grünauer Wohnkomplexe für diese Studie gab.

4. Einstellungen und Handlungslogiken: Das Leben im Viertel

Dem Forschungsvorhaben liegt das Studienziel zu Grunde, anhand einer qualitativen Betrachtung sozial unterprivilegierter Bevölkerungsgruppen Erkenntnisse über ihre Einstellungen zur und Aktivitäten in der modernen Bürgergesellschaft zu erlangen. Geleitet wurde diese Analyse von den zwei oben formulierten Fragestellungen, die an dieser Stelle noch einmal in Erinnerung gerufen werden dürfen:

1. Wie sind die Einstellungen und Kenntnisse der Befragten zur Zivil- und Bürgergesellschaft im Allgemeinen sowie zu ihren modernen Ausprägungen im Besonderen beschaffen?
2. Lassen sich möglicherweise moderne Formen bürgerschaftlicher Aktivität, das heißt informelle und individuelle Aktivitäten und Engagements vorfinden?

4.1 EINSTELLUNGEN: LEBEN/FREIZEIT IM QUARTIER

Der Primärzugang zum zivilgesellschaftlichen Engagement in der „Unterschicht" erfolgte zunächst auf der Verhaltensebene in Bezug auf Aktivitäten im Alltag. Wie sieht das alltägliche Leben der interviewten Probanden aus? Was sind die vorzufindenden Aktivitäten? Welche „zivilgesellschaftlichen" Aktivitäten, formelle wie informelle, werden vom Einzelnen verfolgt?

Der Bezug auf das Stadtviertel sollte hier erst in sekundärer Hinsicht erfragt werden, um zunächst möglichst abstrakte und auch neutrale Zugänge zum Thema zu finden. Spontane Assoziationen zum Stadtviertel dienten der Exploration der wichtigsten Bereiche und Areale der Teilnehmer, um sich später auf die von den Befragten selbst als wichtig genannten Gebiete beziehen zu können. Auch konnten so bereits bisherige Berührungspunkte der Teilnehmer mit Zivilgesellschaft, ihre Vorlieben und Interessen ergründet werden. Der Erstzugang erfolgte über Einstellungen zu einem „guten Tag".

4.1.1 Allgemeine Einstellungen und Wahrnehmungen zu Leben und Freizeit

Auffällig ist ein durchgängiges Bedürfnis nach einer positiven Lebenseinstellung. Wenngleich die Lebensumstände es nicht immer erlauben, so scheint es doch ungemein wichtig, den Anstrengungen des Alltags mit einer überwiegend positiven Grundhaltung zu begegnen. Diese zweckmäßig positive Lebenseinstellung kann auch als Mittel verstanden werden, die teils als lebensfeindlich wahrgenommene Umwelt mit ihren Anforderungen und Belastungen in einem erträglichen Maß für sich anzunehmen. Eine gewisse Externalisierung realer Negativerfahrungen oder Stigmatisierungen spielt hier eine große Rolle.

Insgesamt lässt sich eine sehr genaue Trennung von „Arbeit" und „Freizeit" erkennen, die nicht unbedingt mit einem Arbeitsverhältnis zusammenhängt. Freizeit wird vorwiegend außerhalb von Verpflichtungen definiert; auch bei Menschen im Rentenalter gab es diese Unterteilung der Lebenszeit. Hier wird das Zeitbudget offenbar in frei gestaltbare Zeit und einen durch außerpersonelle Zwänge reglementierten Zeitkorridor geteilt. Es kann deshalb davon ausgegangen werden, dass sich die Ausführungen der Teilnehmer zu zivilgesellschaftlichem Engagement zumeist auf Bereiche außerhalb der Arbeitsstelle oder andere (beispielsweise familiäre) Verpflichtungen beziehen.

Vielfach wird die Freizeitgestaltung auch als Gegengewicht zum (Arbeits-)Alltag verstanden. Wenn Freizeit nun mit regelmäßigen Verpflichtungen einhergeht, verliert sie ihren Charakter als „freie Freizeit".

Formelle, „alte" Formen mitgliedschaftlicher Art, das heißt Aktivitätsformen mit regelmäßigen Verpflichtungen und Bindungen scheinen bei dieser zweigeteilten Wahrnehmung eher unter den („stressenden") Bereich der Arbeit zu fallen.

Entsprechend wichtig sind auch Möglichkeiten des Rückzugs und der Herstellung von Privatheit, die häufig Entbindung von obligatorischen Verpflichtungen wie Haushaltsführung, Kindererziehung oder öffentlichen Anforderungen bedeuten. Der Rückzug in das Private deckt ein Grundbedürfnis ab, das aus einem hohen gefühlten Anforderungsdruck resultiert.

Trotzdem: Insofern die Kinder noch zu Hause sind, definiert sich ein „guter Tag" vor allem über den Nachwuchs. Zugleich bestimmen die auch in dieser Gesellschaftsschicht mitunter zahlreichen Freizeitaktivitäten der Kinder den Tagesablauf und die sozialen Nahbeziehungen der Erwachsenen.

Der Aspekt der Freizeit ist ein zentraler Bestandteil der Zuschreibung zu einem „guten Tag". Freizeit findet hier aber vielfach im Rahmen der Familie und im direkten Nahbereich statt – jedenfalls in vielen Fällen bevorzugt mit anderen Menschen. Der Spielplatz, die Einkaufspassage und der nahegelegene Park sind die wichtigsten Areale der Freizeitgestaltung, enge Freunde und Verwandte die dazugehörigen Bezugspersonen. Dabei werden insbesondere Aktivitäten, die draußen und gemeinsam stattfinden (beispielsweise das gemeinsame Grillen im Park) genannt.

Sportliche Aktivitäten gehören häufig zur alltäglichen Freizeitgestaltung. Je nach Alter sind hier vor allem Fitnessstudios und Fußball beliebt. Mit zunehmendem Alter gewinnt die Bewegung an der frischen Luft (Wandern, Spazierengehen etc.) in der direkten Umgebung an Interesse. In manchen Wohngegenden ist es aufgrund der direkten Nähe zu einem Naherholungsgebiet (z.B. Leipzig-Grünau: Kulkwitzer See, Kassel-Brückenhof: Naturschutzgebiet Dönche) nicht einmal unbedingt notwendig, das Viertel zu verlassen. Das Wohnquartier kann hier quasi als „Lebensraum für sich" gesehen werden, so dass es nur wenige zwingende Gründe gibt, das Viertel zu verlassen.

Es gibt unter den Befragten ein ausgeprägtes Bedürfnis nach Kommunikation. Das Mobiltelefon als „Brückenbauer" und dauerhafter Begleiter ermöglicht die ständige Interaktion mit dem nahen Umfeld, dient dem Austausch und der Koordination im Nahbereich. Zugleich dient das Mobiltelefon als Gradmesser für intakte Bindungen im Nahbereich, vor allem in den großen Familienzusammenhängen bei Personen mit Migrationshintergrund.

„[D]ass jemand nach dir fragt, oder dass du nach einem fragst, das gehört auch dazu irgendwie zum Alltag, das ist irgendwie Alltag geworden, dass jemand dich anruft, du jemanden anrufst, das gehört irgendwie wie Aufstehen und Zähneputzen dazu."

Auch Online-Kommunikation tritt zunehmend in das Leben der Teilnehmer und kompensiert in Ausnahmefällen auch einen Teil der fehlenden Direktbeziehungen. Soziale Netzwerke wie *Facebook* und *Wer-kennt-wen* werden ebenso wie Online-Dating-Foren und Chats zur digitalen Kommunikation genutzt. Anders als die Vermutung nahe legt, beschränkt sich dieser Trend keineswegs auf die Jugend, sondern betrifft auch ältere Befragte.

Handy und Internet ersetzen vielfach aber auch den Zwang der direkten, persönlichen *Face-to-Face*-Kommunikation. Dies bedeutet auch, dass zwar die Nahbeziehungen zeitlich sehr intensiv, räumlich aber doch sehr distanziert sein können. Auch bieten Spiele im Internet den Befragten neue Möglichkeiten, ihre Freizeit zu verbringen und ein vergleichsweise günstiges Hobby zu betreiben. Eine Frau aus Kassel, die *Facebook* nutzt, sagt dazu:

„Und dann habe ich sämtliche Spiele drinne, Aquarium, Cafe, Farm und alles Mögliche. Und bis ich die dann alle durch habe, das dauert. Da muss man ja ernten und säen und die Tiere versorgen, macht Spaß. Weil in der Realität kann ich das ja nicht machen, also mache ich das online."

Das Handy wird aber zugleich nicht immer nur als Segen, sondern auch als Fluch wahrgenommen. Es steht auch für Stress, der durch das ständige Erreichbar- und Verfügbarsein ausgelöst wird. „Handy, Botschaften, das hat immer irgendwas mit Stress zu tun."

Wenngleich sich die moderne IT-Kommunikation nicht auf die jüngeren Befragten beschränkt, bedarf es zum Teil einer altersorientierten Spezifizierung. Vor allem bei Älteren wird das Handy als negativ wahrgenommen; gleichzeitig finden sich hier auch häufiger Tendenzen zur Vereinsamung. Diese bestehen vor allem dann, wenn Kinder das Haus bereits verlassen haben und in den Fällen, in denen es keine anderen Netzwerke gibt, in die die Menschen eingebunden sind. Diese Gefahr erhöht sich zusätzlich, wenn es keinen Lebenspartner mehr gibt: „Ja ja, das muss man ja alles sehen. Da wird man alleine, Witwer, und dann ist sowieso alles anders."

Generell ist Stress und Hektik eine der am negativsten wahrgenommenen Außeneinflüsse. Ein Bild mit einer größeren Ansammlung von Fahrrädern, eine Feuerwehrübung, ein Handy lösen Stress aus, der in keinem Fall als produktive Herausforderung, sondern fast immer als unangenehme Bedrohung wahrgenommen wird.

Gleichwohl wurde deutlich, dass die Teilnehmer die Belastungen durch Arbeitssuche – hier insbesondere die Anforderung, stets flexibel auf etwaige Jobangebote reagieren zu können – als erhebliche, beinahe erdrückende Reglementierung des verfügbaren Zeitbudgets wahrnahmen.

4.1.2 Handlungslogiken zu Leben und Freizeit im Alltag

Sofern vorhanden strukturiert sich das Leben in diesem Milieu, insbesondere bei Menschen mit Migrationshintergrund, im Familien- und sehr engen Freundeskreis. Für weitergehende Anbindungen sieht man wegen des hohen Zeitaufwands, mit dem man sich der Familie widmet, häufig keine Kapazitäten. Dies zeigt deutlich auch die Konkurrenz auf, die teilweise zwischen den Netzwerken herrscht. So verwies eine Teilnehmerin darauf, dass der Kontakt zu den Nachbarn auch eine Frage der Eingebundenheit in andere Netzwerke sei:

„Das ist auch so eine Frage, [...] wie ich so eingebunden bin. Ob ich eine große Familie habe, ob ich einen großen Freundeskreis habe oder ob ich letztlich dankbar bin, wenn sich im Haus Kontakte ergeben. Also ich kann das alles haben und trotzdem im Haus Kontakte."

Dies zeigt sich auch bei migrantischen Netzwerken. Da es gerade bei stabilen Netzwerken kaum zeitlich möglich erscheint, sich noch an anderer Stelle zu engagieren, kommt es nicht automatisch durch Wohnnähe zum Kontakt zwischen Menschen mit und ohne Migrationshintergrund.

„Das Problem ist, man hat ja so viel mit der eigenen Familie und Freundschaften und dem Freundeskreis zu tun, dass man keine Zeit hat noch für andere."

Ein Leben im migrantischen Milieu findet vielfach innerhalb der eigenen Community statt, die zugleich auch als Schutzraum und Identifikationspunkt dient. Viele Befragte mit Migrationshintergrund pflegen nur oberflächlichen Kontakt zu anderen Nationalitäten; eine Situation, die sie selbst ob ihres expliziten Wunsches nach mehr kultureller „Vermischung" häufig verwundert. Als Erklärung wird die mangelnde Zeit angebracht, überhaupt neue Bekanntschaften außerhalb der Familie zu schließen. Gleichzeitig wird Wert darauf gelegt, dass gerade die eigenen Kinder in Kontakt mit Kindern anderer Nationalitäten stehen:

„Ist das bei euren Kindern auch so? Bei uns war das so, wir [...] auf einer Sitzbank, wir haben uns da alle getroffen, also Deutsche, Italiener, Jugoslawen. [...] Also da war eigentlich alles dabei und wir haben uns auch alle gut verstanden."

Paradox mag erscheinen, dass oftmals ein Zeitproblem als Ausrede für mangelndes Engagement in Vereinen genannt wird. Paradox erscheint dies deswegen, weil die von uns untersuchte Gruppe durch überdurchschnittlich hohe Arbeitslosigkeit bzw. Teilzeitbeschäftigungen gekennzeichnet ist. Tagesfreizeit müsste demnach eigentlich ausreichend vorhanden sein. Und doch ist das Zeitproblem eine häufig genannte Exkulpation für Nichtaktivität.

Wo keine Familie vorhanden ist, insbesondere in den alternden, zumeist deutschen Teilen dieses Milieus, kommt es vielfach zur Exklusion aus der Gesellschaft. Der Wegzug der autochthonen deutschen Meinungsführer aus den „Problemvierteln" lässt vielfach immobile Personen im Viertel zurück. Diesen „Zurückgebliebenen" fehlt nahezu jede Form eines identifikationsstiftenden Moments, um mit ähnlich „Betroffenen" in Kontakt zu kommen. Hier scheint häufig auch – besonders nach langer Zeit der Exklusion – die Motivation zur erneuten Integration aus eigener Kraft abhanden gekommen zu sein. Die mangelnde Aktivität wird häufig selbstkritisch durch eigene Bequemlichkeit erklärt:

„Ich muss mich jetzt mal entschuldigen, obwohl die Möglichkeit hier in Grone immer wieder gegeben ist, aus purer Faulheit mache ich es nicht. [...] Ich bin zu faul ein paar Schritte zu gehen."

Vereine oder Freizeitangebote bieten hier oftmals keinen Ersatz für die fehlende Integration in die Gesellschaft. Zwar bestehen vor Ort häufig Aktivitätsangebote (von Vereinen, Organisationen oder Gemeinschaftszentren), sie werden von den Betroffenen allerdings meist nicht wahrgenommen.

Insbesondere dort, wo gewachsene Nachbarschaften und Freundschaften bestehen, kann das Viertel die Inklusion erleichtern. Die räumliche Nähe ermöglicht hier eine einfachere Organisation von gemeinschaftlichem Leben. Je höher die zu überbrückenden Entfernungen sind, desto seltener finden gemeinschaftliche Aktivitäten statt.

Auch ein gemeinsamer, nicht weit entfernt liegender Treffpunkt (ein Einkaufszentrum, Café, die Moschee oder ein spezieller Platz in der Natur, etwa an einem nahegelegenen See) kann als Substitut für Zusammentreffen in privaten Räumen dienen.

Die Freizeitgestaltung fällt dabei ausnehmend konsumistisch oder passiv aus. Bestehende Angebote werden teilweise wahrgenommen; die Organisation von Zusammenkünften, Initiativen etc. wird aber häufig anderen Menschen überantwortet. Es scheint generell zwar die Bereitschaft zu geben, aktiv zu sein, aber nicht als Initiierende oder Organisatoren.

Als Gründe, nicht eigenständig etwas initiieren oder organisieren zu wollen, werden nicht nur die eigene Bequemlichkeit, sondern auch eine kritische Selbsteinschätzung angeführt. Die Befragten haben selten Erfahrungen mit selbst initiierten Aktivitäten, trauen sich eine *Eigen*initiative nicht zu, weshalb es oft auch gar nicht in Frage kommt, *in Zukunft* in Aktion zu treten.

4.1.3 Quartiersbezogene Einstellungen und Wahrnehmungen

Um Anknüpfungspunkte für mögliches bürgergesellschaftliches Engagement in dieser Gesellschaftsgruppe zu finden, ist es wichtig, sich die Bewegungsräume und Orte des alltäglichen Lebens (im Viertel) genauer anzusehen. Der zivilgesellschaftliche Raum wird häufig als eine Sphäre außerhalb des Staatlichen, des Wirtschaftlichen und des Privaten definiert. Bezüglich der Orte des zivilgesellschaftlichen Engagements unserer Befragtengruppe ist insofern wichtig zu erörtern, wo die Räume des Privaten aufhören und das Öffentliche beginnt. Im vorliegenden Fall gilt es also herauszufinden, was zu diesen öffentlichen Räumen gehört, die von „der Unterschicht" aufgesucht und benutzt werden, und wie diese wahrgenommen werden.

Generell wird das Leben im Viertel häufig positiv bewertet. Bei Migranten hebt der Vergleich zum Heimatland des Öfteren den positiven Viertelbezug hervor. Das heißt, dass man ihrer Ansicht nach gerade in infrastruktureller und materieller Hinsicht im Viertel vergleichsweise gut lebt – zumindest besser als einige Verwandte, die im Ausland leben, und auch besser, als man es selbst früher zum Teil im Herkunftsland erlebt hat.

In Leipzig wird dieser Bezug durch den Verweis auf „früher" gesenkt (das hier überwiegend positiv besetzte „früher" bezieht sich bei den Teilnehmern vorwiegend auf die Zeit vor 1989). Dies betrifft sich vor allem das Lebenswerte im Viertel. Probleme werden besonders in der hohen Arbeitslosigkeit und im Mangel an verfügbaren Arbeitsplätzen in der Nähe gesehen, was mit einer stark wahrgenommenen Perspektivlosigkeit einhergeht. Dies sei früher anders gewesen.

Der Problembereich Arbeit wird häufig außerhalb des Viertels gesehen bzw. findet außerhalb des Viertels statt. Der Lebensraum selbst wird positiv eingeschätzt.

Kritisch erscheint der – oft auch von Migranten angesprochene – hohe Ausländeranteil, der zumeist negativ konnotiert ist.

„Die Sauberkeit […], die ist ein bisschen komisch, aber ich glaub, das kommt durch den Ausländer. […] Ich bin ja selber Ausländer, aber ich sage das ganz ehrlich. […] Die Sauberkeit fehlt mir […], aber das kommt, weil zu viele Ausländer untereinander wohnen."

Auf der anderen Seite sind es die gut funktionierenden migrantischen Netzwerke, die das Leben im Viertel innerhalb der jeweiligen Netzwerke deutlich verbessern. Das ist besonders gut zu erkennen, wenn es um gegenseitige Hilfe geht.

Leben und Freizeit finden also hauptsächlich im Quartier statt, wenngleich dies nicht unbedingt mit einer tief verwurzelten Quartierverbundenheit zusammenhängt. Die Freizeitgestaltung beschränkt sich zumeist auf die unmittelbare Umgebung, wodurch das Bedürfnis nach Lokalitäten, an denen sich Freizeit vor Ort gestalten lässt, zum Vorschein tritt.

Mangelnde Mobilität ist auch einer der Gründe für das Verbleiben im Quartier, was zur Folge hat, dass Freizeitangebote nur dann wahrgenommen werden, wenn sie in der Nähe verfügbar sind. Da aber vielfach eine körperliche und materielle Einschränkung der Mobilität mit dem Sozialstatus mithin auch mit der Wahl des Wohnquartiers geradezu zwangsläufig korrespondiert, ist die Verfügbarkeit von Angeboten sogar eine Grundvoraussetzung.

Wo entweder die finanziellen Ressourcen oder die persönliche Motivation für den Kontakt mit anderen Menschen fehlen, wird der Bewegungsradius sehr klein.

Gleichwohl bedeutet das Vorhandensein von Freizeitangeboten – von Vereinen bis hin zu sozialen Einrichtungen vor Ort wie etwa Nachbarschaftszentren – nicht gleichzeitig, dass diese auch aufgesucht und genutzt werden. Ganz im Gegenteil existiert vielfach eine aus Unkenntnis, aber auch Misstrauen gespeiste innere Abwehr gegen derlei Angebote. Freizeit findet deshalb oft im kleineren, privaten Rahmen statt, etwa in Form von regelmäßigen Treffen zum Kartenspielen. Das gilt, wie auch die Noch-Mitgliedschaft in Vereinen, vor allem für ältere deutsche Befragte.

„Früher war ich in mehreren Vereinen, aber jetzt bin ich noch im Boxerclub, ich war früher auch im Reitverein, im Turnverein, also überhaupt Sportverein, aber das ist jetzt nicht mehr." (Deutsche Bewohnerin Grones im Rentenalter)

Ansonsten werden regelmäßige Vereinsaktivitäten eher selten genutzt.[1]
Generell ist eine Fokussierung von Vereinsaktivitäten insbesondere bei Kindern anzutreffen. Auch sind viele Kinder aus dem migrantischen Milieu in Vereinen aktiv. Kontrastierend bleibt die Elterngeneration, vor allem bei Familien mit Migrationshintergrund, hier zumeist außen vor.

„Weil früher, denk ich mal, da hat man anders gedacht. Da hatte man keine Familie, da hatte man keine Kinder, da war man selbst noch ein Kind, da würd' ich alles machen, da würd' ich in jeden Verein gehen […], egal, irgendwas. Hauptsache Spaß! Aber jetzt muss man daran denken, ich kann nicht einfach nur Spaß haben, ich muss arbeiten, damit ich halt irgendwie meine Kleine ernähren kann."

4.1.4 Geographischer Radius

Der Alltag der von uns befragten „Unterschicht" beschränkt sich auf einen sehr engen Radius. Ursächlich sind hierfür verschiedenste, sich häufig verstärkende oder zumindest einander bedingende Faktoren: Zum einen gibt es eine Tendenz zum bewussten Rückzug nicht nur ins Quartier, sondern ins engste eigene Wohnumfeld. Das kann mit Exklusionserfahrungen etwa in Folge des Arbeitsplatzverlustes verbunden sein.

„Da muss ich für mich sagen, momentan bin ich gar nicht engagiert, aber als ich noch im Berufsleben stand, war ich in dem Bereich, für den ich gearbeitet habe, sehr stark engagiert, […] was auch in meinem Zeugnis hervorgehoben wurde."

---

1 In Grünau ist dabei generell eine höhere Vereinsaktivität zu verzeichnen als in Grone-Süd oder den Stadtteilen Kassels.

Zum anderen befinden sich häufig die eigenen sozialen und familiären Netzwerke vor Ort, das heißt im selben Viertel.[2]

Manche Fortbewegungsmittel können drittens schlicht nicht benutzt werden, da zum Beispiel viele Quartiersbewohner nicht nur keinen Führerschein besitzen, sondern zum Teil das Fahrradfahren nie erlernt haben. (In der kleinräumigen Universitätsstadt Göttingen, in der das Fahrrad ein dominierendes Verkehrsmittel darstellt, fällt diese Einschränkung besonders auf.)

Und viertens bedeutet finanzielle Beschränkung (durch Arbeitslosigkeit oder nur geringes Einkommen) auch eine ebenso starke geographische Einschränkung, da der öffentliche Nahverkehr oder ein eigenes Kraftfahrzeug oftmals nicht genutzt bzw. besessen werden.

„Also, das ist ja jetzt im Zusammenhang mit dem Hartz IV-Bescheid. Dass das ja jetzt nicht die Welt ist, und im [...] monatlichen Budget 15,70 Euro vorgesehen sind für Fahrten insgesamt im ganzen Monat. Klar, dass das hinten und vorne nicht reicht, dass man über seinen Verhältnissen lebt, wenn man sich so eine Fahrkarte nimmt."

Umso wichtiger ist daher die Infrastruktur vor Ort, vor allem wenn es um die Nutzung familiärer Netzwerke oder die Überwindung finanzieller Beschränkungen geht. Der Spielplatz oder die Einkaufsmöglichkeiten des Viertels spielen eine übergeordnete Rolle. Hierbei ist allerdings zu beachten, dass die Viertel teilweise mit Möglichkeiten des Konsums, der Freizeitgestaltung und sogar lokalen bürokratischen Außenstellen der Stadtverwaltung ausgestattet sind, so dass die Viertel kaum verlassen werden (müssen). Die Exklusion vom öffentlichen innerstädtischen Leben wird, so die berechtigte Vermutung, durch diese Infrastruktur im Quartier sogar noch zusätzlich verschärft.

4.1.5 Spielplätze, Parks und Einkaufen

Die vermutlich wichtigsten und größten alltäglichen öffentlichen Aufenthaltsorte sind die Spielplätze und Einkaufsgelände des Viertels. Neben die-

---

2   So auch Grimm et al.: „[...] vor allem gering Verdienende und arme Menschen, die weniger mobil sind, [messen] nach wie vor ihrem Wohnumfeld im Quartier zentrale Bedeutung bei [...]." Grimm, Gaby et al.: *Quartiermanagement. Eine kommunale Strategie für benachteiligte Wohngebiete*, Berlin 2004, S. 47f.

sen Bereichen spielen die nahegelegenen Parks und öffentlichen Grünanlagen ebenfalls eine wichtige Rolle im Alltag der von uns Befragten und ihren gesellschaftlichen Aktivitäten. Zum Teil ist der nahegelegene Park aufgrund der finanziellen Eingeschränktheit einer der wenigen erreichbaren Orte.

Der öffentliche Raum ist innerhalb der Viertel, wenn vorhanden, vielfach ein Treffpunkt bzw. Berührungspunkt, der Kontaktmöglichkeiten gewährleistet. Da die Besiedlungsstruktur insbesondere in den Plattenbauvierteln viel öffentlichen, aber keinen privaten Grünflächenraum vorsieht, kommt es zwangsläufig zur intensiven Nutzung des öffentlichen Raums.

Beim Grillen kommt man zusammen. Auch Projekte wie der „internationale Garten", meist aus Mitteln der „Sozialen Stadt" aufgebaut, bieten öffentliche, informelle Treffpunkte, an denen manche Gruppen (meist mit Migrationshintergrund) regelmäßig zusammenkommen.

„Wir leben sehr zufrieden, nach langer Zeit haben wir überlegt, eine Zusammenverbindungsbrücke zu bauen, damit wir zusammen lernen können. Dann haben wir einen Grillplatz da unten und manchmal aus einer Nation, manchmal auch verschiedene Nationen können wir da hingehen und grillen. [...] Dann haben wir auch noch überlegt, was zu machen ist als Verbindungszentrum, dann sind wir an einen Punkt gekommen, [dass wir] einen Garten brauchen. [Dann] haben wir auch einen internationalen Garten da gebaut, [wo wir] alle Nationalitäten zusammenkriegen, [und] haben einmal im Jahr zusammen gegrillt."

Zudem scheint ein gewisses Misstrauen und eine Bewegungshemmschwelle gegenüber Orten außerhalb des Viertels zu bestehen: Man „bleibt dort, wo man sich auskennt." Demnach werden die öffentlichen Räume des Viertels umso stärker genutzt.

4.1.6 Wahrnehmung von Stadtteil- oder Kulturzentren

Wo im öffentlichen Raum ausreichend Kontaktstellen (z.B. Jugendzentren) vorhanden sind, werden diese zwar nicht übermäßig viel genutzt, deren Fehlen dagegen immer wieder angemahnt. Vor allem das mangelnde, durch öffentliche Stellen bereitgestellte Angebot für Jugendliche wird vielfach als Problem dargestellt.

„Ich fände es schön, wenn für die Jugendlichen hier noch irgendwas gemacht werden würde. [...] Also das wäre [...] ok, dass die irgendwie einen Treffpunkt haben, wo die sagen können: ‚Ok, da können wir abends hingehen, da können wir uns irgendwie auslassen, da können wir unsere Abende verbringen'. Ich denke, das wäre ein Punkt. [...] Im Sommer merkt man dann halt doch schon, dass hier ganz schön high life ist und hauptsächlich die Spielplätze belegt werden, das Problem haben wir ja dann halt morgens, so mit Flaschen wegräumen. Dass es irgendwas gibt, wo die Jugendlichen sich vielleicht auch abends treffen können. [...] Weiß ja nicht, wie, ob man da irgendwas machen könnte. Also das fänd ich schon gut."

Sehr selten werden aus eigener Erfahrung Stadtteilzentren, Kultur- oder Jugendzentren als „öffentliche Räume" erwähnt, zumindest nicht als öffentliche Bewegungsräume. Dies hat unterschiedliche Ursachen: Zum einen existiert in den sozialen Schichten, für die solche Zentren geschaffen wurden, eine hohe Unkenntnis über diese öffentlichen Angebote. Ängste vor dem Unbekannten spielen hier ebenso eine Rolle wie die skeptische Distanz gegenüber sämtlichen öffentlichen Angeboten. Auch möchte man sich vielerorts aufgrund seiner prekären Lage nicht dem vermeintlichen Spott der Öffentlichkeit aussetzen.

„Bei uns werden so wunderschön irgendwelche Gemeindehäuser errichtet und Jobbörsen und so weiter und so fort, aber es kommt bei niemandem an. Also ich weiß nicht, wer sich da drin aufhält. Meine Freunde sind es definitiv nicht."

Gleichzeitig lässt sich vermuten, dass das Aufsuchen der Stadtteilzentren sowie die Wahrnehmung der jeweiligen Angebote einem Eingeständnis an die eigene soziale Situation gleichkommen würden.

Daneben existiert eine hohe Anzahl an Vorurteilen und Vorbehalten gegenüber derartigen Einrichtungen, sowohl gegenüber öffentlichen Angeboten, die bisweilen das negative Image von Angeboten der Arbeitsagentur in sich bergen, als auch gegen die Träger solcher Einrichtungen.

Zudem existiert eine hohe Diskrepanz zwischen den häufig als gut wahrgenommenen Freizeitangeboten für Frauen (etwa Frauentreff e.V. in Kassel-Brückenhof) und den wenigen Angeboten für Männer. „Für die Frauen wird sehr viel angeboten, aber für die Männer gar nichts. Das meine ich, also den Frauen hier in Grone geht es gut", so das Urteil eines männlichen Teilnehmers aus Göttingen.

4.2 PROBLEMLAGEN UND HILFSNETZWERKE

Der Zugang zu zivilgesellschaftlichem Engagement in der „Unterschicht" erfolgte des Weiteren unter Bezugnahme auf Kontaktkreise der Teilnehmer. Wie sieht das Miteinander und alltägliche Zusammenleben aus und wie sollte es idealerweise aussehen? Wie groß (oder wie klein) sind die Kontaktkreise und wer gehört dazu? Über welche Kreise bestehen Möglichkeiten, in zivilgesellschaftliches Engagement zu gelangen? Der Bezug auf das persönliche Umfeld sollte hier auch die Frage klären, in welchen Netzwerken (öffentlich wie privat) sich die Teilnehmer bewegen und wie sie die Kontakte selbst einschätzen. Wie sollte ein Zusammenleben aussehen? Was bedeutet „Miteinander"? Welchen „Radius" hat „Gemeinschaft"? Wo gibt es „Selbsthilfe"/gegenseitige Hilfe? Auch sollte an diesem Punkt konkret erfragt werden, inwieweit mögliche informelle Strukturen existieren und wo man sich selbst in diesen Strukturen bewegt, konkret etwa, an wen man sich mit Problemen wendet, wer einem Hilfestellung geben könnte und ob man selbst Hilfe leistet, ob man Verantwortung in seinem näheren Bereich oder in größeren Zirkeln übernimmt. Kurz: Wie sehen „informelle" Netzwerke aus? Und wo liegen hier mögliche Grenzen, etwa durch Kommunikationshindernisse oder ganz allgemein zwischenmenschliche Barrieren?

4.2.1 Kontaktkreise

Wo sie vor Ort vorhanden ist, spielt die Familie auch in diesem Zusammenhang eine große Rolle; sie ist für viele Befragte als Ort des Rückzugs und der Sicherheit unverzichtbar.

„Ja, das sind Familien, das ist Zusammengehörigkeit, das ist das, was hier unten sehr stark ist. Wir haben sehr viele Familien, Großfamilien hier."

Allerdings sieht man hier oftmals einen sehr großen Unterschied zwischen Familien mit Migrationshintergrund, in denen die Stellung, der Zusammenhalt, aber auch die Größe und die lokale Verfügbarkeit einen intensiven Kontakt ermöglichen, und Bürgern ohne Migrationshintergrund, deren Familien häufig nicht (mehr) im Nahbereich wohnen, und die gleichsam alleingelassen, mit geringen sozialen Netzwerken im Viertel leben.

Zu Letzteren zählen überwiegend die deutschen, einsamen Alten und Zugezogenen, die entweder den Großteil der Familie durch Abwanderung verloren oder, häufig aus finanziellen Gründen, nur in diesem Viertel Wohnraum gefunden haben.

„Ja, und bei mir ist wieder das Bild der Einsamkeit, dass da einer auf der Couch liegt, dem man vielleicht hätte helfen können, eben durch Freunde, Nachbarschaft oder irgendwas. [...] Weil der so alles Mögliche auf sich liegen hat, das würde vielleicht nicht passieren, wenn er Freunde oder irgendwas hätte."

Neben dem engsten Familienkreis spielen aber auch freundschaftliche Kontakte eine wichtige Rolle für das Zusammenleben in den Quartieren. Dabei ist eine Tendenz zu einem eher kleinen, aber umso gefestigteren Freundeskreis zu erkennen, der sich oftmals mit verwandtschaftlichen Beziehungen überschneidet.

Eine wichtige Rolle spielen allgemein – wie in fast allen Lebensbereichen – Kinder, die zum Zusammenleben und zur Interaktion vor allem im öffentlichen Raum animieren. Somit verkörpern Kinder wichtige potentielle Kontaktstellen, da diese zum großen Teil den Tag strukturieren.

„Ich bin ganz oft mit Freundinnen mit Kindern unterwegs, auch einkaufen, spazieren gehen."

„Je älter man wird, je schwieriger ist es, Kontakt zu finden. Anders ist es, wenn Kinder dabei sind, dann gibt es schon gleiche Interessen, die ausgetauscht werden."

Ähnliche Situationen scheinen eben auch Anknüpfungspunkte zu bilden bzw. Gründe zu bieten, miteinander in Kontakt zu treten. Dies wurde besonders in Leipzig deutlich, als Teilnehmerinnen über die Zeit sprachen, als sie nach Grünau zogen:

„Als ich einzog 1979 in Grünau, da waren wir zehn Partner, Fünfgeschosser. [...] Für die zwanzig Erwachsenen und die zwanzig Kinder, also das ist schon ein bisschen eng. Aber die Leute hatten sich schon aneinander gewöhnt, es ging relativ gut. Mein Junge ging mit drei anderen aus dem Haus in eine Klasse. Und jetzt haben wir noch zwei Kinder im Haus. [...] Es ist schon ruhiger geworden und (es gibt) weniger

Probleme, aber es kommen nicht mehr die Probleme mit den vielen Kindern wie damals. [...] Sonst sind wir zufrieden mit der Wohnung und dem Klima im Haus."

Der Kontakt über das Internet nimmt eine zunehmend wichtige Stellung im Leben vieler Befragter ein. Manch Alleinlebender mit Familie, der außerhalb des Viertels lebt, hält den Kontakt auch durch digitale Netzwerke aufrecht. Die Kommunikation vom PC aus ermöglicht den Personen mitunter eine Kompensierung ihrer Immobilität und ihrer materiellen Ressourcen.

Neben diesen real existenten, relativ überschaubaren Kontaktkreisen, die selten über das Viertel hinausgehen, gibt es immer wieder auch die dominierende idealisierte Vorstellung der Familie als wichtigster Bezugspunkt.

Auch ein Arbeitsplatz wird als wichtige Voraussetzung für soziale Netzwerke angesehen. Erst aus einer festen Arbeitsstelle ergibt sich die Möglichkeit, langfristig zu planen. Diese Sicherheit haben viele der Befragten lange nicht mehr erfahren, da sie sich schon längst in der Abwärtsspirale aus schlechter Schulbildung, keiner oder einer abgebrochenen Ausbildung und prekären Arbeitsverhältnissen befinden. Zum Teil beziehen sie nicht erst seit kurzem Transferleistungen. Darüber hinaus sind der Kontakt zu Kollegen und die Selbstbestätigung, die man durch eine Arbeitsstelle erhält, ein wichtiger sozialer und psychologischer Faktor.

Weiterhin besteht bei vielen auch der Wunsch, den Kontakt zu ihren Nachbarn im Viertel auszubauen. Als Beispiel dafür, wie sich dies bewerkstelligen ließe, werden immer wieder von außen organisierte Formen der Zusammenkunft thematisiert, etwa in Form von Straßen- oder Hausfesten.

Vielfach wird der Wunsch geäußert, die anonyme Wohnkultur in den Plattenbauten aufzubrechen, um stärkeren Kontakt zu den Nachbarn aufzunehmen, die man in den meisten Fällen nur von den kurzen Begegnungen im Hausflur kennt. Nicht selten sind die bisherigen Erfahrungen mit der Nachbarschaft negativ, was in einigen Fällen durch kulturelle Differenzen zu erklären versucht wird:

„Ganz profan [gesagt]: Da sind einfach so viele Nationalitäten und – ich sag einfach mal als Deutscher – sie haben sich da auch einzufügen und nicht umgekehrt ich."

„Ich suche sogar den Kontakt [zu ihnen], aber es muss von der anderen Seite auch kommen."

Wichtig für das Entstehen und die Aufrechterhaltung der Kontaktkreise ist eine gewisse Konstanz in der Wohnsituation. Eine intensive Fluktuation von Nachbarn (etwa von vielen Studenten im Kasseler Wesertor, die oft nur wenige Semester vor Ort bleiben) scheint sich hier ganz besonders nachteilig auszuwirken. Es entsteht so der Eindruck, dass sich die ersten Anstrengungen zur Kotaktetablierung gar nicht erst lohnen, weil man nicht weiß, wie lange der Nachbar noch vor Ort bleibt.

„Da sind auch viele Studenten, [...] die ziehen dann lieber woanders hin. Und darin sehe ich halt ein Problem, so dass irgendwann mal nur das Schwache da ist und ich denk mal, [...] das muss ja alles gemischt sein. Alles gehört ja zum Leben dazu, also das Chaos sowie halt die Reinheit. Und diese Trennung finde ich schon eine große Schwierigkeit."

Der wichtigste Kontaktkreis in vielen migrantischen Zusammenhängen bewegt sich häufig um die eigenen Herkunftsgesellschaften. Hier bestehen häufig gut funktionierende Netzwerke, die über das übliche Maß der Nachbarschaft hinausgehen. Dies geht so weit, dass sich die Community an ein Viertel quasi anlagert und schon eine geringe Entfernung zum „Hauptviertel" als Trennung wahrgenommen wird, die es zu überwinden gilt. Das Viertel dient als sozialer Nahraum, der die Möglichkeiten gegenseitiger Hilfe, des Engagements innerhalb der Gemeinschaft erweitert und nicht limitiert. Allerdings wird diese Form der Hilfe kaum als „Engagement" wahrgenommen, auch kaum nach außen kommuniziert, da der Zusammenhalt, häufig durch familiäre Bande verstärkt, als selbstverständlich gilt.

„Ich helfe zum Beispiel, ob es Familie ist oder Nachbarn oder Freunde und auch viel hier in Grone zum Beispiel bei Behördengängen, Arztgängen [oder] zum Übersetzen. Ich fülle alle Papiere aus und telefoniere mal hin und her. [...] Meistens [geht es] ums Übersetzen oder ums Fahren, wenn die kein Auto haben, oder Kinderaufpassen."

Vor allem der Wegzug der Ursprungsbevölkerung, die bei der Erstellung der Neubaugebiete noch kontaktfreudiger gewesen waren (besonders stark in Leipzig-Grünau, wo sich eine regelrechte Quartieridentität gebildet zu haben schien), und der ständige Zuzug neuer Bewohner erschweren die

Kontaktknüpfung über die Begegnung auf dem Hausflur hinaus. Zudem verschärft es die soziale Lage im Viertel. Bei denjenigen, die im Viertel zurückbleiben, während Teile der Familie wegziehen, besteht die bereits erwähnte Gefahr der Vereinsamung. Dies betrifft vor allem ältere, alleinstehende Deutsche. Vielfach waren hier typische Aufstiegsbiographien der Kinder ursächlich, während die Älteren zurückblieben. Altentreffs scheint es in diesen Vierteln nicht zu geben, und mit abnehmender Mobilität verstärkt sich die Isolation.

4.2.2 Hilfestellung und Hilfeleistung

Durch Fragen nach persönlichen Erfahrungen mit Hilfestellungen in Problemlagen sollte weiteres Licht auf die sozialen Kontaktkreise und informellen Hilfsnetzwerke der Befragten geworfen werden. Wie weit gehen eigene Hilfestellungen und wie werden diese eingeordnet? Zudem galt es an dieser Stelle, der abstrakten Frage nach dem Ausmaß der möglichen Wirkungs- und Engagementkreise der Untersuchungsgruppe nachzugehen: Das Verantwortlichkeitsgefühl gegenüber den Mitmenschen könnte als Voraussetzung für weiteres Engagement dienen. In welchen Bereichen wird also Hilfe geleistet oder erwartet und inwieweit sehen sich die Befragten hier in einer Verantwortung für ihr eigenes Umfeld?

Den wichtigsten Rahmen der Hilfestellung bieten nachbarschaftliche Hilfen, die, bedingt durch die Nähe, relativ universell in Anspruch genommen und auch geleistet werden (beispielsweise Blumen gießen, Schlüsseldienste, Einkäufe tragen, Pakete annehmen, „nach dem Rechten schauen", kleine technische Hilfen etc.).

„Das junge Ehepaar, das aus Kroatien kommt, […] als die eingezogen sind, hatten die noch keinen Strom. Da hab ich gesagt: ‚Komm, ist doch kein Thema!' Kabeltrommel hin: ‚Damit ihr schon mal ein paar Schränke hinhängen könnt!' Dann sind wir halt ins Gespräch gekommen. Und jetzt sitzen wir abends, im Sommer sitzen wir abends draußen zusammen oder man trifft sich mal in der Wohnung, spielt Karten miteinander. Er ist ein sehr guter Musiker, er macht sehr gut kroatische Musik, dann kommt die ganze Familie noch mit dazu, und dann sitzt man halt zusammen und isst zusammen, trinkt zusammen, unterhält sich. Und wenn irgendwas ist im Haus, was gemacht werden muss, hilft man sich!"

Eine gute Nachbarschaft zeichnet sich neben kleineren Hilfestellungen auch dadurch aus, dass man nicht miteinander in Streit gerät und die Ruhe im Haus wahrt.

„Das ist eine gute Nachbarschaft, alle sind hilfsbereit und machen keinen Stress und sowas, schreien nicht die ganze Nacht herum, das ist eine gute Nachbarschaft, so stell ich mir das vor."

Real reduzieren sich der Begriff des Miteinanders und somit auch die möglichen Hilfsnetzwerke oftmals auf eine Minimaldefinition, auf ein zum Teil nur brüchig bestehendes Unterstützungsnetzwerk für den Notfall.

„Wir wären ja füreinander da, wenn was ist, aber gleichzeitig ist es auch so, dass jeder für sich trotzdem lebt."

„Ja. Man hat das Gefühl, wenn man wirklich Hilfe bräuchte und man würde jemanden ansprechen, dass man die dann auch bekäme, […] wenn wirklich ein ernsthaftes Problem ist. Ja."

Gleichwohl: Gelegentlich zeigt sich erst nach mehrfachem Nachfragen, dass die Formen der Hilfestellungen zum Teil deutlich über das durchschnittliche Maß der nachbarschaftlichen Hilfeleistung hinausgehen können.

Hier scheint eine – bereits in anderen Feldern konstatierte – klare Trennung in öffentliche Sphären auf der einen (Nachbarschaft) und private auf der anderen Seite (Familie) zu bestehen, weshalb einige Hilfestellungen, die zum Engagement hinzugezählt werden können, nur innerhalb schwer einsehbarer familiärer Netzwerke aufzufinden sind.

Deutlich anders verhält es sich wiederum in puncto Hilfestellung und -leistung in den ostdeutschen Untersuchungsgruppen, wo die klare Unterscheidung in „früher" und „heute" die Bandbreite der Hilfestellung relativiert, auch wenn sich die Hilfestellungen nicht sonderlich zu heute unterscheiden.

„Naja, mit den Nachbarn, wie gesagt, da hatten wir früher eben schöne Hausfeste. Da wurde eben auch mal ein runder Geburtstag gefeiert und auch Weihnachten oder etwas. […] Da hat jeder dem Anderen mitgeholfen. Und ich hatte nun keinen Vater, da eben die Männer auch ein bisschen mitgeholfen haben, gerade mit dem Bohren, das war immer furchtbar. Naja, und da war man gleich meistens beim per Du, und da wir Kinder auch gut erzogen waren, war man natürlich auch gut angesehen. Denn da war eben Ostern immer mal heimlich was vor der Türe, wenn man früh aufmachte, auch Weihnachten so kleine Beutelchen, das gab's eben damals auch. Und dann hat man mal den Geburtstag unten in dem Trockenraum gefeiert, meisten immer ein bisschen zu viel getrunken, aber es war lustig. Da kannte man eben auch so die Sorgen und Probleme von den Nachbarn und hat sich gegenseitig geholfen. Naja, und dann waren die Sorgen schon halb weg, man wusste, da ist jemand, der kann helfen – ach, war herrlich."

„[Früher] steckte noch ein bisschen, ich muss es immer wieder erwähnen, ein bisschen DDR drinne. Also da war [...] mehr Zusammenhalt untereinander unter den Bewohnern."

„Das Einzige wäre eben mit den Nachbarn, das ist nicht mehr so wie früher. [...] Das ist eben alles nicht mehr. Man sagt heute nur noch Guten Tag, Auf Wiedersehen."

Immer wieder wird die DDR herangezogen, um zu verdeutlichen, wie es besser gemacht werden könnte. Doch auch hier gibt es nur selten ein Bewusstsein für die eigene Rolle in diesem Prozess.

4.2.3 Ansprechpartner in Problemlagen

Der zentrale Problemgedanke umfasst die eigene Arbeitssituation. Wer nicht aktuell von Arbeitslosigkeit bedroht ist, ist sich trotzdem zumeist der Unsicherheit des eigenen Arbeitsplatzes bewusst. Dem zuständigen Ansprechpartner, der Agentur für Arbeit, wird vielfach misstraut.

Vor allem Personen mit Migrationshintergrund vermeiden als Erstkontakt öffentliche Anlaufstellen und stützen sich bei der Arbeitssuche eher auf das eigene familiäre, migrantische Netzwerk. Dies erschließt sich unter anderem aus den Antworten auf die Frage, an wen sich die Teilnehmer bei der Jobsuche wenden:

„Ja, erst mal an Familie, Bekannte."

„Heutzutage geht viel über Beziehungen, weil ohne das ist es schon schlecht."

„Ansonsten wenn da keiner weiterhilft, dann natürlich Arbeitsamt oder Stadt Göttingen oder wie auch immer."

Zunächst verspricht man sich von diesen Gesprächen allerdings keine praktische Hilfe, sondern ein emotionales „Aufgefangenwerden". Der erste Schock, etwa nach dem Verlust der Arbeitsstelle, wird von den engsten Netzwerken, von Familie und engsten Freunden aufgefangen.

„Also erst mal muss man sich ja irgendwo ausheulen und die Sorgen loswerden und dann reden."

„Es geht nicht darum, dass man einem hilft, sondern [...] dass man sich ausspricht, die Sorgen los wird und wenn dann noch Tipps kommen und Hilfe, dann ist das ja sogar noch besser."

Hier werden neben den genannten Faktoren vor allem der Umgang mit Migranten seitens der öffentlichen Anlaufstellen, die politischen Rahmenbedingungen und deren Umsetzungen als Ursache der unbefriedigenden Situation genannt. Denn vielfach erzeugt es eine hohe Frustration, dass teilweise hochwertige Bildungsabschlüsse aus den Herkunftsländern nicht anerkannt werden und die Arbeitsvermittlung Migranten immer wieder in Beschäftigungsverhältnisse bringt, in denen sie ihre eigenen höheren Qualifikationen gar nicht zum Ausdruck bringen können. Auf die Frage nach der beruflichen Tätigkeit ihres Mannes antwortet eine Frau:

„Teilzeit, im Restaurant. [...] Aber er hat hier studiert, [es] auch fertig gemacht. Ja! Fertig gemacht! [Aber] wissen Sie, mein Mann [hat hier] nicht viele Chancen."

An diesem Punkt wird deutlich, dass zum Teil Potential für bürgerschaftliches Engagement aufs Spiel gesetzt, indem Migranten mit hohen Bildungsabschlüssen, die als ‚opinion leader' fungieren, sich aufgrund der hohen alltäglichen Frustration zurückziehen.

Zudem werden die öffentlichen Anlaufstellen heftig kritisiert, vor allem weil sie angeblich ihrer Vermittlungsaufgabe nicht sinnvoll nachgingen. Insbesondere ist auffällig, dass die jungen Diskussionsteilnehmer durch ihre augenscheinlich perspektivlose Lage frustriert sind und sich in der Konsequenz häufig stark zurückziehen, obwohl sie arbeiten wollen.

„Das kann doch nicht sein, dass du Mitte Dreißig keine Arbeit kriegst, ist ja nicht so, dass man nicht arbeiten will. […] Heute ist es auch so, entweder du hast Kinder oder du gehst arbeiten."

„Finde mal einen Chef, der dich einstellt mit zwei Kindern."

„Das Arbeitsamt kann man ja in dem Sinne vergessen, die machen ja auch bloß nichts. Also Hilfe kannst du da nicht erwarten."

„Ja, und Arbeit bekommt man ja eigentlich auch nicht beim Arbeitsamt."

Angesichts dieser Erfahrungen wird versucht, privat und individualistisch auf Jobsuche zu gehen.

„Also im Prinzip die Nachbarschaft, weil die einem am Nächsten ist, logischerweise. Oder Familienangehörige."

„Jeder selbst eigentlich vor allem, da fällt mir von Michael Jackson das Lied ‚Man in the Mirror' ein. Also erst mal selbst in den Spiegel gucken und selber auch was tun."

4.3 GEMEINSCHAFT UND GEMEINSINN

Hintergrund für die Untersuchung des „Gemeinsinns" und der Wahrnehmung von „Gemeinschaft" der Befragten bildet die Annahme, dass Sozialkapital die moderne Bürgergesellschaft beeinflusst. Sozialkapital[3] – ein für die aktuelle Zivil- und Bürgergesellschaftsdebatte vielleicht maßgeblicher, von Robert Putnam geprägter Begriff[4] ist in den letzten zwei Dekaden in-

---

3 Zu verschiedenen Definitionsvarianten des Begriffs Sozialkapital vgl. Franzen, Axel; Freitag, Markus: Aktuelle Themen und Diskussionen der Sozialkapitalforschung, in: Dies. (Hrsg.): *Sozialkapital. Grundlagen und Anwendungen*, Wiesbaden 2007, S. 7-22, hier S. 10.

4 Vgl. Putnam, Robert D.: *Making Democracy Work. Civic Traditions in Modern Italy*, Princeton 1993; der Begriff des „sozialen Kapitals" ist hingegen auf die Arbeit des Soziologien Pierre Bourdieu zurückzuführen. Vgl. Bourdieu, Pierre:

tensiv diskutiert worden. Er beinhaltet die Vorstellung eines besonderen „sozialen Kitt[s]", der sich sowohl in ökonomischer wie auch demokratischer Hinsicht positiv auf die Gesellschaft auswirken kann. Die Enquete-Kommission des Deutschen Bundestages zur Zukunft bürgerschaftlichen Engagements weist dementsprechend auf die Bedeutung des Gemeinsinns, auf das Gemeinwesen sowie das Gemeinwohl hin:

„Alle Formen des Engagements haben im Alltag Bedeutung für den Zusammenhalt im Gemeinwesen. […] Aktive und kompetente Bürgerinnen und Bürger zeichnen sich darüber hinaus durch Gemeinsinn und damit die Bereitschaft aus, freiwillig Beiträge zum Gemeinwohl zu leisten."[5]

In dieser Studie wurde versucht, die Tragweite der sozialen Kontaktkreise der Untersuchungsgruppe einzuordnen und festzustellen, worauf sich die Vorstellungen von Gemeinschaft bei den Befragten beziehen. Inwieweit gibt es ein über das familiäre Umfeld hinausragendes Verständnis im Sinne von Gemeinschaft und Gemeinsinn? Gibt es hier ein Zugehörigkeitsgefühl zu einer bestimmten Gemeinschaft, und wenn ja, was leitet sich daraus ab? Wer gehört hierzu – und wer nicht? Und für welche sozialen Kontaktkreise erachtet man sich selbst als „verantwortlich"? Von wem empfängt man Hilfestellungen in Problemlagen – und wem würde man selbst helfen? Beim Begriff der Gemeinschaft soll wiederum die soziale Umwelt beleuchtet werden, in der die Befragten sich bewegen. Auf diese Weise könnte die Basis für mögliches Engagement im Viertel aufgezeigt werden.

4.3.1 Gemeinschaftsgefühl und Gemeinschaftssinn

Zunächst gibt es sehr unterschiedliche Vorstellungen davon, was Gemeinschaft im Viertel bedeuten könnte. Mal wird dies auf den Freizeitaspekt in

---

Die feinen Unterschiede. Kritik der gesellschaftlichen Urteilskraft, Frankfurt a.M. 2008.

5 Deutscher Bundestag: *Bericht der Enquete-Kommission „Zukunft des Bürgerschaftlichen Engagements". Bürgerschaftliches Engagement: auf dem Weg in eine zukunftsfähige Bürgergesellschaft*, 14. Wahlperiode, Drucksache 14/8900, 03.06.2002, S. 4, 24, online verfügbar unter: http://dip21.bundestag.de/dip21/btd/14/089/1408900.pdf (zuletzt eingesehen am: 14.06.2010).

Zusammenhang mit guten Freunden reduziert, mal auf eine Norm des Zusammenlebens ausgedehnt. Interessant erscheint hier eine Vorstellung von Gemeinschaft, die weit über ein Gefühl hinausgeht, sondern auch normierende Vorstellungen mittransportiert.

„Eine Gemeinschaft ist, wenn sie alle an einem Strick ziehen, alle Gemeinschaftsinteressen haben, zusammen Interessen haben. Und das ist bei so vielen Menschen gar nicht unter einen Hut zu bringen."

Beim Begriff der Gemeinschaft werden wiederum die Größenverhältnisse deutlich, in denen die Befragten sich bewegen. Ähnlich den eigenen Kontaktkreisen sind die räumlichen Dimensionen, in denen Gemeinschaft vorstellbar ist, eher klein. Die Gemeinschaftsvorstellungen beziehen sich häufig auf den Nahbereich, das heißt das Wohnhaus, den Verein, die Nachbarschaft usw. Selten weitet sie sich auf den gesamten „Großraum" des Viertels aus.

„Dafür ist es eigentlich zu groß hier. 5000 Menschen kann man nicht in eine Gemeinschaft reinziehen, das ist ein Unding."

Auf der anderen Seite gibt es ein unterschwellig existierendes Zugehörigkeitsgefühl zum Viertel, selbst in Leipzig-Grünau, dessen räumliche Dimension schwer mit den anderen untersuchten Vierteln vergleichbar ist. Vor allem dort, wo die Zughörigkeit zu einem bestimmten Viertel als Stigma gilt, gibt es eine Art Trotzreaktion, sich dem Viertel zugehörig zu fühlen, was allerdings nicht mit einem Gemeinschaftsgefühl zu verwechseln ist. Der Wunsch, seine Lebensumgebung nicht bloß als „Lebensraum", sondern tatsächlich als Heimat zu betrachten, ist mithin bei vielen Befragten zu beobachten. Diese Tendenz scheint mit der Dauer des Wohnaufenthaltes im Viertel zu steigen, da damit auch die Identifikation zunimmt. Dies ist nicht unbedingt gleichbedeutend mit der positiven Wertung der Gemeinschaft im Viertel, wohl aber mit der gemeinsamen Herkunft.

„Ich denke man fühlt sich schon ein bisschen als Gemeinschaft in Grünau. Ich bin Grünauer, so. Das ist irgendwie so eine Gemeinschaft. Aber da kenne ich jetzt nicht den Grünauer A und den Grünauer Z. Aber ich, wir kommen aus Grünau."

Grundsätzlich besteht aber der deutliche Wunsch nach einer starken Gemeinschaft, nach einem Gemeinschaftsgefühl, auch wenn nur selten ein solches explizit konstatiert wird. Sinnbildlich hierfür ist immer wieder die teils romantisierte Dorfgemeinschaft.

„Ich bin auf dem Dorf aufgewachsen. [...] Das kann man nicht vergleichen mit hier. Das kann man wirklich überhaupt nicht. [...] Die Freunde, mit denen ich dort aufgewachsen bin, die kann ich nicht vergleichen mit den Freunden, die ich hier habe. Die ich hier habe, ok, ich habe sehr gute Freunde hier oder Familie. Aber die Freunde, die ich [damals] hatte, [...] das war ganz, ganz anders als hier."

Trotzdem wird der Zusammenhalt im Viertel vielfach negativ bewertet: Es gäbe keine Gemeinschaft in den Vierteln, außer in den vielen sehr kleinen Grüppchen. Man fühlt sich für niemanden außerhalb der Familie oder Community verantwortlich, was dem Zusammenhalt im Stadtviertel schadet.

„Ich glaube nicht, dass man da wirklich so einen Zusammenhalt hat. [...] Weil jeder macht hier so sein eigenes Ding."

Viele Befragte scheinen unter dem „idealen Zusammenleben" zunächst einmal ihr eigenes privates Glück zu verstehen. Aus der Summe des individuell erfahrenen Glücks soll ihrer Ansicht nach ein harmonisches Zusammenleben entstehen.

In seltenen Einzelfällen besteht das Interesse nicht allein an einem „Mehr" an Gemeinschaft im Viertel, sondern auch an Vorstellungen, wie dieses erreicht werden könnte.

Zum Teil erscheinen Einrichtungen wie Nachbarschafts- oder Stadtteilzentren in den Augen einiger Gesprächspartner in der Lage, eine vermittelnde Funktion zu erfüllen, die zu mehr Gemeinschaft führen kann.

„Das Nachbarschaftszentrum ist ja extra dafür da. Also hier kommen Frauen von allen Nationen sozusagen her und treffen sich."

Arbeitslosigkeit sowie der Bezug von Hartz IV bleibt für einen Großteil der Befragten das beherrschende Thema. Die empfundene Ungerechtigkeit des Systems sowie die fehlende Hoffnung, aus diesem Teufelskreis auszubrechen, sind dabei noch nicht einmal zwingend an die eigene Erwerbsbiographie gebunden. Aus den Aussagen zum Thema Arbeitslosigkeit erwächst unterschwellig ein bedeutsamer Befund. So scheint ein allerdings eher fatalistisches Zusammengehörigkeitsgefühl im Quartier vorhanden zu sein. Man sieht sich als Teil einer Gruppe der Gesellschaft an, deren Los es ist, ständig vor der Bedrohung von Arbeitslosigkeit und Sozialtransfer zu stehen. Für diese Gruppe ist der Begriff des „abgehängt sein" nicht nur eine soziologische Kategorie, sondern eine treffende Beschreibung ihrer Lebensumstände. Insofern ist zumindest das Gefühl der materiellen Bedrohung, die ständige Furcht vor dem Abrutschen in die Armut und das Gefühl, dass der Rest der Gesellschaft sie im Stich gelassen hat, mitunter ein gemeinsamer Nenner, unter dem sich die Personen eines solchen Problemviertels zum Teil auch als Gemeinschaft sehen.

4.3.2 Exkurs: „Das war früher anders." – Spezifische Befunde für die alten und neuen Bundesländer

In den Vierteln der alten Bundesländer wird das Thema der Gemeinschaft besonders schnell auf die verschiedenen ethnischen Communities umgelegt. Diese Segregation scheint für alle Anwesenden virulent zu sein. Allerdings besteht häufig der Wunsch, ethnische Grenzen zu überschreiten. Dies scheint Teil der idealisierten Gemeinschaft zu sein. Doch kaum jemand ist hier aktiv geworden. Angesprochen zu werden, scheint für die meisten die erste Barriere zu beseitigen.

„Wie ihr es ja schon vorher gesagt habt, weil Araber alleine, Türken alleine, Russen alleine, Deutsche alleine, so ist es meistens also."

„Das möchte ich nicht sagen, ich würde auch mit anderen Nationalitäten Kaffee trinken gehen, ich komme nur nicht in diese Verlegenheit. Weil wo ich wohne, sind nur Deutsche."

Ganz anders wird das in Leipzig-Grünau begründet, dem Fallbeispiel für die neuen Bundesländer. Hier wird die funktionierende Gemeinschaft an einem Bild von „früher", das heißt stets vor 1989 gespiegelt; ein Bild, an dem sich für die Befragten offenbar belegen lässt, dass sich das Zusammenleben negativ verändert hat. Besonders in Grünau zeigte sich die Wahrnehmung, dass mit den Jahren eine Gemeinschaft entstand, da man über einen längeren Zeitraum hinweg gemeinsam in einem Haus wohnte. Hier scheint – wie bei den meisten Integrationsprozessen – der Faktor Zeit eine wichtige Rolle zu spielen.

„Ich würde sagen, dass man sich untereinander versteht im Haus, dass man miteinander reden kann, mit dem einen mehr, mit dem anderen weniger. Dass man Hilfe bekommt, wenn man Hilfe braucht, dass man anderen Leuten Hilfe gewährt, wenn andere Leute Hilfe brauchen. Das hat sich in den dreißig Jahren in dem Haus, wo ich wohne, auch so herausgebildet, dass einer, wenn er in den Urlaub fährt, [...] dem anderen Nachbarn den Schlüssel gibt, und das funktioniert."

Selbst bei den in den 1980er Jahren geborenen Befragten, bei denen davon auszugehen ist, dass die persönlichen Erfahrungen mit dem alltäglichen Leben in der DDR nur vage sein können, lässt sich eine idealisierte oder romantisierte Vorstellung der vergangenen Gemeinschaft als Kontrastfolie vorfinden.[6] Interessanterweise scheint hier ein tradiertes gemeinsames Gedächtnis bis in die Gegenwart zu reichen. Ein Teilnehmer, der zum Zeitpunkt der Wiedervereinigung erst dreizehn Jahre alt war, „erinnert" sich:

„Na, da hatte jeder Arbeit. Du hast gelernt, du bist übernommen worden und da warst du bis zur Rente, so war das."

Die Vorstellung einer DDR, in der es scheinbar solidarischer und menschlicher zuging, wird vor allem mit dem Verweis auf die stabile Arbeitssituation vor 1989 verknüpft.

„Das war schon eine große Sorge weniger."

„Das belastet einen [heute] total. Wenn du immer in die Zeitung guckst – da ist nichts. Dann guckst du im Internet – da ist auch nichts."

Nur selten finden sich neutrale, erklärende Einordnungen der Unterschiede zwischen früher und heute, die durchaus auch die Zwangssituation in der DDR und die daraus resultierende Solidarität berücksichtigen.

---

6 Vgl. hierzu Fulbrook, Mary: *Ein ganz normales Leben. Alltag und Gesellschaft in der DDR*, Darmstadt 2008.

"Früher waren sie noch drauf angewiesen, der konnte das besser, der das, der das. Heute ist jeder Superegoist."

Während in bundesrepublikanischen Vierteln die verhinderte Gemeinschaftsbildung mal mit der Größe des Quartiers, mal mit der ethnischen Durchmischung begründet wird, dominiert in Grünau der Verweis auf eine „früher" besser funktionierende Gemeinschaft.

„[Gemeinschaft wäre für mich], dass man auch mal zum Nachbarn reingehen kann, mal eine Tasse Kaffee trinkt und mal ein bisschen über Probleme redet, vielleicht über Ämter oder so, dass man da mal vielleicht helfen kann oder dass die einem mal helfen. [...] Das gibt es leider nicht mehr."

4.3.3 Warum die Gemeinschaft fehlt

Grundsätzlich scheint es eine Vielzahl externer Gründe für das Fehlen einer Gemeinschaft zu geben, die außerhalb des eigenen Handelns stehen. Das bedeutet, dass man sich selbst nicht die Schuld am Mangel an Gemeinschaft gibt.

„Ich glaube nicht, dass man da wirklich so einen Zusammenhalt hat. [...] Weil jeder macht hier so sein eigenes Ding."

Eine Rolle spielt hier nicht zuletzt die Wahrnehmung von Anonymisierungstendenzen in den Vierteln. Als Grund für das zumeist recht anonyme Zusammenleben wird zum einen oft eine sprachliche Barriere angeführt.[7] Zum anderen schaffen die dunklen Flure, die vielerorts heruntergekommenen Treppenhäuser und die engen Fahrstühle kaum einen Ort, der zu einer Konversation einlädt, so dass man sich besser kennenlernen könnte. Die Gefahr, in Vereinsamung und Isolation abzurutschen ist also in der Wahrnehmung der Leute allgegenwärtig; mahnende Beispiele sind praktisch jedem bekannt. Besonders Personen, die seit langer Zeit von Arbeitslosigkeit

---

7 „Also manche denken dann eben, sie sind die Größten und müssen dann das Leben so fortführen, wie sie es zu Hause gemacht haben, aber dann verstecken sie sich eben dahinter, dass sie die Sprache nicht können."

betroffen sind und in der Folge immer weniger Kontakte zu ihren Mitmenschen haben, sehen sich mit dieser Gefahr konfrontiert.

Das Problem wird durch die große Anzahl von Mietparteien erschwert.

„Ja. Ich schließ mich den Ausreden meines Vorredners an. […] Ja, aber ist doch wirklich so, wenn man in einem großen Mietshaus wohnt, wo sagen wir mal sechzehn oder zwanzig Parteien drin wohnen, da ist es unheimlich anonym, da weiß der oben nicht, wer unten wohnt."

„Ich kenne keinen. Bei uns wohnen, das sind so Appartements, fünfzig Appartements, da kenn ich keinen."

Umso wichtiger erscheinen demnach „Orte der Begegnung", Freiflächen und Parks im Viertel, Vereine oder Gemeindezentren, die zu öffentlichen gemeinschaftlichen Aktivitäten einladen und die diese zum Teil erzwungene Wohnisolation durchbrechen, eine gemeinschaftliche Brückenfunktion wahrnehmen.

Gerade für alteingesessene Bewohner wirkt negativ, dass es in den Quartieren eine hohe Fluktuation der Bewohner gibt, was den Charakter des Viertels und die Nachbarschaft verändert. Es braucht seine Zeit, die Nachbarn kennenzulernen, Vorurteile abzubauen und Sympathien zu entwickeln. Ständig aufs Neue vor diese soziale Herausforderung gestellt, reagieren nicht wenige Bewohner mit Rückzug und innerer Isolation. Man hat weder die Kraft noch die Ressourcen, um sich ständig auf neue Menschen einzustellen, zumal ja auch unbekannt ist, wie lange neue Nachbarn vor Ort bleiben werden.

„Ich meine gut, ich habe als Kind und auch die nächsten dreißig Jahre in Alt-Grone gewohnt. Als Kind kannte ich in der näheren Nachbarschaft jeden und man ging auch in jedes Haus. Das hat sich geändert. […] Als wir dann umgezogen sind, hier in die S. Straße, man kann seine Nachbarn ja nicht mitnehmen, da fing das also wieder von vorne an und man muss sagen, je älter man wird, je schwieriger ist es, Kontakt zu finden."

„Weil die jungen Leute, die jetzt hier alle eingezogen sind, die sind ja total scheu. […] Und da hab ich gesagt: ‚Nö, dann eben nicht.' Was will man machen?"

Verdeutlicht wurde dieses erste Misstrauen gegenüber den Mitmenschen in der Zusammensetzung und Interaktion der Fokusgruppen während der Erhebungsphase. Auf der einen Seite zeigten sich immer wieder verbindlich bestehende Netzwerke, auf der anderen Seite saßen aber auch offensichtlich vollkommen von gesellschaftlichen Aktivitäten abgekoppelte Personen in der Gruppe, die trotz der räumlichen Nähe im Viertel wenige Kontakt zueinander zu haben schienen. Entsprechend unterschiedlich agierten diese Teilnehmer auch in den Diskussionen.

Eine sehr hohe Barriere, die einer Gemeinschaftsbildung im Weg steht und die immer wieder genannt wird, sind die kulturellen und sprachlichen Unterschiede, die direkt für den fehlenden Zusammenhalt verantwortlich gemacht werden:

„Also ich hab schon [...] die Erfahrung gemacht, dass man doch sehr unter sich bleibt, [...] unter sich heißt so in der Nation."

Gerade auf die Kinder wird hier die klassische Aufstiegshoffnung projiziert, dass sie es einmal besser machen und all die Barrieren und Schranken überwinden, die die verschiedenen Gruppierungen in den Vierteln zu trennen scheinen. Besondere Hoffnung liegt auf der Überwindung der Probleme und Konflikte zwischen Personen mit und ohne Migrationshintergrund.

„Unsere Kinder [...] sind nicht so. Unsere Kinder sind mit jedem zusammen. [...] Also die nächste Generation ist bestimmt anders als wir."

4.3.4 Verantwortlichkeiten

Die Verantwortungsübernahme konzentriert sich stark auf den Nahbereich. Einmal mehr sind es die eigene Familie und die Kinder, für die man sich verantwortlich fühlt. Falls keine Familie existiert, bezieht sich die Verantwortung meist auf sich selbst.

„Also in erster Linie bin ich für mich selbst verantwortlich. Weil ich für meine Taten, für meine Handlungen selber geradestehen muss. Ich kann keinem [...] sagen: ‚Du musst das für mich gerade biegen!' Was ich mache, das stehe ich ganz alleine durch, da kann ich von keinem Hilfe erwarten. [...] Egal um was es geht."

„Ich bin verantwortlich für meine Tiere. Sonst für keinen anderen. Die habe ich mir angeschafft und deswegen sind die an erster Stelle. Bevor ich was esse, [...] bekommen die eher was."

Dieser Verantwortungsübernahme im Nahbereich stehen nur wenige Beispiele gegenüber. Dies liegt aber auch am Verantwortungsbegriff selbst, der vielfach nur auf die nahe Umgebung angewandt wird, selbst wenn man weitergehende Verantwortung übernimmt und sich engagiert.

„Ja, also ich sehe das auch so, dass ich [...] in erster Linie für mich selber verantwortlich bin. Wenn ich irgendwelche Fehler mache, egal in welcher Richtung. [...] Aber ich fühl mich manchmal verantwortlich auch für irgendwelche Mitbürger."

„[...] oder auch für Kinder, die vielleicht, wo ich sehe, sie turnen irgendwo rum und ich denke: ‚Oh halt, das können sie noch nicht ab'. Also dann fühle ich mich verantwortlich und gebe einfach das ein bisschen weiter und sag: ‚Pass auf oder geh lieber runter!"

Vor allem im eigenen und hier auch öffentlichen Nahbereich entwickeln sich Verantwortlichkeiten, die sich aus persönlicher Betroffenheit oder Einbeziehung speisen.

„Meine Lebensgefährtin ist Tagesmutter, die geht jeden Tag auf Spielplätze und in der Regel ist es so, dass wenn ich dabei bin, ich erst mal rum gehe und Papier und Scherben weg mache. Das ist Verantwortungsübernahme, zum Beispiel."

Auch eine persönliche Lebenserfahrung oder ein Schicksalsschlag kann dafür sorgen, dass man sich verantwortlich für andere Menschen fühlt, denen es vielleicht ähnlich geht.

„Ich war schon letztes Jahr Betreuer, da helfe ich Suchtkranken, weil ich ja selbst Schwerstalkoholiker war. [...] Dann hat der Ortsvorsteher angerufen, ob ich bereit wäre Ehrenamt zu machen. Das hab ich ja gerne gemacht, weil ich ja wirklich Erfahrung hab. [...] Dann macht es auch Spaß, Leuten zu helfen."

Zudem entstehen Verantwortlichkeiten offensichtlich dann, wenn diese mit einer Arbeitsstelle verknüpft sind, und so, durch räumliche und personelle Anlagerung an öffentliche Orte, eine Dauerhaftigkeit gewährleistet ist.

„Allerdings fühle ich mich auch manchmal in der Bibliothek für die Schüler verantwortlich. Bei dem einen da hatte ich mal so ein bisschen Sorge, der schien mir dahin zu tendieren wie: ‚Ich bringe mich um und nehme noch ein paar mit!' [...] Das ist eben mein Teil der Verantwortung."

Hieran wird deutlich, wie wichtig die Einbindung in feste und geregelte Strukturen ist, da man auf diesem Wege längeren Kontakt zwischen Menschen herstellt und tiefere Einblicke in deren Leben erhält. Dies stellt offenkundig eine entscheidende Grundlage für Verantwortungsgefühl und Hilfestellungen dar.

In erster Linie geschieht dies über den Faktor „Arbeit". Arbeit zu haben bedeutet für die Untersuchungsgruppe nicht nur eine regelmäßige und formelle Struktur und damit einen primären Ausgangspunkt für Engagement, sondern auch die Einbindung in soziale Netzwerke. Diese sind wiederum der wichtigste Zugangskanal in die moderne Bürgergesellschaft.[8]

4.4 EINSTELLUNGEN ZU BÜRGERGESELLSCHAFT/BÜRGER

Hinter der „modernen Bürgergesellschaft" verbirgt sich nicht nur die Vorstellung einer bestimmten Gemeinschaft oder eines Gemeinsinns. Sie beinhaltet auch den Bürger. Hintergrund der folgenden Fragestellung war die Annahme, dass es sich dabei um keine zufällige terminologische Verwandtschaft handelt. Vielmehr wird, wenn von „bürgerschaftlichem" oder „bürgergesellschaftlichem" Engagement und Aktivitäten die Rede ist, mit diesen eine bestimmte qualitative Vorstellung von der Aufgabe und Rolle, von den Rechten und Pflichten eines Bürgers verbunden. Um die Wahrnehmungsebene sozial Benachteiligter gegenüber jener Bürgergesellschaft besser verstehen zu können, wurde daher versucht, sich der

---

8 Vgl. den Abschnitt „Zugänge zu Engagement/Aktivität" dieser Studie (Abschnitt 5.1.1), insbesondere den Faktor „Persönliche Beziehungen".

Vorstellung der Befragten von dem, was einen Bürger ihrer Meinung ausmacht, zu nähern.

Unter Bezugnahme non-verbaler Erhebungsmethoden (Bilderwand) sollten erste Zugänge exploriert werden, um in der Folge den vorhandenen Bürgerbegriff zu diskutieren und zu erfahren, was die Teilnehmer mit diesem Begriff verbinden, welche Aufgaben oder Rechte einen Bürger ausmachen und was ihrer Ansicht nach Bürger für die Gesellschaft tun können bzw. was die Gesellschaft für den Bürger tut.

In einem Rekurs auf eine größere (nationale) Ebene sollten ferner Perzeption und Kenntnisstand zu den Begriffsbereichen der Bürgergesellschaft erfragt werden. Was wird mit Termini wie der „Zivil-" oder „Bürgergesellschaft" verbunden? Welche vorhandenen Organisationen, Institutionen, Verbände oder formellen Teile der Bürgergesellschaft sind überhaupt bekannt? Und gibt es möglicherweise persönliche Vor- oder Leitbilder für bürgergesellschaftliches Engagement?

4.4.1 Der Begriff des Bürgers

Die direkte Konfrontation mit den Begriffen „Bürger" und „Bürgergesellschaft" erzeugte zunächst zwar Konfusion und Ratlosigkeit. Das Ausfüllen der abstrakten Begriffe fiel fast allen Gesprächsteilnehmern schwer (zur semantischen Ebene vgl. insbesondere Kapitel IV.4). Im Laufe der Gespräche und unter Bezugnahme auf konkrete Beispiele ließen sich dennoch wichtige Kenntnisse über die Wahrnehmung des „Bürgers" gewinnen.

„Bürgergesellschaft ist ein komisches Wort."

„Das Wort ‚Bürger' wird ja eigentlich nur vom Staat aus gesagt. Wir selber sagen ja nicht Bürger zu uns."

Eine Wahrnehmungsebene umfasst den Bürger als Zugehörigkeitsbegriff, also etwa in Form von Zugehörigkeit zu einer Stadt oder Gemeinde.

„Bürger ist eigentlich jeder, der irgendwo wohnt."

„[Jemand], der Mitglied einer Gemeinde ist."

Es gibt aber ebenso einen universalen Bürgerbegriff, der alle mit einschließt, auf der anderen Seite aber auch eine qualitative Unterscheidung.

„Wir sind ja alle Bürger und es gibt verschiedene Bürger, verschiedene Schichten."

„Bürger ist eigentlich für mich so ein Wort wie für ein Spießbürger, ein Vereinsmensch, der alles ordentlich macht, wie es sein muss. [Es] muss alles ausgerichtet sein, das sind für mich Bürger."

Nur selten wurden darüber hinaus die mit Absicht eingestreuten abstrakten Darstellungen gewählt. Darunter fallen zum Bespiel die ineinander greifenden Zahnräder oder der Handschlag.
Nur in Einzelfällen vermochten es die Gesprächspartner, den Begriff mit Inhalt zu füllen.

„Ja, ich habe mir für Bürgergesellschaft die 27 [Demonstration] ausgesucht, weil ich denke, das ist eine Menge oder eine Personengruppe, die für irgendwas die Hand hebt oder demonstriert oder eintritt. Als größere Gesellschaft und dieses familiäre eigentlich am runden Tisch hätte ich beinahe gesagt, ist ein bisschen oval, aber so als familiäre Gesellschaft."

Eine entscheidende Dimension des Bürgerbegriffs, die mit der häufig auftretenden Schwierigkeit des Erhaltens einer deutschen Staatsbürgerschaft zusammenhängt, wurde vor allem in den durch eine hohe Zahl von Migranten geprägten Vierteln genannt. Durch die dafür notwendigen Behördengänge ist davon auszugehen, dass Deutsche mit Migrationshintergrund bereits im Rathaus mit dem Begriff des Bürgers konfrontiert wurden. Dies wurde bei der Bilderauswahl durch die häufige Auswahl des Bildes mit dem deutschen Pass durch Menschen mit Migrationshintergrund deutlich. Hier wurde der Bürger mit „Einbürgerung" assoziiert.

„[...] Ich weiß nicht warum, aber da fällt mir als erstes das Wort Deutsche ein. [...] Bürger ist für mich so, so [ein] typischer deutscher Bürger."

„[...] die Leute, die zu dem Staat gehören."

Der Besitz eines Passes ist folglich oft ganz eng gekoppelt an den Begriff des Bürgers.

„Also die Leute, die hier 19 Jahre, ich weiß nicht genau wie lang, manche sind auch hier aufgewachsen, dass die trotzdem einen deutschen Pass bekommen sollen."

„[Es] sollten ja auch die Leute, die so lange hier sind und auch die deutsche Sprache verstehen, [...] dann eingebürgert werden."

Zudem ist die Schwierigkeit des Erhaltens einer Arbeitserlaubnis ohne die deutsche Staatsbürgerschaft im Bewusstsein der Menschen sehr präsent.

„Bei vielen Ausländern, die zum Beispiel die Staatsbürgerschaft nicht haben. Es wird ja gesagt, ihr müsst arbeiten, ihr müsst für euren Lebensunterhalt selber aufkommen, dann kriegt ihr das, wenn ihr so und so viele Jahre hier seid. Aber [...] viele, die die Staatsbürgerschaft nicht haben, haben auch keine Arbeitserlaubnis, das ist ja wie so ein Kreis der sich dreht. [...] Viele haben ja keine Möglichkeit, da rauszukommen."

Bei Menschen mit Migrationshintergrund, insbesondere bei nicht Berufstätigen, kann der Begriff Bürger daher negative Assoziationen hervorrufen, was sich möglicherweise auch auf die für die Engagementpolitik relevanten Begriffsverwandten wie Bürgergesellschaft, bürgergesellschaftliches oder bürgerschaftliches Engagement auswirkt. Daher muss die Sichtweise Berücksichtigung finden, dass eine Eigenidentifikation als Bürger – ohne Staatsbürgerschaft, ohne Einbürgerung oder ohne die Möglichkeit zu arbeiten – naturgemäß schwer fällt und folglich auch mit Kategorien wie der Bürgergesellschaft wenig verbunden werden kann.

Aufgrund der engen migrantischen Netzwerke ist außerdem davon auszugehen, dass diese kritische Perzeption der Begriffskollegen Bürger und Bürgergesellschaft nicht ausschließlich auf Menschen zutrifft, die persönlich negative Erfahrungen auf ihrem Weg zur deutschen Staatsbürgerschaft gemacht haben. Vielmehr scheinen Erfahrungen und Erlebnisberichte naher Verwandter oder Freunde das allgemeine Bild des Begriffs Bürger sehr stark zu prägen.

4.4.2 Der Begriff der Bürgergesellschaft

Die sprachliche Kluft zwischen der „Sprache der Zivilgesellschaft und Zivilgesellschaftsförderung" einerseits und der Sprache der Angehörigen in den untersuchten Quartieren andererseits wird insbesondere beim Begriff der Bürgergesellschaft selbst deutlich. Diesen vermochten nur die wenigsten Probanden mit Leben zu füllen. Vielmehr gehörten zu den häufigsten Reaktionen auf die direkte Konfrontation der Befragten mit Begriffen wie Zivilgesellschaft oder Bürgergesellschaft Unverständnis und eine gewisse, zum Teil verschämte Ratlosigkeit.[9]

Konkret wird die Bürgergesellschaft etwa als eine Ansammlung von Menschen definiert, also schlicht als ein Plural des Begriffs Bürger gewertet. Meist wiederholen sich hier Deutungen und Zuschreibungen, die vorher schon beim Begriff des Bürgers vorhanden waren. Der Wortbestandteil der „Gesellschaft" schien den Begriff damit schlicht zu pluralisieren.

Erweitert wird der Bürgerbegriff hier allerdings um eine vage Vorstellung von ehrenamtlichem Engagement. Vor allem der Aspekt der gegenseitigen (Bürger-)Hilfe ist durchaus vorhanden. Einzelne Abbildungen, mit denen das Deutsche Rote Kreuz, das Technische Hilfswerk oder generell Engagement für andere und die Gemeinschaft verbunden werden, stehen hier für die Bürgergesellschaft insgesamt.

Auch spielende Kinder, Personengruppen bei der Vertretung gemeinsamer Interessen, Polizei, Erste Hilfe, das Parlament, die Integration von Ausländern etc. sowie die freiwillige Partizipation an Gemeinschaft werden als Aspekte der Bürgergesellschaft genannt.

Besonders beim Begriff der Bürgergesellschaft sind soziale Unterschiede festzustellen. So schien es Personen mit etwas höherer Bildung[10] deut-

---

9   In den Befragungen wurde auf die Verwendung und die Abfrage von Fremdwörtern wie „civil society" oder „engagieren" verzichtet, um genau diese Situationen des Unwissens auf Seiten der Befragten und damit der Scham zu vermeiden.

10 Einige Befragte entsprachen nicht in allen Punkten den ausgesuchten Kriterien in Sachen Einkommen und Bildungsgrad (insbesondere bei Befragten mit Migrationshintergrund war der Bildungsabschluss zum Teil ein höherer als der Hauptschulabschluss), wurden aber als Angehörige der Quartiere und für die vorliegende Betrachtung relevanter Mitglieder der lokalen bürgergesellschaftlichen Infrastruktur in die Erhebung mit einbezogen und zum Teil als Kontrollgruppe erfasst.

lich leichter zu fallen, den Begriff auszufüllen. So werden in einem Interview gesellschaftliches Engagement sowie gegenseitiges „Fördern und Fordern" als Bürgerpflichten genannt. In einem Einzelfall wird „Bürgergesellschaft" mit dem „alten" Begriff des Ehrenamtes kontrastiert und ihm eine eigene Färbung verliehen.

4.4.3 Der Begriff Zivilgesellschaft

In Ergänzung zu den non-verbalen Erhebungsmethoden wurden in Form eines Brainstormings die Assoziationen der Teilnehmer mit den Begriffen Zivilgesellschaft und Bürgergesellschaft gesammelt. Hierbei zeigte sich schnell, dass kaum genaue inhaltliche Vorstellungen über die Begriffe vorherrschen.

In vielen Fällen schien man zum ersten Mal mit einem dieser Begriffe konfrontiert, die Termini waren mitunter völlig unbekannt. Die Teilnehmer versuchten sich daher zunächst assoziativ den Begriffen zu nähern. So wurde in mehreren Fokusgruppen versucht, den Begriff über den Wortteil „zivil" zu erschließen:

„Zivildienstleistender fällt mir noch ein."

„Ja, genau! Soziale Gemeinschaft, weil Zivis ja meistens in solchen Gemeinschaften arbeiten."

„Ich hab gerade gedacht, dieses freie soziale Jahr oder freiwilliges soziales Jahr."

„Zivilcourage hab ich schon mal gehört. Aber Zivilgesellschaft?"

„Zivil ist ein Nichtmilitärischer."

Diese Reihe ließe sich fortsetzen und offenbart grundsätzlich die Ferne der Begriffe bzw. deren Inhalte von den Probanden.[11] Wenn die Teilnehmer

---

11 Das Unverständnis in Bezug auf die Bürgergesellschaft illustriert auch die Erhebung des Instituts für Demoskopie Allensbach: „Nur 23 Prozent der Eltern aus der ‚Unterschicht' möchten ihre Kinder auch zu sozialem und gesellschaftlichem Engagement motivieren." Vgl. Köcher, Renate: Der Statusfatalismus in

nicht versuchten, die Begriffe assoziativ zu erschließen, machten sie den geringen Bezug zu den häufig technischen Begriffen schnell deutlich:

„Aber ansonsten genauso [ist es] ein komischer Begriff wie der andere. Zivilgesellschaft, Bürgergesellschaft. Nur Gesellschaft reicht, was soll das [sein], Zivilgesellschaft? Was gibt es da noch für eine Gesellschaft dazu?"

4.4.4 Bewertung von (eigenem) Engagement

Der Terminus Engagement war bei den meisten Teilnehmern stärker präsent und es konnte auf eine eigene Definition des Begriffs zurückgegriffen werden. Dabei wiesen die individuellen Definitionen der Teilnehmer große Übereinstimmungen auf:

„Sich einsetzen, sich selbst einsetzen, nicht zusehen, einfach nur mitmachen."

„Ja, für eine Sache da zu sein."

„Sich an etwas beteiligen, was Sinn [...] und Zweck hat."

„Ja, sich einsetzen für irgendeine ganz bestimmte Sache, die mir auch wichtig erscheint, sei es familiär oder beruflich. Egal wo, einfach für eine Sache mich stark machen und da mein Engagement zeigen. Meine Stärke oder was auch immer."

Bei der Definition von Engagement und besonders bei der Eigenwahrnehmung ließ sich eine Tendenz deutlich beobachten: die strikte Trennung von Engagement innerhalb und außerhalb der Familie. Hier scheint es eine differenzierte Wahrnehmung der unterschiedlichen Engagementsphären zu geben.

„Eigentlich kann man sagen, jeder in seiner eigenen Familie [...] handelt, er tut was für seine Kinder, er macht."

---

der Unterschicht, in: *FAZ.net*, 16.12.2009, online verfügbar unter: http://www.faz.net/s/Rub594835B672714A1DB1A121534F010EE1/Doc~E73D589DA6F0B4123B592EF733BA46137~ATpl~Ecommon~Scontent.html (zuletzt eingesehen am 04.12.2010).

„[Es ist] wirklich egal, was es ist. Ich arbeite auch hart, oder wenn zum Beispiel eine ganze Wohnung zu streichen ist, da bin ich auch dabei oder für eine Einladung auch mal zu Hause die Hälfte zu machen oder irgendwas. Aber engagiert [zu sein], so was wie hier zum Beispiel, also ganz ehrlich gesagt, wenn die 50 Euro nicht wären, wäre ich nicht hier."

„Also ich bin für meine Familie [da], sagen wir mal, meine Kinder in die Schule fahren und Hausaufgaben und alles, was die Schule betrifft. Und die Freizeit bin ich, kann man sagen, auf einer Skala[12] von 1 bis 10, sagen wir mal 8. Weil 10 glaube ich nicht, weil da müsste man ja perfekt sein. […] Ich sage auch schon mal: Jetzt habe ich keine Lust Dir vorzulesen, ich weiß nicht, ich denke mal 8. Und so für die Schule, was ich gerade gesagt habe. Irgendwo beizutreten, würde ich sagen 5."

„Also es geht immer um Familie und Gesellschaft. Also bei meiner Familie finde ich, dass ich sehr viel mache und so ungefähr auch 8. Halt so bei der Arbeit auch, aber sonst einfach so für die Menschen, bei einer Demo oder so gehen, habe ich so 3 oder 4."

Insgesamt ist die Selbstwahrnehmung des eigenen Engagements im familiären Sektor und im Nahbereich deutlich höher als außerhalb (wenngleich beachtet werden muss, dass das Engagement außerhalb der Familie von vielen Befragten selbst schlechter eingeschätzt wurde, als es sich in der Befragung tatsächlich herausstellte). Diese Tendenz ist bei den Migranten mit einer großen Familie besonders ausgeprägt; eine Erkenntnis mit Folgen für die Formulierung von Engagementförderung und Engagementpolitik. Denn eine Fixierung auf überindividuelles oder aus dem familiären Bereich herausgelöstes Engagement als Qualifikation zur Anerkennung des Engagements könnte dabei einer Entwertung der erbrachten Anstrengung gleichkommen. Es gilt daher, bei der Betrachtung von bürgergesellschaftlichen Engagementsphären (insbesondere bei Menschen mit Migrationshintergrund) die klassische Definition von Zivil- oder Bürgergesellschaft als ausschließlich öffentlichen und damit nichtfamiliären Bereich aufzulockern.

---

12 Erläuterung zur Fragestellung: Die Teilnehmer wurden gebeten, auf einer Skala von 1 bis 10 (positiv aufsteigend) ihr eigenes „Engagement" einzuschätzen.

Eine weitere Tendenz, die sich anhand der Antworten auf die Frage nach eigenem Engagement erkennen ließ, war erneut die Bindung an den Beruf bzw. das Abnehmen des eigenen Engagements in Folge von Arbeitslosigkeit und das zunehmende Gefühl des „Exkludiertseins".

„Da muss ich für mich sagen, momentan bin ich gar nicht engagiert, aber als ich noch im Berufsleben stand, war ich in dem Bereich, für den ich gearbeitet habe, sehr stark engagiert."

„Aber jetzt, seit ich aus dem Berufsleben raus bin, weiß [ich] nicht, da lebt man einfach so in den Tag hinein. Meine jüngste Tochter sagt auch schon immer: ‚Mensch Mama, irgendwo musst du dran teilnehmen, irgendwo musst du dich engagieren, du kannst nicht nur zu Hause rumhängen.' Aber momentan habe ich so einen Tiefpunkt, dass das alles weg ist."

„Ich kann für meine Gesellschaft nicht verantwortlich sein, [weil] ich an der Gesellschaft gar nicht teilnehme [und] ich es mir utopisch im Sinne meines Gedankens vorstelle. […] Und in dem Sinne ist ja alles schon da, aber ich muss nur greifen und dazu fehlen mir die Mittel. Das einzige Mittel, das ich dazu kenne, ist ja Arbeit und darüber war ich abwesend."

Hier zeigt sich ein weiterer auch an anderer Stelle herausgearbeiteter Punkt. Durch Arbeitslosigkeit kommt es zu einem „Ausschluss" aus der Gesellschaft, der mit einer sozialen Vereinsamung einhergehen kann. Auf die Frage, wann der Bekanntenkreis eines Teilnehmers deutlich kleiner geworden sei, antwortete dieser: „Naja, erstens mal dadurch, dass ich arbeitslos geworden bin."

Mitunter liegen die Eigenwahrnehmung und der definitorische Rahmen von Engagement weit auseinander. Das „tatsächliche" Engagement ist dabei überraschend stärker, als es nach einer ersten Abfrage erscheint. Denn anschließend an oben genannte Punkte wird einigen Befragten erst auf gezielte Nachfrage bewusst, dass es sich beim eigenen Handeln um (zivilgesellschaftliches) Engagement handelt, sie selber das aber nicht als ein solches bezeichnen würden.

„Ja, aber immerhin bist du Trainer in einem Verein."

„Ja, ein bisschen. Aber das ist eigentlich nicht der Rede wert. [...] Ja, ich bin da schon ein kleines bisschen stolz drauf, dass wir da jetzt schon so lange, das sind ja über 20 Jahre, das ist schon eine gewisse Zeit, ja gut. Manchmal bin ich froh, wenn wir uns zur Weihnachtsfeier am Ende des Jahres immer treffen und alle sind sie da zufrieden und glücklich, ja da bin ich schon froh. Aber das ist doch nicht viel, da gibt's noch ganz andere Leute, die noch ganz andere Sachen machen. Größere Projekte oder hier [zeigt auf B4] mit Kindern umgehen, das finde ich interessant."

„Ja, für mich selbst bin ich engagiert. Um mich fit zu halten, um gesund zu bleiben und da tu ich einiges was möglich ist, aber jetzt so meinen Mitmenschen gegenüber nicht unbedingt, bin ich nicht engagiert, das heißt außer was ich vorher gesagt hab, für irgendwelche älteren Frauen oder Männer mal irgendwo Besuche abstatten, lesen oder sonst dergleichen."

Es zeigt sich, zumindest an einzelnen Beispielen, dass Engagement nicht unbedingt als etwas Herausragendes empfunden wird oder nach längerer Zeit anscheinend einfach zum Leben dazugehört, aber eben deshalb keine eigene Sphäre darstellt, da es irgendwo zwischen privater und Freizeitsphäre verortet wird. Aus diesem Grund sollten insbesondere diese Formen des Engagements gewürdigt werden.

Trotzdem ist bei den Befragten die Anerkennung ihres Engagements ein wichtiger Punkt, der auch für die Beantwortung der Frage ausschlaggebend ist, ob sich Menschen über längere Zeiträume für etwas einsetzen.

Anerkennung meint hierbei nicht finanzielle Leistungen, sondern die Anerkennung der Leistung, die auch durch Lob oder Auszeichnungen oder simple Dankbarkeit herausgestellt werden kann:

„Die haben dann einfach Ansprüche auch gestellt, ich hab' das Ganze zwar unentgeltlich gemacht und will auch kein Geld dafür, aber ich möchte schon, dass man das dann auch sieht: Hallo, was heißt Dankbarkeit, [Anerkennung] so irgendwie eine Anerkennung oder zu sagen: Mensch das ist schön und ich freu mich schon auf morgen wieder, und nicht so ungefähr: Ja, und da muss ich sagen: Das hab' ich jetzt ein bisschen eingeschränkt, da suche ich mir jetzt auch die Leute aus, wo ich spüre das kommt von innen her und nicht nur einfach: Ich brauch' das, und Sie sind doch da, Sie können's doch machen. Wie es in vielen, ich sag mal, Institutionen gemacht wird oder Vereinen, so und das will ich nicht. Ich möchte das machen, wo ich auch ... innerlich etwas zurückbekomme, wo ich was spüre."

"Man merkt ja, dass man ein Dankeschön dann bekommt, doch. Ja, ja das fand ich sehr nett. Weil man das ja auch gerne macht."

4.4.5 Vorbilder für bürgerschaftliches Engagement

Ein vielversprechender Ansatz in Fokusgruppendiskussionen ist die Rückkopplung des Themas an prominente bzw. persönlichere Projektionsflächen. Konkret wurde nach Vorbildern für Engagement gefragt, um sich dem unter den Befragten vorherrschenden Bild von Engagement und Aktivität weiter anzunähern. Die Diskussion konkreter Tätigkeiten bestimmter Persönlichkeiten bot dabei die Möglichkeit, abstrakte Werte wie Einsatz, Engagement, Verantwortung anhand anschaulicher Einzelbeispiele zu besprechen.

Häufig wurden Vorbilder aus dem direkten Familienkreis (zumeist die Mutter) genannt. Besonders die Befragten, die während oder kurz nach dem Zweiten Weltkrieg geboren und deren Kindheit und Jugend durch Flucht und Vertreibung gekennzeichnet wurden, blicken mit großem Respekt auf ihre Eltern zurück.

"Meine Mutter [ist] mein Vorbild. [...] Aus dem einfachen Grunde, weil ich das als Kind zwar nicht gesehen habe, aber je älter ich wurde, einfach gesehen habe, was sie geleistet hat, einfach durch den Krieg, [...] Flucht mit drei Kindern, allein zu sein und eben wieder was aufzubauen."

Aber auch Personen, die Hilfe anboten, um sich aus Schieflagen zu befreien, werden als Vorbilder genannt.

"Ja, mein Vorbild ist meine frühere Bewährungshelferin, [die] auch gleichzeitig meine Betreuerin war. [...] Die hat mich nie aufgegeben, die hat mich immer in Therapie gesteckt, war jeden Tag fast da, nach Feierabend. [Sie] ist mein gutes Vorbild."

"Mein Vorbild ist meine Chefin, weil die für uns immer da ist, [sie] hilft uns immer aus in schwierigen Zeiten, guten Zeiten."

Eine andere Ebene, auf die bei der Frage nach Vorbildern zurückgegriffen wird, sind Personen aus der Öffentlichkeit, die sich meist in irgendeiner

Form wohltätig gezeigt haben. Darunter sind sowohl Politiker als auch Sänger, Schauspieler und Sportler.

Bei näherer Betrachtung zeigt sich aber eine ambivalente Einschätzung beim Engagement von Prominenten. Beispiele wurden etwa danach ausgewählt, wer denn wohl den größten Anteil seines Vermögens für einen wohltätigen Zweck gespendet habe.

„Schumacher! [...] Ich glaube der spendet auch viel für Kinder."

Ob sich diese Personen in ihrem „wirklichen" Leben als Vorbilder verhalten, erscheint zunächst zweitrangig. Auf die Nachfrage, warum sich die Prominenten engagieren, werden diese, ähnlich der Beurteilung von Politikern, eher ernüchtert eingestuft.

„[...] um Anerkennung zu haben."

„[...] um berühmt zu bleiben, in aller Munde sozusagen."

„Also ich denke, es ist leicht, Geld zu bezahlen, wenn man reich ist, aber es ist schon schwerer, wenn man sowieso schon so wenig Zeit hat, da irgendwie noch seine eigene Zeit zu investieren, das ist für mich glaubwürdig, dass man ein gutes Herz dann hat, wenn man selber Zeit investiert, seine eigene Zeit, obwohl man nicht so viel Zeit hat."

Oftmals wird die Motivation der Prominenten auch grundsätzlich in Frage gestellt. Positiver werden da schon Engagementformen bewertet, die auf einer persönlichen Erfahrung beruhen, und dadurch Glaubwürdigkeit vermitteln.

„Klaus Theo Gärtner. Matulla, der Privatdetektiv im Fernsehen. Der engagiert sich für Suchtkranke. [...] Götz George [...] engagiert sich für Trinker aus dem Grund, weil er nämlich nur säuft."

„Detlef D. Soost, dieser Tänzer, der hat sich auch was erarbeiten müssen, hat halt seinen Erfolg geschafft und gibt das halt weiter und zeigt, hier bin auch aus irgendeinem Brennpunkt oder was auch immer, wo wir hier nun mal in einem Brennpunkt sind, und ich hab' was erreicht und so."

Engagement ist dementsprechend dann glaubwürdig, wenn die Personen, die sich engagieren, eine gewisse eigene „Betroffenheit" präsentieren können bzw. durch ihren persönlichen Erfolg Hoffnung vermitteln können. Im Umkehrschluss wird beispielsweise die öffentliche Teilnahme an einer Wohltätigkeitsgala zwar nicht *per se* herabgewürdigt (Unterstützung in jeglicher Form wird gutgeheißen), jedoch auch hier der Motivation der Unterstützer mit Skepsis begegnet.

Allgemeine Vorbildfunktionen können auch weniger Prominente aus dem Entertainment- oder Politikbereich oder Menschen mit einem „steinigen" Lebensweg sein, die angeblich Glaubwürdigkeit vermitteln.

„Also, ich persönlich schwärme für Helmut Schmidt, unser Altbundeskanzler. Warum? Weil alles, was der gesagt hat und was der gemacht hat, Hand und Fuß hat."

„[Helmut Schmidt] hat einige Sachen, finde ich, gut gemacht. Jetzt wirst du mich bestimmt fragen, was er gut gemacht hat, das sag ich dir nicht."

„Willy Brandt. Wegen der Aussöhnung damals mit Frankreich, wo er den Kniefall gemacht hat vor dem Mahnmal des bekannten Soldaten vor der Kranzniederlegung. Das fand ich klasse."

4.5 Wahrnehmung von Politik und Gesellschaft

4.5.1 Passive Einstellung zu „Bürger" und „Gemeinschaft"

Die Befragungskomplexe zu den Begriffen des „Bürgers" und der „Bürgergesellschaft" ließen zudem grundlegendere Wahrnehmungsmuster erkennen. So dominiert insgesamt eine eher passive, fast konsumistische Haltung gegenüber den Konzepten von Gesellschaft und Gemeinschaft. Zu den Stichwörtern Bürger und Gemeinschaft äußert man sich häufig in wenigen, zumeist rein formalen Ansprüchen.

„Das muss auch ein Bürger sein, einfach freundlich sein [und] alle Regeln, die es in deiner Gesellschaft gibt, mitmachen. Das muss sein."

Bürgerrechte werden zunächst eher passiv verstanden.[13] Bestimmte individuelle Rechte (z.B. das häufig erwähnte Recht auf freie Meinungsäußerung) sind zum Teil bekannt. Und es wird viel Wert auf die eigenen Freiheitsräume gelegt, das eigene „Recht" als Bürger, darin nicht von staatlicher oder anderer Seite eingeschränkt zu werden (Rauchverbot als Beispiel).

Generell subsumiert sich unter dem Begriff des Bürgers vor allem eine Idee von staatsbürgerlichen, überwiegend negativ gewerteten und im Verhältnis zum Staat definierten Pflichten (beispielsweise nicht kriminell zu werden, Steuerabgaben zu leisten oder die Miete pünktlich zu bezahlen).

Das „aktive" Recht, sich gegen Probleme oder für eigene Belange einzusetzen, die politischen, kulturellen oder sozialen Entwicklungen der Gesellschaft mitbestimmen und gestalten zu können, wird nur selten genannt. Allein das Recht, wählen zu gehen, wird an dieser Stelle häufig erwähnt; in den meisten Fällen jedoch unter dem Aspekt einer „Pflicht" im Sinne eines „man sollte eigentlich wählen" gehen. Dies wiederum kann als Indiz für die Schlussfolgerung der passiven Rechtewahrnehmung gewertet werden. Eine Ursache hierfür dürfte offensichtlich das pessimistische Bild bezüglich der Rechte von Bürgern sein. Trotzdem sind abstrakte Vorstellungen von Bürgerrechten vorhanden.

„Freiheit, [...] Recht auf Leben, [...] Recht auf Arbeit."

Auch sozialstaatliche Leistungen wie die medizinische Betreuung gehen in die Diskussion ein. Allerdings wird bezweifelt, ob allen Menschen diese Rechte zu Gute kommen, sowohl abstrakt:

„Dass es dem Mensch nicht überall gleich gut geht. Klar, manche Menschen wünschen sich alle die gleichen Rechte, bekommen sie aber noch lange nicht, in anderen ärmeren Ländern."

... als auch konkret:

---

13 Dieser Befund deckt sich auch mit einer Studie zum Statusfatalismus der „Unterschicht": „Die Mehrheit der unteren 20 Prozent bekennt sich freimütig dazu, sich kaum mit gesellschaftlichen und politischen Entwicklungen zu beschäftigen, sondern ausschließlich mit dem eigenen Nahbereich." Köcher: Der Statusfatalismus.

„Ja, Menschenfreiheit [...] würd' ich jetzt so sagen. [...] Ja, dass wir, sagen wir mal, anziehen können, was wir wollen, das sind halt unsere Rechte, finde ich. Wenn eine im Kopftuch rumläuft, dass sie dann nicht angesprochen wird, warum und wieso und weshalb."

Überhaupt handelt es sich bei Befragten mit Migrationshintergrund bei der „Kopftuch-Frage" oft um die wichtigste politische Dimension der Bürger-Rechte:

„[...] wo ich immer arbeiten wollte, war mein Kopftuch das Problem."

Auf die Frage, wie dieser Situation begegnet werden sollte, stellt eine Teilnehmerin klar:

„Also, ich kann das ja nicht ändern. Ich habe sehr viel versucht, deshalb habe ich auch keine Ausbildungsstelle gekriegt. [...] Ich war bei zwei Ärzten und die haben mich sogar genommen, und als ich anfangen wollte, haben die gesagt: ‚Kopftuch absetzen!'. Und da hab ich dann gesagt: ‚Nein, das mache ich nicht.' Dadurch habe ich jetzt keine Ausbildung."

Wie sich schon im Verhältnis zu staatsbürgerlichen Pflichten zeigt, spielt Geld eine wichtige Rolle in der Definition des Bürgers. Dabei wird offensichtlich, dass für die Teilnehmer die materielle Versorgung und Absicherung der Menschen gleichzeitig auch Teilhabe bedeutet.[14]

---

14 In diesem Sinne ließe sich an die sozialen Staatsbürgerschaftsrechte nach Thomas H. Marshall anknüpfen. Erst durch diese Sorte an Staatsbürgerrechten seien die politischen bzw. bürgerschaftlichen Staatsbürgerrechte vervollständigt und gesichert worden. Schließlich würden die Menschen hierdurch zumindest teilweise von materiellen Zwangslagen entlastet. Vgl. Marshall, Thomas H.: Citizenship and Social Class, in: Shafir, Gershon (Hrsg.): *The Citizenship Debates. A Reader*, Minneapolis [u.a.] 1998, S. 93-112; auch der Entwicklungsökonom und Nobelpreisträger Amartya Sen konzipiert Geld als Schlüssel zur Eröffnung sozialer Räume und zur Befriedigung sozialer Bedürfnisse. Vgl. Sen, Amartya: *Poverty and Famines. An Essay on Entitlement and Deprivation*, Oxford 1981.

„Das Geld, würde ich sagen, gehört zur Gesellschaft."

„Geld, ohne Geld ist man gar nichts. Denn [dann] kann man nichts kaufen, kann man auch nicht verreisen."

Zudem existiert eine Vorstellung von allgemeinen (Bürger-)Pflichten, die vielfach an den alltäglichen Nahbereich gekoppelt sind. Dabei gibt es ein normatives Einfordern von Pflichten, die das Zusammenleben, gerade in Bezug auf das Viertel oder das nahe Wohnumfeld regeln sollen und die als unverhandelbar gelten. (Demnach wird die Bürgerpflicht etwa zur vielfach genannten Sauberkeit nach Ansicht der Befragten zu wenig eingehalten.)

„Sich auf jeden Fall an Regeln halten, an Maßnahmen, [...] wenn es, sagen wir mal, Grone angeht zum Beispiel auch aktiv zu sein, [...] mitzuhelfen, dass sich hier auch was verbessert."

„Jeder Bürger muss, sagen wir mal, auf die Sauberkeit in seinem Ort achten (und) Müll schön trennen. [...] Das machen viele nicht zum Beispiel. [...] Man kann ja hier nicht einfach leben und arbeiten und das war's. [...] Man muss sich, sagen wir mal, an die Ordnung auch halten."

„Man sollte als Bürger darauf Acht geben, dass auch seine Umgebung sauber bleibt."

„Wenn ich irgendwo wohne, möchte ich mich dem Umfeld anpassen."

Bei der Frage, ob die Bürger im Viertel ihre Pflichten erfüllen, dominiert Zweifel bei den meisten Befragten:

„Ja ja, das kann man von zwei Seiten sehen [lacht], mancher macht's und mancher nicht."

„Also manche ja, aber nicht alle. [...] Die meisten nicht."

„Gucken Sie sich doch mal um."

Die passive Sichtweise auf die Rolle des Bürgers äußert sich demnach darin, dass es seine primäre Anforderung ist, sich an „die Regeln" zu halten und einen möglichst störungsfreien Ablauf der Gesellschaft zu gewährleisten. Nahe liegt auch der in diesem Zusammenhang nicht selten genannte Komplex der Integration, der auch einen normativ-appellierenden Charakter beinhaltet. Ein „Ausländer" etwa müsse sich einem Probanden zufolge

„an Gesetze halten, sich integrieren und nicht pausenlos aus der Rolle fallen und machen was er will."

Gleichwohl wird auch angesprochen, dass die Mehrheitsgesellschaft ihren Teil zur Integration beitragen müsse.

4.5.2 Politik: weit weg, nur „da oben"

Die Beteiligung an der modernen Bürgergesellschaft beinhaltet nicht zuletzt auch die Teilnahme an Prozessen der gesellschaftlichen Gestaltung und damit die politische Beteiligung. In welchen Formen partizipieren die Befragten an politischen Prozessen? Lässt sich überhaupt politische Beteiligung oder Aktivität vorfinden? Und welche Wahrnehmung von Politik oder Beteiligungsmechanismen dominieren unter den Befragten?

Die Betrachtung dieser „politischen" Ebene von Bürgergesellschaft ist notwendig, da Integration in die Bürgergesellschaft mit der Integration in eine demokratische Gesellschaft einhergeht. Nicht nur handelt es sich bei Vereinen oder Organisationen – frei nach de Tocqueville – um „Schulen der Demokratie". Zudem bieten sowohl die „alte" als auch die „moderne" Bürgergesellschaft zahlreiche Möglichkeiten der politischen Teilnahme. Zu den konventionellen, formellen Beteiligungsmöglichkeiten gehört etwa die Mitarbeit in Parteien, Gewerkschaften oder in Organisationen. Die Beteiligung an Bürgerinitiativen, (Online-)Petitionen, aber auch das politische Boykottieren[15] bestimmter Waren oder Firmen sind Beispiele für die moderne und informelle Bürgergesellschaft.

---

15 Vgl. Strømsnes, Kristin: Political Consumerism. A Substitute for or Supplement to Conventional Political Participation?, in: *Journal of Civil Society*, 5 (2009) 3, S. 303-314; Micheletti, Michele: *Political Virtue and Shopping. Individuals, Consumerism and Collective Action*, London [u.a.] 2003; Stolle, Dietlind;

Ziel des folgenden Untersuchungsabschnitts war es daher, diesen Bereichen der politischen Bürgergesellschaft nachzugehen, vorhandene Aktivitäten festzustellen und schließlich das existierende Bild dieser Bereiche und ihrer Akteure in der Wahrnehmung der Befragten zu erfassen.

Das Bild von der politischen Bürgergesellschaft ist offenbar ein sehr negatives. Vielfach scheint die fast klischeehafte Wahrnehmung vorhandener politischer Strukturen Partizipation, Engagement oder Aktivität zu verhindern. Denn Politik oder die Vorstellung, selbst etwas zu verändern, sind für die meisten Befragten nicht nur weit entfernt, sondern liegen meist außerhalb der eigenen Reichweite; dies vor allem deswegen, weil sich ein Betreten dieser unzugänglich erscheinenden Ebenen selbst nicht zugetraut wird und diese als elitär wahrgenommen werden.

„Ich halte von den ganzen Parteien nichts. Weil, ich festgestellt habe, vor der Wahl sprechen sie einem das Blaue vom Himmel runter, und wenn sie dann gewählt sind, dann wollen sie davon nichts mehr wissen. Also kannst du alle in einen Sack [packen] und draufhauen, [dann] triffst du immer richtig. Taugen alle nichts."

„Um Gottes Willen, [Politik] möchte ich nicht, reg ich mich bloß auf. [...] Ja, weil man nur veralbert wird. Man wurde früher veralbert und jetzt wird man auch veralbert. [...] Da ist doch jedes Mal was anderes, da wird das abgezogen und das abgezogen, und dann werden die Preise immer höher. Die fragen nicht die Kleinen."

„Ich mein, quatschen tun sie eh alle viel, und die, die nicht quatschen und handeln, werden leider nie studieren, um Politikwesen mal zu machen."

Eine Frau nennt als Gründe, dass sie sich nicht beteiligt, ihren eigenen Charakter, der den Anforderungen dafür nicht entspreche. Politiker seien für sie eher „so im Vordergrund" tätig und laut. Sie selbst könne so etwas nicht, sei eher ein Typ für den Hintergrund:

„Und Leute, die so redegewandt und rhetorisch gewandt sind: [...] Hut ab. Ich schaffe es nicht immer, mich so dem Publikum zu stellen, ganz ehrlich."

Hooghe, Marc; Micheletti, Michele: Politics in the Supermarket. Political Consumerism as a Form of Political Participation, in: *International Political Science Review*, 26 (2005) 3, S. 245-269.

4.5.3 Ein enger Begriff des „Politischen"

Insgesamt weisen die Einstellungen und Äußerungen der Befragten auf einen engen Begriff von Politik hin, da ausschließlich die Beteiligungsformen auf höchster nationaler Ebene bekannt sind. Die (Bundes-)Politiker „da oben" haben zumindest durch Fernsehen und Printmedien ein Gesicht. Insofern muss sich hier der Eindruck verstärken, dass Politik von „oben" kommt und man damit nichts zu tun hat. Grundsätzlich möchte man mit der hohen Ebene unter dem Sammelbegriff der Politik an sich nichts zu tun haben.[16] Deshalb sieht man auch nur wenige Möglichkeiten und ist kaum motiviert, Politik als Ganzes zu beeinflussen und sich zu engagieren.[17]

Auch politisch Aktive auf kommunaler oder Landesebene scheinen überwiegend nicht im Bewusstsein der Befragten zu sein. Denn die vor Ort in politischen Organisationen wie Parteien oder Gewerkschaften Aktiven sind in der Regel nicht persönlich bekannt. Sie scheinen anderen Kontaktkreisen und fernen Lebenswelten anzugehören. Die Multiplikatoren, die für diese Formen von Beteiligung werben könnten, bewegen sich entweder außerhalb der in Frage kommenden Orte oder besitzen nicht die Strahlkraft, um auf diesen Personenkreis einzuwirken. Die Distanz zu sozialen Kontaktkreisen mit im weitesten Sinne politisch Tätigen erklärt zum Teil die negative Wahrnehmung der Befragten.

---

16 Vgl. auch die Ergebnisse einer in Kooperation von Prof. Franz Walter mit dem Heidelberger Sinus-Institut entstandenen Studie zum Prekariat in der Bundesrepublik. Walter, Franz: Fatale Furcht ergreift die ewigen Verlierer, in: *Spiegel online*, 02.04.2009, online verfügbar unter: http://www.spiegel.de/politik/ deutschland/0,1518,616392,00.html; sowie Ders.: Wieso die kleinen Leute verbittert sind, in: *Spiegel online*, 07.04.2009, verfügbar unter: http://www. spiegel.de/politik/deutschland/0,1518,617625,00.html (beide zuletzt eingesehen am 04.12.2010).

17 Dies deckt sich mit thematisch verwandten Untersuchungsbefunden: „Während besonders die Oberschicht, aber auch die Mehrheit der Mittelschicht die Bürger in der Verantwortung dafür sehen, wie sich das Land entwickelt, sind die unteren Sozialschichten mit großer Mehrheit überzeugt, dass die Bürger von dieser Verantwortung frei sind, da sie ohnehin nichts ausrichten könnten, 57 Prozent der Unterschicht vertreten diese Position." Vgl. Köcher: Statusfatalismus.

Wenn persönlich niemand bekannt ist, der politisch aktiv ist und ein Beispiel dafür darstellt, dass Politik auch vor Ort und durch eigene Beteiligung geschieht, so kann sich diese Sicht nur schwerlich verändern. Die kommunale Ebene der Politik wird außerhalb von Wahlkampfzeiten praktisch kaum mehr wahrgenommen. Der Organisationsgrad und damit die Sichtbarkeit der Ortsverbände sinken konstant und führen zu „politisch verwaisten" Quartieren, die nicht selten den von uns untersuchten Problembezirken entsprechen. Im Sichtbarwerden und der aktiven Stärkung der kommunalen politischen Strukturen wie Stadträten und Ortsvereinen der Parteien könnten wichtige Anknüpfungspunkte liegen, die Kontakthemmschwelle der „Unterschicht" mit der aktiven Politik zu senken.

Die enge Auslegung des Begriffs Politik durch die Befragten stellt somit einen möglichen Erklärungsansatz für die als gering wahrgenommenen eigenen Beteiligungsmöglichkeiten dar – trotz des bestehenden, intensiven Ausbaus der tatsächlichen Beteiligungsmöglichkeiten im Viertel. Die Befragung der Teilnehmer erfolgte mit dem Fokus auf „Politik" und Beteiligung im Kontext der „Bürger" und der „Bürgergesellschaft". Womöglich tragen jedoch einige vorhandene Beteiligungswege, etwa die „Runden Tische" oder Bürgerbefragungen, keineswegs den Charakter des „Politischen". Informelle Bürgertreffen zu Kaffeenachmittagen im Stadtteil- oder Nachbarschaftszentrum zum Beispiel ähneln womöglich kaum dem klischeehaften Bild, das einige Befragte von Politik offenbaren. Auch mögliche individuelle Kanäle eigener Partizipation (z.B. das Mitmachen bei einer Unterschriftenaktion, Demonstration oder an einer Umfrage) scheinen wiederum nach der Wahrnehmung der Befragten nicht unter Politik oder Gestaltungsmöglichkeiten zu fallen.

Die Beurteilung von Parteien und auch Gewerkschaften hängt häufig davon ab, inwieweit diese ein Gefühl vermitteln können, zur Verbesserung der eigenen Lebenslage beizutragen.

„Wenn ich jetzt zum Beispiel etwas verändern will – ich sag' jetzt mal bei Hartz IV oder sonst dergleichen, was mich vielleicht auch betrifft –, dann würde ich einfach versuchen, auch mal irgendwelche Politiker direkt anzuschreiben und […] würde in die Medien gehen und das einfach mal darstellen, um das Gefühl zu haben, ich könnte dadurch auch was verändern."

„Ich habe nur Nutzen aus der Gewerkschaft gezogen. [...] Die Gewerkschaft hat mir ganz mächtig viel geholfen."

„Also, ohne Geld geht's nicht, man muss schon auf die Straße gehen, um was zu erreichen, anders ist es nicht mehr möglich. Dafür gibt's jetzt die Verdi, die sich dafür einsetzt, dass andere Menschen mehr Geld bekommen, also finde ich stark, dass man so was als Arbeitsrat oder als Arbeitsbeirat hat."

Dass die persönliche Sphäre, vor allem das eigene alltägliche Leben im Viertel, von politischen Entscheidungen beeinflusst wird – also der passiven Beeinflussung durch Politik –, ist man sich dann sehr bewusst, wenn die eigenen alltäglichen Bereiche betroffen sind. Dies bezieht sich insbesondere auf die Gestaltung der öffentlichen Infrastruktur vor Ort (z.B. Spielplätze), was sich sehr deutlich an der häufig geäußerten Empörung und Kritik erkennen lässt.

„Also, die haben letztes Jahr den Spielplatz [gebaut]. Grone hat so viel Geld ausgegeben für diesen Spielplatz und da haben die diesen, später auch den größten Scheiß hingebaut."

Dabei gibt es häufig eine klare Vorstellung von dem „richtigen" Vorgehen. In Bezug auf die Spielplatzsanierung wird die mangelnde Planung bei der Vorgehensweise kritisiert:

„Die konzentrieren sich hier in Grone meistens auf einen Spielplatz, dann machen die den so perfekt, und dann außen rum ist dann vielleicht eine Rutsche, da eine Wippe und das war's; [...] statt, sagen wir mal, die Spielsachen zu verteilen."

Mitunter gibt es durchaus Vorstellungen von Einflussmöglichkeiten, auch politischer Natur, etwa durch Briefe an die Rathäuser/öffentlichen Verwaltungen oder – vereinzelt, wenn auch vage – über eine Partei.

„[Ich] hatte mich dann mit dem Mann unterhalten, dann meinte er so, ich sollte 'nen schriftlichen Antrag stellen. [...] Naja gut, Antrag gestellt und es wurde echt was gemacht. Sie haben den Belag mal wieder repariert."

Oder es werden individuelle Lösungswege genannt:

„Ich könnte mir das ganz einfach machen. Ich würde das Internet einschalten und würde das da schon rausfinden."

Es finden sich deshalb auch etliche Hinweise auf die Fähigkeit der Befragten, Anlaufstellen zu identifizieren und sich für die eigenen Belange einzusetzen, gerade in Bezug auf Wohnbelange. Der Eindruck einer gänzlich passiven, die Lebenssituation lediglich resignativ ertragenden Bevölkerungsschicht wird vielfach gebrochen.

Insofern ist die Beteiligung gerade bei infrastrukturellen Ausbesserungen und Veränderungen im Quartier wichtig, weil Eingriffe in diese Orte des alltäglichen Lebens – selbst wenn sie „gut gemeint" sind und in der Tat Verbesserungen darstellen – häufig ausschließlich als „Eingriffe" wahrgenommen werden.[18] Diese Beteiligung muss jedoch häufig von außen angeregt werden.

4.5.4 Wohnungsbaugesellschaften als zentrale Ansprechpartner

In allen von uns untersuchten Stadtteilen wendet man sich bei Problemen vor Ort häufig an die Wohnungsgenossenschaften, die offenbar als „neutrale" Ansprechpartner für Probleme wahrgenommen werden.

Trotz überwiegender relativer Zufriedenheit mit dem Viertel an sich werden häufig Probleme bei der baulichen Infrastruktur genannt und Verbesserungen gewünscht. Hier sind natürlicherweise die Wohnungsbaugenossenschaften oder Wohnungsverwalter die ersten direkten Ansprechpartner. Doch vielfach wird ihnen auch eine höhere Bedeutung beigemessen, als ausschließlich für Wohnbelange zuständig zu sein.

---

18 Gleichwohl muss an dieser Stelle betont werden, dass das Programm „Soziale Stadt" eine hohe Bürgerbeteiligung vorsieht. Die Beteiligung der Bürger stellt zudem auch ein zentrales Gütekriterium des Quartiersmanagements dar. Auch in den von uns untersuchten Stadtteilen wurden die Planungsanstrengungen der Städte häufig von ausgedehnten Beteiligungsangeboten begleitet. An dieser Stelle müsste deswegen reflektiert und untersucht werden, warum mitunter der Eindruck der mangelhaften Einbindung entsteht, um diesem in Zukunft Abhilfe zu schaffen.

Bisweilen dominierte in den Gesprächen ein interessanter Gegensatz aus theoretischen Möglichkeiten und praktischen Handlungen zur Veränderung der Lage. So existiert mitunter sehr wohl eine Vorstellung davon, an wen man sich konkret bei Problemen vor Ort wenden kann. Und in Bezug auf das Problemfeld Wohnen wird auch zur Tat geschritten und Initiative ergriffen. Die Bereitschaft sich zu beschweren bzw. zu engagieren scheint in Bezug auf die Wohnsituation deutlich höher zu sein als in anderen Angelegenheiten. Besonders in Grünau gab es eine Vielzahl von Aussagen zu dortigen Miet- und Nebenkostenerhöhungen, welche dazu führten, dass Teilnehmer sich beschwerten.

„Ja, ich habe mehrere im Haus gefragt, was jeder bezahlt, [...] es geht um's Prinzip. [...] Bin zwar bis zum Vorsitzenden gekommen von der Genossenschaft. Der hat mich geworben als Mietervertreter, aber konnte auch nicht sagen, dass es runter geht mit der Miete, sondern die haben gesagt, es gibt sehr viel Leerstand auch in Grünau und bauliche Maßnahmen und durch den Leerstand belastet, [...] sie müssen die Miete dadurch geringfügig erhöhen."

„Bei der letzten Mieterhöhung habe ich echt in ganz vielen Wohnungen geklingelt und mir das zeigen lassen und aufgeschrieben und ausgerechnet, wie viel jeder Grundmiete zahlt und bin damit zur Genossenschaft. Habe auch eine Kleinigkeit erreicht damit, weil ich das nicht eingesehen habe, dass das so unterschiedlich war. [...] Ich habe mir das ganz genau in Tabellenform ausgerechnet und gesagt: „Ich geh' zum Anwalt!"

Gut funktionierende informelle Strukturen, so wird es wahrgenommen, erwachsen auch und vor allem aus einem Primärengagement seitens der Wohnungsverwaltung.

„Das war vor Jahren mal ganz down, kaputt, da war nichts mehr und das hat die GWH dann alles wieder zum Leben erweckt. [...] Der Brückenhof sah vor 10 Jahren nicht mehr so gut aus, das ist in den letzten Jahren alles wieder schön aufpoliert worden."

Zudem werden die Wohnungsgenossenschaften stark für die Situation in den Vierteln verantwortlich gemacht, zum Beispiel, weil sie die Bildung von kulturellen oder nationalen „Grüppchen" oder Monosiedlungen gezielt fördern würden. Bei dem häufig geäußerten Wunsch nach mehr „Multikulti" sieht man so auch stark die Wohngesellschaften in der Verantwortung. Aus diesen Gründen sind sie es häufig – und nicht etwa kommunale Politiker oder städtische Akteure –, die als zentrale Ansprechpartner für Probleme im Viertel, gar für Probleme im „Allgemeinen" wahrgenommen werden.

5. „Klassische" und „moderne" Bürgergesellschaft

Ziel vorliegender Untersuchung ist es, die Einstellungen sozial Benachteiligter gegenüber der modernen Bürgergesellschaft sowie mögliche Aktivitäten dieses neuen informellen Typus festzustellen. Doch um diesen Fragen nachzugehen, ist sowohl die Suche nach „neuen" als auch nach „alten" Formen der Bürgergesellschaft notwendig. In den Fokusgruppen wie auch in den individuellen Gesprächen wurden die Teilnehmer daher als Erstzugang sehr allgemein nach ihrer typischen Freizeitgestaltung gefragt. Welches Engagement und welche Arten der Freizeitgestaltung sind überhaupt vorhanden? In einem zweiten Schritt wurde versucht, eine grobe Unterscheidung zwischen klassischen Formen der Bürgergesellschaft und deren modernen Ausprägungen vorzunehmen. Ganz grundlegend sollten zudem die Zugangswege zu Engagement und Aktivitäten erhoben und möglicherweise bestehende Barrieren in die Bürgergesellschaft offengelegt werden. Das folgende Kapitel ist zunächst diesen Zugängen und Barrieren gewidmet.

Die moderne Bürgergesellschaft ist von bestimmten Charakteristika gekennzeichnet. In der Bundesrepublik scheinen informelle und spontane, flexible und bindungsarme, mitunter projektartige und auf individuelle Bedürfnisse zugeschnittene Engagement- und Aktivitätsformen besonders beliebt. Lassen sich diese Präferenzen auch bei der hier untersuchten Gruppe antreffen? Stehen auch hier die „modernen" Formen hoch im Kurs? Oder werden eher mitgliedschaftlich organisierte, gebundene und regelmäßige Formen bevorzugt? Der sich anschließende Abschnitt soll demnach die Einstellungen der sozial Benachteiligten gegenüber den unterschiedlichen Formen von Bürgergesellschaft näher beleuchten.

Eine der wesentlichen Prämissen dieser Untersuchung ist, dass insbesondere die modernen Bürgergesellschaftsformen aufgrund ihrer Heterogenität, Modernität und Kleinteiligkeit schwierig zu untersuchen und als solche zu identifizieren sind – und daher dem wissenschaftlichen Blick bisher entgangen sind. Möglicherweise lassen sich also überraschende, vielleicht unkonventionelle und moderne Formen der Aktivität oder des Engagements vorfinden.

5.1 BÜRGERGESELLSCHAFT: ZUGÄNGE UND BARRIEREN

5.1.1 Zugänge zu Engagement und Aktivität

5.1.1.1 Persönliche Beziehungen

Sofern Aktivitäten mitgliedschaftlicher oder vereinsähnlicher Art bestehen, werden diese fast durchweg durch persönliche Kontakte initiiert. Hier erweisen sich das „Gefragtwerden" und die persönliche Bekanntschaft mit bereits Aktiven als entscheidend für den Weg in die Aktivität.

Frau W. berichtet darüber, wie ihr ehemaliges Engagement für Kinder in einem Krankenhaus zu Stande kam:

„Meine Freundin […] hat den Direktor gekannt, […] und da habe ich gesagt: Okay, ich mach mit."

Herr A. erzählt, warum er damals in den Sportverein ging:

„Meine ganzen Freunde waren da."

Gerade bei älteren Teilnehmerinnen bedeuten Freunde den Zugang zu Aktivität. Die Menschen beginnen eher eine neue Aktivität, wenn sie dies mit anderen zusammen machen können. Hier scheint also die Eingebundenheit in soziale Netzwerke auch eine Brücke zu Aktivität zu sein:

„Ich gehe schwimmen, fahre Fahrrad und will mich dieses Jahr dazu bemühen, dass ich meine Bekannten endlich mal dazu kriege, [das] hier mit den Stöcken ... [I1: „Nordic Walking"] ... richtig! ... zu machen. Und wenn nicht, dann versuche ich es allein bei uns im Park. Aber dafür muss es ein bisschen heller werden; wenn ich allein losgehe, habe ich doch ein bisschen Angst."

Auf eigene Faust eine neue Tätigkeit aufzunehmen oder als „Neue[r]" irgendwo zu erscheinen, kommt oft nicht in Frage oder bedeutet zumeist das Überschreiten einer großen Hemmschwelle. Das hat zum einen mit Ängsten vor fremden Gruppen zu tun, zum anderen existiert zumeist ein Mangel auf der Motivationsebene. Somit hält das Fehlen aktivierender Bekanntschaften – vor allem im Freundes- und Familienkreis – mittelbar auch von eigenem Engagement ab: Frau W. fehlt jemand, der sie begleitet und motivieren würde, etwas zu tun.

„Und ins Theater möchte ich gerne wieder gehen. Aber allein traue ich mich irgendwie nicht [...], fühle mich so komisch."

Auch weisen die genannten Gründe für den Abbruch von Aktivitäten darauf hin, dass die persönliche Ebene eine wichtige Rolle spielt:

„Das Frauenzentrum hier in Wilhelmshöhe, da hatte ich mal teilgenommen. [...] Aber meine Bekanntschaft und ich, wir haben uns gestritten."

5.1.1.2 Kinder und Schule

Häufig eröffnet die Schule den Zugang zur Aktivität. Dies gilt sowohl für die Schüler als auch deren Eltern, die sich mitunter im Schulkontext einbringen, etwa im Schulvorstand. Bei Jugendlichen und Kindern scheint hier wieder der Faktor „persönliche Beziehungen" entscheidend, da häufig Schulfreunde und -bekanntschaften den Weg ebnen.

In den meisten Fällen sind die Kinder stärker ins öffentliche Leben im Viertel eingebunden als die Eltern. Im Gegensatz zu ihren Eltern sind die Kinder oft Mitglieder in lokalen Sportvereinen. Exemplarisch zum Thema Mitgliedschaften:

„Meine Kinder sind im Verein, Fußballverein in Grone [...]. Und sonst ... [schüttelt den Kopf und zuckt mit den Schultern]."
„Also, ich finde, so ein Sportverein ist [...] gut für die Jugendlichen oder Kinder, dass sie nicht auf der Straße sitzen."

„Meine Tochter geht [...] jedes Wochenende [...] Arabisch lernen. Das ist mir wichtig, dass sie ihre eigene, also unsere Schrift lernt."

Für die Gesprächsteilnehmerin ist in diesem Fall auch die Entrichtung eines Beitrags hinnehmbar.

„[Dafür] müssen wir auch einen Beitrag zahlen. Aber sie lernt halt ihre Sprache."

Auch für die Eltern sind wiederum die Kinder sehr häufig der Beweggrund für ihr Engagement. Dies funktioniert insofern indirekt, als versucht wird, die Situation für die eigenen Kinder oder für Kinder im Allgemeinen zu verbessern. Ein Beispiel hierfür ist der Einsatz gegen eine Drogenausgabestelle vor Ort.

Herr K. beschreibt, dass seine Kinder an vielfältigen Vereinsaktivitäten teilnehmen und seine Frau und er dadurch gleichsam aktiv geworden sind:

„Dann müssen wir mit ihr hinfahren und solche Sachen [machen]. Und das ist dann im Prinzip unsere Freizeit."

Auf diese Weise motivieren die Kinder die Eltern selbst zu Engagement, indem diese Aktivitätsmöglichkeiten zugunsten der Kinder schaffen wollen.

5.1.1.3 Religion und Engagement

Insbesondere die von uns befragten Menschen mit Migrationshintergrund waren oftmals stark innerhalb einer Religionsgemeinschaft vernetzt und auch engagiert. Religiosität ist für diese Gruppe ein äußerst wichtiger Bereich. Die Verbundenheit mit einer Gemeinde bietet vielfach den „natürlichen" Hintergrund – räumlich wie moralisch – für Engagement und Aktivität.

Die Gemeinden sind auch oftmals der zentrale Ort, an dem familiäre, mithin „nahe" Bande noch übergreifend funktionieren. Die Kirche oder Moschee ist eine regelmäßige Stätte der Begegnung, deren Fehlen als äußerst problematisch eingeschätzt wird. Insbesondere in Göttingen und Kassel verwendeten nicht wenige Befragte viel Energie auf das Engagement in der Gemeinde.

Herr G. hat beispielsweise vor Ort eine seinem Glaubensbekenntnis entsprechende religiöse Gemeinschaft organisiert. Deren Aktivitäten werden viertelübergreifend wahrgenommen und sind mithin eine äußerst stabile und womöglich ertragreiche Keimzelle zivilgesellschaftlichen Engagements. Umgekehrt wurde etwa in Göttingen die Schließung einer Moschee als äußerst problematischer Eingriff in die Alltagswelt der betroffenen Mitglieder der Gemeinde wahrgenommen. Im Zuge der Schließung gab es auch aus der Gemeinde heraus organisierte Proteste wie Unterschriftensammlungen und eine Demonstration.

Äußerst problematisch ist die Schließung der Moschee auch für die Zivilgesellschaft vor Ort gewesen, da Moscheen ein zentraler Ort sind. Hausaufgabenhilfe, Sprachunterricht, Koranschule, kommunikatives Zentrum – all das sind Funktionen, die etwa eine Moschee, im Gegensatz zum Nachbarschaftszentrum, für eine breitere Basis bietet.

„Wir hatten mal eine Gemeinde, [aber die] konnten wir uns nicht leisten, [...] das war eine sehr gute Gemeinde für Essen, Getränke, gute Gespräche, [...] eine Schule für Kinder, für alles war gesorgt. [...] Aber das Geld ist [aus-]gegangen und dann haben die zugeschlossen."

Zudem handelt es sich bei solchen Orten um Initiativen aus der Zivilgesellschaft heraus. Das Nachbarschaftszentrum als säkularer Ort kann diese fehlenden Funktionen nicht auffangen. Moscheen, Kirchen und Gemeindehäuser sind somit auch Orte, die den Zusammenhalt in verschiedenen Gemeinschaften befördern können.

Indes wird diese Form des Engagements kaum von außen wahrgenommen und schon gar nicht unterstützt. Was für die beiden großen christlichen Konfessionen nahezu selbstverständlich angenommen wird, nämlich zentrale Orte der Zivilgesellschaft zu sein, wird etwa für islamische (und im konkreten Fall auch für christlich-orthodoxe) Bekenntnisse kaum zur Kenntnis genommen.

Zudem subsumieren nahezu alle Befragten ihr religiöses Leben und die daran angebundenen Aktivitäten nicht unter dem *Engagement*begriff. Die Befragten begreifen ihr religiöses Bekenntnis und damit einhergehende Aktivitäten nicht als zivilgesellschaftliches Engagement, sondern als integralen Bestandteil ihres Lebens.

Religiosität motiviert zudem auch nachhaltig dazu, sich selbst aktiv in das Leben der Gemeinschaft einzubringen. *Selbst* einen Kuchenbasar zu organisieren oder einem anderen Gemeindemitglied zu helfen, stellen insbesondere von Frauen wahrgenommene Engagementformen dar.

„Wenn ein Fest bei uns war, [...] da haben wir alle [...] gespendet oder wir haben selbst Kuchen gemacht. [...] Das ist so etwas, wo wir immer dabei sind [...] bei unserer Moschee. Das ist immer so."

5.1.1.4 Engagement zur Vermeidung oder Beseitigung von Negativem

Beispiele für Engagement, die in unseren Befragungen erwähnt wurden, haben häufig damit zu tun, dass man sich gegen etwas wendet, das stört oder das in die eigene Sphäre hineinreicht. Gerade „gegen etwas" oder „gegen jemanden" zu sein, scheint als Motivation für eine Initiative zu wirken.[1]

Im Kontext von Bürger und Bürgerpflichten/Bürgerrechte nach Beispielen für Engagement gefragt, erwähnt eine Befragte das Ausschimpfen von jemandem, der Müll in ihrer Tonne ablud. Eine andere Befragte schildert die Teilnahme an einer Unterschriftensammlung gegen die „Etablissements", also gegen das Rotlichtmilieu vor Ort. Ein weiteres Beispiel ist die Unterschriftenaktion in der Nachbarschaft gegen die Einrichtung einer Arztpraxis mit Methadonausgabestelle mit dem Ziel, dass Drogenabhängige nicht länger vor dem eigenen Haus verweilen.

5.1.2 Barrieren für Engagement und Aktivität

5.1.2.1 Dominanz der Arbeitswelt – und häufige Arbeitslosigkeit

Soziale Beziehungen und persönliche Kontakte ergeben sich häufig durch den Arbeitsalltag. Arbeit kann demnach als ein zentraler Zugangsweg in die Bürgergesellschaft betrachtet werden. Wie viel gravierender die Folgen eines Arbeitsplatzverlustes und von langfristiger Arbeitslosigkeit für die In-

---

1 Ob es sich bei diesem Punkt um ein spezifisches Motivationsmerkmal sozial Benachteiligter handelt, lässt sich anhand vorliegender Erhebung nicht feststellen, muss jedoch aufgrund der Existenz zahlreicher ähnlich negativ motivierter Bürgerinitiativen oder Selbsthilfegruppen in allen Gesellschaftsschichten der Bürgergesellschaft stark bezweifelt werden.

tegration in die Bürgergesellschaft sind, verdeutlicht die vorliegende Erhebung. Aus diesem Grund muss der Faktor Arbeitslosigkeit hier als ganz entscheidende Barriere für Engagement und Aktivität bewertet werden. Arbeit hat einen alles überschattenden Stellenwert. Die absolute Dominanz der Arbeitswelt ist auch und gerade bei Arbeitslosen virulent. Dies zeichnet sich zum Beispiel dadurch ab, dass nahezu jede(r) Befragte, der oder die zum Zeitpunkt der Befragung auf Arbeitsuche war, bei der Frage nach dem „perfekten Tag" zunächst einmal „Arbeit" erwähnte.

Die Suche nach materieller Sicherheit ist bei vielen Befragten deutlich zu spüren. Solange diese materielle Sicherheit von den Menschen nicht erreicht wird, müssen auch soziale und kulturelle Bedürfnisse eingeschränkt werden.

Deutlich wird zudem, dass der Verlust des Arbeitsplatzes vielfach mit dem „Herausfallen" aus der Gemeinschaft gleichgesetzt wird. Die Integration in die *Arbeits*gesellschaft ist also gleichbedeutend mit der Integration in die *Gesamt*gesellschaft, umgekehrt bedeutet die Exklusion aus dem Arbeitsmarkt eben auch einen Rückzug ins Private.

„Wenn man einen Job hätte, dann hätte man mehr Freizeit, Ausgeglichenheit."

„In einen Sportverein [gehe ich] nicht wegen der Zeit. Erstens wegen der Familie, und zweitens versuche ich mich in Arbeit zu integrieren, wo es nur geht. [Denn] man will seinen Kindern ja auch was bieten."

„Das wäre vielleicht auch ein perfekter Tag: Dass man weiß, wofür man morgens aufgestanden ist."

„Schön wäre [es], wenn ich Arbeit hätte. Das wäre für mich ein perfekter Tag. [...] Irgendetwas zu tun zu haben. [Es] ist halt schwierig, 'nen ganzen Tag zu Hause zu sitzen."

Nach langer Zeit ohne Arbeit sinkt die Motivation für neue Aktivitäten. Die Menschen finden sich mit der Lebenssituation und der damit einhergehenden Inaktivität ab.

„Ich habe eigentlich [...] keinen Antrieb mehr."

„Durch diese Arbeitslosigkeit [...]: Ich sage nicht, dass man faul wird, aber man hat irgendwie keine Lust mehr auf irgendwas. [...] Man hat keine Lust, mal irgendwie richtig raus zu gehen. [...] Jeden Tag halt das Gleiche."

Zum anderen zeigt die Untersuchung, dass die *Zivil*gesellschaft keinen eigenständigen Bereich neben der *Arbeits*gesellschaft darstellt.[2] Die Untersuchung bestätigt damit frühere Befunde Erlinghagens et al., dass „ehrenamtliche Tätigkeit keinen Ersatz für gute Ausbildung und qualifizierte Erwerbstätigkeit bietet, sondern im Gegenteil diese nach wie vor notwendige Voraussetzungen für ein ehrenamtliches Engagement sind."[3] Deutlich wird dies beispielsweise daran, dass die genannten Aktionsmöglichkeiten im Alltag der Befragten häufig nur zwischen zwei Extremen changieren: dem „Arbeiten" oder dem „Zu-Hause-Bleiben". Dementsprechend ist die Trennung in eine eher familiäre oder private Freizeitsphäre und eine Arbeitssphäre, in der vor allem kollegiale Beziehungen eine Rolle spielen, in den Debatten äußerst präsent.

Zivil- oder bürgergesellschaftliche Aktivität bzw. Engagement scheinen den Mangel an alltäglicher Sinnstiftung nicht aufwiegen zu können. Zwar gibt es Beispiele, in denen sich Arbeitssuchende auch um eine ehrenamtliche Arbeit bemühen, dies ist aber vor allem mit dem Ziel der Rückkehr in die (Arbeits-)Gesellschaft verbunden.

„Arbeit gehört ja dazu. Für mich ist das schon perfekt, weil ich eigentlich ein Arbeitsmensch [bin]. Aber, wenn ich jetzt nicht sofort etwas finden sollte, [...] dann würde ich auch erst mal in Richtung ehrenamtlich was machen. Und dann mal sehen, wie es weiter geht."

---

2 Die Enquete Kommission des Deutschen Bundestages kommt zu einem ähnlichen Ergebnis: „Bürgerschaftliches Engagement kann den Verlust des Arbeitsplatzes nicht ersetzen, aber es kann zur sozialen Integration Arbeitsloser beitragen." Deutscher Bundestag: *Bericht der Enquete-Kommission „Zukunft des Bürgerschaftlichen Engagements"*, S. 492.

3 Erlinghagen, Marcel et al.: Ehrenamt statt Arbeitsamt? Sozioökonomische Determinanten ehrenamtlichen Engagements in Deutschland, in: *WSI Mitteilungen*, 52 (1999) 4, S. 246-255, hier S. 255.

Auch die Beispiele der von uns Befragten, die derzeit ohne Arbeit sind und sich engagieren/aktiv sind, weisen nicht darauf hin, dass die Bürgergesellschaft als eigenständige Sphäre wahrgenommen wird. Die Bürgergesellschaft dient eher als Mittel zum Zweck, wird nicht als Ersatz für wegfallende Arbeit und die sozialen Arbeitskontakte verstanden. Denn, wie gesagt, geschehen Engagement und die Aktivität als Maßnahme häufig in Hinblick auf eine zukünftige eigene Reintegration in den Arbeitsmarkt.

Als Nicht-Arbeitender scheint man sich zudem nicht als gleichberechtigter Teil der Gesellschaft zu fühlen, ist gleichsam außen vor. Und ebenso außen vor bleibt der Gedanke, selbst etwas beizutragen, sich einbringen zu können. Bürgergesellschaftliche Beteiligung hängt damit in erster Linie mit der Integration in die Arbeitsgesellschaft zusammen. Arbeitsplatzsicherheit ist aufgrund der Dominanz der Arbeitswelt in der Wahrnehmungs- und Motivationsebene der Befragten eine der Grundvoraussetzungen für Teilhabe an der Bürgergesellschaft.

5.1.2.2 Finanzielle Eingeschränktheit als praktische und mentale Barriere?

Das am häufigsten genannte Hindernis für eigene Aktivitäten ist stets die finanzielle Lage:

„Das ist ja das Problem beim Hartz IV, dass das sehr knapp bemessen ist und eigentlich so Vereinsbeiträge auch gar nicht großartig vorgesehen [sind] im Budget."

„Kann ich mir leider nicht leisten. Meine Rente ist sehr klein."

„Als Hartz IV-Empfängerin dreht man jeden Euro drei Mal um, bevor man ihn ausgibt."

„Das ist eben alles finanziell nicht mehr möglich, [...] Freizeitgestaltung, [...] das kostet ja alles." .

Jedoch erscheint der Verweis auf die eigene finanzielle Lage häufig als vorgeschobener Grund, wie nicht zuletzt die wenigen finanzschwachen, aber dennoch aktiven Bewohner des Viertels zeigen. Dabei muss jedoch auch beachtet werden, dass viele Inaktive sich der materiellen Förderungsmöglichkeiten oder der vollständigen Befreiung von Zahlungsverpflichtungen nicht bewusst sind. Viele Teilnehmer zeigten sich – auf diese Möglichkeiten angesprochen – aufrichtig überrascht.

Vornehmlich gilt es dabei, den peinlichen Moment der Offenlegung der eigenen Zahlungsunfähigkeit zu vermeiden. Sei es auf Seiten der Eltern, die ihren Kindern die Fahrten zu Vereinswettkämpfen am Wochenende nicht finanzieren können, oder auf Seiten der Kinder selbst, die sich oder ihren Eltern diese Scham ersparen möchten.

Ein Befragter erwähnt zögerlich, dass die Vereinstätigkeit seiner Kinder, die Wettkämpfe und Fahrten sehr teuer und daher für die Familie finanziell belastend seien.

„Wir sind viel raus gefahren [...], mit vielen Menschen zusammenkommen, auch mit anderen Vereinen. [...] Das war schon in Ordnung. Aber das war mit Geld verbunden. [...] Also, jede Cola, das musst du ja alles selber bezahlen."

Mitgliedschaft bedeutet für viele Befragte eine finanzielle Belastung.

„Bis zum Ende der DDR habe ich aktiv Volleyball gespielt, war ich im Verein. Aber das hat sich mit der Zeit [aufgelöst] und jetzt ist es auch teurer. Ich bin ja auch Hartz IV. [...] Das ist auch immer eine Geldfrage; wenn du einmal [im Verein] drin bist, musst du monatlich bezahlen."

Nur selten werden alternative Wege gefunden, sich preisgünstig oder kostenfrei zu engagieren. Eine Frau erwähnte etwa, dass sie anstelle der kostenpflichtigen Unterstützung einer Organisation deren kostenlose Tierschutzzeitung abonniert habe.

Scheinbar erfordern diese alternativen Wege eine gewisse kognitive Kreativität.[4] Mehrheitlich stoppt die mangelnde Finanzkraft bereits jeden

---

4   Eine Ausnahme bildet hier Frau K: „Wenn ich ein Konzert hören will, dann muss ich nicht die Berliner Symphoniker hören oder nach New York in die Metropolitan Opera fahren, sondern das kann durchaus reichen, zu einer kostenlosen Veranstaltung ins Klinikum zu fahren. [...] Die haben da häufig sonntagnachmittags, spät nachmittags oder am Abend eine Stunde Kulturprogramm. Da gibt es teilweise tolle Sachen. Oder ich hab auf *low-budget*-Ebene geguckt. Ich hab auch schon mal überlegt, ob ich so einen *low-budget-guide* für Göttingen schreibe, aber das ist mir zu aufwendig mittlerweile [lacht]". Frau K. gehört

ersten Gedanken an ein eigenes Engagement. Die Überzeugung trat dominant zum Vorschein, nach der Mitgliedschaften oder Engagement generell mit Kosten verbunden seien. Bestehende Angebote werden so als nicht finanzierbar erkannt und nicht wahrgenommen.

Ein wichtiges Gegenbeispiel sind die von uns als „Aufstiegsorientierte"[5] Typologisierten und ihre Familien. Hier werden nichtsdestotrotz zahlreiche finanzielle Entbehrungen auf sich genommen, um dem Nachwuchs möglichst viele Vereinstätigkeiten zu ermöglichen. Der förderlichen Wirkung von bürgerschaftlicher Aktivität für den eigenen Nachwuchs ist man sich hier sehr bewusst.

In Ausnahmefällen übernehmen Vereine oder soziale Träger die aufkommenden Kosten (etwa die Fahrtkosten in die Begegnungsstätte). Damit handelt es sich nicht selten um eine Maßnahme, die zugunsten der Aktivität gegenüber dem Zuhausebleiben den Ausschlag gibt:

„Da sind wir am Basteln, machen Ketten, [...] Weihnachtsbasar, [...] wenn Weihnachten ist. Das machen wir alles selbst. [...] Drei Mal die Woche bin ich da, [...] kriege die Fahrkarten [vom Verein] gestellt. Ob ich nun da bin oder daheim sitze. Das macht keinen Unterschied."

5.1.2.3 „Keine Zeit" und Stress

Auf den ersten Blick mag es paradox erscheinen, dass oftmals ein Zeitproblem als Grund für mangelndes Engagement oder Aktivität genannt wurde. Paradox deswegen, weil die von uns untersuchte Gruppe von einem hohen Grad an Arbeitslosigkeit sowie Teilzeitbeschäftigungen gekennzeichnet ist. Tagesfreizeit müsste also ausreichend vorhanden sein. Und doch ist das Zeitproblem – wie bereits gezeigt – das mit am häufigsten genannte Argument gegen bürgergesellschaftliche Aktivitäten.

---

vermutlich der Gruppe der „Viertelgestalter" an (vgl. Typ F in der Typologie dieser Studie, Kap. 8), die zum Teil einen etwas höheren Bildungsgrad vorweisen und damit nicht in allen Fällen den vorliegenden Auswahlkriterien für Teilnehmer der „Unterschicht" entsprechen (vgl. hierzu Abschnitt 1.5). Dennoch bleiben sie durch ihre Präsenz und Aktivität im Quartier für die vorliegende Untersuchung von Relevanz.

5 Vgl. die Typologie der Viertelbewohner in Kap. 8.

Insbesondere bei Befragten mit Migrationshintergrund scheint das weit gefasste familiäre Netzwerk viel Zeit zu absorbieren, was als einer der Gründe für nicht vorhandene Vereinsaktivitäten genannt wird. Die Kontaktpflege zur im Viertel ansässigen eigenen Familie beansprucht in diesen Fällen so viel Zeit, dass kaum Gelegenheit für außerfamiliäre Kontakte besteht.

„Aber die Zeit ist nicht [...] da, dass man [das] noch mehr erweitert."

5.1.2.4 Kognitive/Organisationslogische Barrieren

Häufig wird Engagement eingefordert, etwa bei persönlicher Betroffenheit. Allerdings fehlt es an organisatorischen Fähigkeiten, auch an Selbstbewusstsein, dies tatsächlich aufzunehmen. Zwar sind die Teilnehmer bereit, sich zu engagieren, aber nicht als Organisatoren. Hier ist Anleitung oder – besser noch – Hilfe zur Selbstorganisation zwingend notwendig. Auch deswegen erscheint die Identifikation der „Viertelgestalter"[6] wichtig.

„Wir werden die Fahnen nicht vorne tragen, aber wir laufen mit. [...] Ich bin kein guter Redner. Ich [rede] ab und zu mal mit, aber so eine Führungsrolle? Nein, das kann ich nicht. [Da] sind andere besser."

„Wenn sich einer bereit erklären würde, das Material zu stellen, dann würden bestimmt einige Leute sagen: ‚Kommt, packen wir's an!'"

Auf die Frage, ob er etwas selbst organisieren würde, antwortet Herr E.:

„Schon, aber ich wüsste nicht wie. [...] Ich würde auf jeden Fall [...] organisieren und mitmachen und helfen, aber [...] ich wüsste nicht wie [oder] wo ich den Ansprechpartner finden würde und [...] wer mit mir die Sache durchziehen würde. [Denn] wenn ich es ein Mal gemacht habe, wüsste ich: Ich muss [es] so, so, so machen. Aber wenn ich [so etwas] noch nie gemacht habe, dann kann ich das auch nicht. Man kann sich informieren, [...] aber ich bräuchte auf jeden Fall Hilfe."

---

6 Vgl. die Typologie der Viertelbewohner in Kap. 8.

5.2 Das „Neue": Zu den modernen Engagement- und Aktivitätsformen

Auch in der sozial benachteiligten Bevölkerungsgruppe lassen sich die genannten Trends zum modernen Engagement erkennen, wenngleich es sich dabei nur selten um real wahrgenommene Aktivitätsformen handelt. Aufgrund der geringen Anzahl vorfindbarer Aktivitäten äußert sich der Trend häufig nur in Wünschen und bleibt somit zunächst theoretischer Natur.

Zwar sieht man sich häufig als „spontaner Typ" und wertet mitgliedschaftliche Aktivitätsformen aufgrund ihrer Starrheit und der mit ihnen verbundenen Zwänge ab. Gleichzeitig werden aber nur wenige „neue" Formen von Aktivitätsmöglichkeiten wahrgenommen, viele neue Angebote werden nicht genannt bzw. sind unbekannt.

5.2.1 Abneigung gegenüber Bindungen/Mitgliedschaften

Ein Blick auf die Einstellung gegenüber Aktivitätsformen der von uns Befragten verrät sehr deutlich, dass konventionelle Organisationsformen als zu starr wahrgenommen werden und angeblich mit lästigen Verpflichtungen einhergehen. Generell ist die Befürchtung groß, sich im Zuge einer Mitgliedschaft in langfristige Abhängigkeit der Organisation oder des Vereins zu begeben.

„Dafür bin ich zu sehr frei im Leben."

„Ich glaube, wenn man in den Verein eintritt, muss man vieles, also [eigentlich] alles mitmachen, was die da machen. [...] Manche Sachen würden mich interessieren, aber auf jeden Fall [nicht alles]."

„Sportvereine würde ich zwar noch gut finden, weil ich einfach sehe, [dass sich] da was entwickeln kann, dass man Freundschaften da herauszieht. [...] Aber ansonsten denke ich: Mitgliedschaften müssen nicht sein, das ist so ein Zwang."

Zu Vereinen:

„Du musst irgendwie jeden Donnerstag zu deinem Verein gehen, da mitmachen. [...] Ich möchte nicht irgendetwas jeden Donnerstag machen müssen. [Denn] wenn du ein paar Mal nicht kommst, wirst du gleich doof angeguckt. [...] Da hab' ich einfach keinen Bock drauf [...]."

Ein typisches Merkmal des modernen Engagements ist seine Informalität, also die Möglichkeit, flexibel und spontan aktiv sein zu können. Besonders ausgeprägt ist diese Wertschätzung von Informalität, Flexibilität und Spontaneität bei Aktivitätsmöglichkeiten bei jüngeren Befragten, was vermuten lässt, dass es sich zumindest zum Teil auch um ein generationenspezifisches Phänomen handelt.

Die dauerhafte Bindung an einen Verein und die damit einhergehenden Verpflichtungen lassen Mitgliedschaften oftmals nicht zustande kommen. Es wird vermehrt nach Alternativen gesucht, die spontan, kurzfristig und ohne feste Bindung verlaufen – also Aktivitäten, die unter das „neue" Engagement fallen.

Eine der am häufigsten genannten Freizeitbereiche ist das Fitnessstudio, welches wir in diesem Zusammenhang als typisch informelle Aktivitätsform einstufen können. Dass es sich hierbei zumeist um eine längerfristige vertragliche Bindung – also eigentlich auch um eine Mitgliedschaft – handelt, wird meistens nicht derart wahrgenommen. Das Fitnessstudio erwähnen die Befragten stets bei der Frage nach ihrer Freizeit oder ihren grundsätzlichen Aktivitäten und nur selten im Fragekomplex der Mitgliedschaften. Mit diesen werden vornehmlich Vereine, regelmäßiges Erscheinen oder ähnliche Pflichten verbunden. Vielmehr wird der spontane und flexible Charakter der Fitnessstudios erwähnt (Frau M: „Zwei Mal in der Woche Sport, Fitnessstudio"; Herr A. geht manchmal ins Fitnessstudio: „Ja, das mache ich manchmal, wenn ich Zeit habe. Wenn ich keine Zeit habe, dann mache ich halt zu Hause Liegestütze, Sit-ups, dies das."), womit es sich um eine typische Organisationsform der modernen Bürgergesellschaft zu handeln scheint.

5.2.2 Politische Formen der Partizipation

Auch in Bezug auf politische Aktivitäten und politisches Engagement ließ sich die typische Tendenz ablesen: einerseits die Ablehnung starrer, „konventioneller" Beteiligungsmöglichkeiten in Form von mitgliedschaftlichen oder organisatorischen Bindungen. Andererseits wurden auch hier unverbindliche Aktivitäten, spontane, bevorzugt kostenlose und individuelle Beteiligungsmöglichkeiten präferiert. Während aus der befragten Gruppe nur wenige Mitglieder oder Aktive einer „konventionellen" Beteiligungsgruppe – also Parteien, Gewerkschaften oder politischen Organisationen – waren, fanden sich doch vergleichsweise häufiger Aktivitäten informellerer Art, wie zum Beispiel die unverbindliche Teilnahme an Demonstrationen oder Unterschriftenaktionen.

Insgesamt fiel die genannte Beteiligung sowohl an den alten als auch den neuen politischen Ausdrucksformen eher gering aus. Mit Großorganisationen wie Gewerkschaften und Parteien können sich die Befragten kaum mehr identifizieren. So antwortet zum Beispiel einer der Befragten in Kassel auf die Frage, was er mit Mitgliedschaften in Parteien und Gewerkschaften verbinde, mit: „Abzocke". Ein anderer: „Die Gewerkschaften können Sie eigentlich in der Pfeife rauchen."

„Was Parteien angeht, ist [es] die Parteidisziplin, die ich nicht [mag]. Schon das Wort. [...] Das Mitmachen ist so gezwungen, das liegt mir nicht."

Die Bereitschaft, sich an Demonstrationen oder Unterschriftenaktionen zu beteiligen, ist hingegen größer.

„Die meisten waren Araber. Aber [es] waren auch Deutsche dabei, [wir haben] in der Stadthalle [eine] Demonstration gemacht."

„Doch, aber ich kann mich nicht mehr erinnern [worum es ging]. Irgendetwas haben wir mal gemacht früher. Mit der Schule [...]."

„Ja genau, Unterschriften sammeln und sich an die Öffentlichkeit wenden [...]."

Insgesamt deutet jedoch auch die vorliegende Untersuchung auf den Befund der aktuellen politischen Partizipationsforschung hin, dass „unkonventionelle" Partizipationsformen wie Bürgerinitiativen, direkt-demokratische Begehren und Unterschriftenaktionen in der Regel noch stärker sozial ungleich verteilt sind als konventionelle Beteiligungsmechanismen wie die Wahlen.[7]

---

7 Vgl. Schäfer, Armin: Alles halb so schlimm? Warum eine sinkende Wahlbeteiligung der Demokratie schadet, in: Max-Planck-Institut für Gesellschaftsforschung

5.2.3 Öffentliche Orte als Infrastruktur informeller Aktivität der „Unterschicht"

Außerordentlich häufig finden in den Befragungen die Park- und öffentlichen Grünanlagen des Viertels oder der Stadt Erwähnung, was in verschiedener Hinsicht auf die besondere Relevanz dieser öffentlichen Orte für die Gruppe der „Unterschicht" hindeutet.

Herr K. weicht beispielsweise aufgrund der teuren Eintrittsgelder für Freibäder mit seiner Familie auf öffentliche Parks und Seen aus.

Viele Befragte schildern als wichtige gemeinschaftliche Aktivität das Grillen in größerer Gruppe, sei es im Freundes- oder Familienkreis, in den öffentlichen Räumen. Auch die internationalen Gärten (Projekte der „Sozialen Stadt") werden im Themenkomplex „Freizeit" und „bürgerschaftliche Aktivitäten" mehrfach genannt.

All diesen Orten ist gemein, dass es sich um öffentliche Orte und damit kostenfrei nutzbare Anlagen handelt. Angesichts der mannigfach erwähnten finanziellen Beschränkungen der Befragten gewinnen sie an Bedeutung. Als frei zugängliche Plätze können sie ohne Scham oder peinliche Momente genutzt werden, ohne der Gefahr ausgeliefert zu sein, dass die eigenen finanziellen Grenzen offenbar werden.

Diese öffentlichen Räume sind außerdem absolut bindungsfrei nutzbar, was sie dem Trend zu modernen bürgergesellschaftlichen Aktivitätsformen entsprechen lässt.

Bezüglich vorliegender Untersuchung ist diese öffentliche Infrastruktur im Außenbereich des Viertels also in doppelter Hinsicht wichtig: Erstens bedient sie die Nachfrage nach modernen, das heißt flexibel und spontan nutzbaren Aktivitäten. Zweitens ist gerade die „Unterschicht" durch ihre engen finanziellen wie geographischen Grenzen[8] auf kostenfreie Aktivitätsorte angewiesen und frequentiert diese in besonderem Maße. In der Bereitstellung von Angebots- und Aktivitätsmöglichkeiten in Form von öffentlichen Anla-

---

(Hrsg.): *MPIfG Jahrbuch 2009-2010*, Köln 2008, (ohne Seitenangaben), online verfügbar unter: http://www.mpg.de/bilderBerichteDokumente/dokumentation/jahrbuch/2009/gesellschaftsforschung/forschungsSchwerpunkt/pdf.pdf (zuletzt eingesehen am 28.02.2011); Schaal, Gary S.: Sozial Schwache bleiben zu Hause, in: *Rheinischer Merkur*, (2010) 35.

8 Näheres dazu vgl. Abschnitt 4.1.4 („Geographischer Radius").

gen und Flächen besteht also ein zentraler Anschlusspunkt für die Förderung von Engagement und Aktivität dieser Gruppe. Auch könnten diese Orte für die Kontaktaufnahme mit den Viertelbewohnern nützlich sein.

5.2.4 Nachbarschafts- und Stadtteilzentren

Die Nachbarschafts- oder Stadtteilzentren können in dieser Hinsicht eine wichtige Rolle spielen, scheinen aber oft nur einen eingeschränkten Teil der Klientel vor Ort zu bedienen. Sie werden zwar von den meisten Bewohnern gekannt (oft auch aufgrund ihrer exponierten Lage und Architektur), jedoch nutzt nur ein Teil deren Angebote. Über das Nachbarschaftszentrum:

„Ich bin da noch nie hingegangen."

„Also, hier im Haus [werden] oft Freizeitangebote gemacht. [...] Wenn man will, kann man hier Bastelkurse machen [...] oder so'n Kram. Ich bezeichne es als Mann mal als ‚so einen Kram'."

Diese Aussage verdeutlicht unserer Ansicht nach eines der Hauptprobleme der Nachbarschaftszentren. Im Blick vieler Bewohner sind sie häufig „Treffpunkte für Frauen", vornehmlich mit Migrationshintergrund.

„Ich ziehe mich da heraus, weil [...] ich das Gefühl [habe], dass es überwiegend [...] für ausländische Mitbürger ist."

„Da gibt es so [einen] Frauentreff zum Beispiel. Oder bei der GWH [Anmerkung: einer Wohngesellschaft]. Da sind manche Frauen [und] unternehmen was, trinken Kaffee, [essen] Kuchen, aber sonst? Da gehe ich nicht hin."

Bei der gezielten Nachfrage nach dem Angebot der Zentren werden – obwohl viele Gemeindezentren ein breit gefächertes und auf eine unterschiedliche Klientel angelegtes Aktivitätsangebot bereithalten – fast ausschließlich Aktivitäten genannt, die Frauen ansprechen sollen; „gemeinsames Kochen oder gemeinsam irgendwie so ein Nähverein [...], Seidenmalerei."

„Meine Mutter kommt hierher. Und viele von meinen Schwägerinnen, die Älteren von denen. Aber ich nicht, ich habe keine Zeit."

Häufig scheint den Stadtteil- und Nachbarschaftszentren das Bild anzuhaften, sie seien in erster Linie Orte für hilfsbedürftige Gruppen, weshalb sich einige Befragte davon distanzieren. Insbesondere Jüngere scheinen persönlich nur wenig Bezug zu diesem vermeintlichen Ort des „Helfens" herstellen zu können, sie sehen sich nicht als Gruppe, die diese Art von Aktivitäten benötigt.

Daneben sind hauptsächlich an Personen mit Migrationshintergrund gerichtete Sprachkurse populäre Angebote, die ganz nebenbei zum öffentlichen und bürgergesellschaftlichen Leben im Viertel beitragen. Häufig funktioniert die Vorgehensweise der Zentren insgesamt sehr gut, was ein Beispiel in Brückenhof verdeutlicht:

„Jetzt haben wir dort einen Bauchtanzkurs [eingerichtet]. [...] Ich habe vorgeschlagen, diesen Bauchtanz zu machen. [...] Und dann [...] hat das halt geklappt. Wir haben einen Betreuer gefunden, der das macht, und da haben wir immer mitgemacht."

Diese wünschenswerten und nicht gering zu schätzenden Angebote erreichen allerdings offenbar nur einen begrenzten Teil der Bevölkerung in den Vierteln. Sicherlich ist dies auch mit den begrenzten Möglichkeiten der Nachbarschaftszentren, vor allem, was die personelle Ausstattung betrifft, zu erklären. Die Nachbarschaftszentren sind *per definitionem* darauf angewiesen, dass sich die Personen aus den Stadtvierteln dort engagieren und sich so ihre Angebote selbst schaffen. Wie unsere Befragung jedoch zeigt, trauen es sich viele nicht zu, eigenständig etwas zu initiieren oder zu organisieren.[9] Die Anzahl der „Viertelgestalter"[10], auf die beim Füllen dieser Gemeindezentren mit möglichst vielen und unterschiedliche Klientele ansprechenden Angebote zurückgegriffen werden könnte, ist zudem vermutlich begrenzt. Zumal diese Multiplikatoren des Viertels häufig bereits außerhalb der Zentren stark vernetzt und engagiert sind und damit auch deren Kapazitäten gebunden sind.

Gleichzeitig scheint die Hemmschwelle, das Programm der Stadtteilzentren wahrzunehmen, geschweige denn diese zu gestalten, besonders bei

---

9   Vgl. u.a. Abschnitt 5.1.2.4, Kognitive/Organisationslogische Barrieren.
10 Vgl. Typus F („Viertelgestalter") in der Typologie einiger Viertelbewohner, Kap. 8.

männlichen Erwachsenen ziemlich hoch zu sein. Der männliche Teil verbringt seine Freizeit noch stärker als der weibliche Teil der Bevölkerung bevorzugt unter seinesgleichen.

„Die treffen sich irgendwo zum Kartenspielen [...] oder Playstation spielen. Also eines von beidem: Entweder die spielen Karten oder die spielen Playstation."

Die mangelnde Auslastung und Inanspruchnahme von Nachbarschaftszentren mag also in deren Image als „Frauenzentren" und „Orten des Helfens" liegen. Möglicherweise fallen die Zentren damit einem ihrer eigenen Bezeichnung geschuldeten Problem zum Opfer: Als *Nachbarschafts-* und *Gemeinde*zentren oder *Stadtteil*läden tragen sie bereits eine Regenschirmmentalität in ihrem Namen, die der hier eigentlich erforderlichen Spezifizierung ihrer inhaltlichen Angebote zuwider läuft. Das heißt, dass der allgemeine Anspruch, ein Ort für *alle* im Viertel zu sein, der Vielfältigkeit der vorhandenen Aktivitäts- und Engagementangebote nicht immer gerecht wird.

5.3 „MODERNE" FORMEN DER BÜRGERGESELLSCHAFT ALS ANKNÜPFUNGSPUNKT

Die geringe Eigeninitiative führt jedoch nicht zu einer völligen Apathie der „Unterschicht", was Engagement und Aktivität betrifft. Sofern sich die Befragten von einer Sache persönlich angesprochen fühlen oder wenn sie ein Problem direkt tangiert, sind sie durchaus willens und in der Lage, sich kraftvoll und erfolgreich für oder gegen eine Sache zu engagieren. Dabei werden Methoden des neuen bürgergesellschaftlichen Engagements bevorzugt, das heißt kurzfristige, individuelle und nicht weiterführende Verpflichtungen. In einem konkreten Fall (in Grone) ist die Rede von einer veranstalteten Demonstration gegen die Schließung einer Schule:

„Also, wir haben damals eine Demo gemacht."

„Wenn das jetzt etwas wäre, das uns betreffen würde, also mich [...] und meine Tochter, dann auf jeden Fall."

Aber auch in Brückenhof war eine deutlich positive Einstellung bezüglich der Frage nach einem potentiellen Engagement bei der Schließung einer Schule im Viertel zu erkennen:

„Ja, da wäre ich dabei! Ganz aktiv sogar!"

„Wenn es um das Soziale geht, dann bin ich auch immer dabei!"

Zusätzlich sind es Aktionen wie Straßenfeste, bei denen sich gerne beteiligt wird und die dafür sorgen können, dass sich die Bewohnerschaft des Viertels besser kennenlernt. Hier ist bei einigen sogar eine Bereitschaft zu erkennen, sich noch häufiger und stärker zu engagieren als dies bisher der Fall gewesen ist:

„[Das] Straßenfest, das ist mir sehr wichtig. Weil man dann im Haus oder mit den anderen Nachbarn lacht. Und dann versteht man sich auch besser. […] So ein Straßenfest trägt unheimlich dazu bei, wieder mehr Verbundenheit zu bekommen."

Neue Formen von bürgergesellschaftlichem Engagement erfreuen sich durchaus auch in der „Unterschicht" wachsender Beliebtheit. Die Möglichkeit, sich unabhängig von festen Strukturen zu engagieren, kommt sogar besonders dem von uns untersuchten Personenkreis entgegen, da die Skepsis gegenüber den Prinzipien der althergebrachten Institutionen, wie zuvor schon erläutert, groß ist. So gesehen bieten sich kurzfristige, punktuelle und vor allem in finanzieller und zeitlicher Hinsicht flexibel gestaltbare Engagementfelder für diesen Personenkreis an.

6. Exkurs I: Traditionelle Arbeiterviertel vs. Trabantenstädte/Großwohnsiedlungen

Benachteiligte Stadtteile, wie wir sie bereits in Grone, Kassel und Grünau gesehen haben, sind nicht nur Großsiedlungen am Rande der Stadt, sondern finden sich auch als innerstädtische Altbauquartiere in ehemaligen Arbeitervierteln wieder. Aus diesem Grund haben wir in Kassel den Stadtteil Wesertor als Beispiel für eines dieser Altbauquartiere untersucht. Ihm steht im direkten innerstädtischen Vergleich das Kasseler Quartier Brückenhof als so genannte Großwohnsiedlung gegenüber; im weiteren Blickwinkel auch die anderen beiden Großwohnsiedlungen in Leipzig Grünau und Göttingen Grone.

Was die Bedeutung von Quartieren und Stadtteilen betrifft, so können sie für ihre Bewohner Ressource wie auch sozialer Erfahrungsraum sein. Die wichtigsten Ressourcen sind in erster Linie soziale Netze und institutionelle Angebote innerhalb des Viertels, auf die gerade die eher marginalisierten Bewohner angewiesen sind. Wichtig ist aber vor allem die soziale Zusammensetzung und funktionale Ausrichtung des Stadtteils: Städtische Altbauquartiere, die Wohnort, Handel und Gewerbe in sich vereinen, bieten Bewohnern in der Regel den Vorteil, eine gelegentliche oder feste Beschäftigung direkt vor Ort zu finden. Die jüngeren, überwiegend als Wohngebiete konzipierten monofunktionalen Großsiedlungen an den Stadträndern hingegen geben in ihrer Ausstattung ganz spezifische Lebensbedingungen vor.[1] Häufig erscheint die soziale Bindung insbesondere der nicht-

---

1 Vgl. Kronauer, Martin; Vogel, Berthold: Erfahrung und Bewältigung von sozialer Ausgrenzung in der Großstadt. Was sind Quartierseffekte, was Lageeffekte?

erwerbstätigen Bewohner der randständigen Quartiere an ihr Viertel größer, was zu einer besonderen Angewiesenheit auf die infrastrukturelle Ausstattung führt.[2]

Inwiefern sich möglicherweise diese oder weitere Spezifika einer traditionellen Arbeitersiedlung im innerstädtischen Bereich (Kassel-Wesertor) von denen einer Großsiedlung in der städtischen Peripherie (Kassel-Brückenhof, Leipzig-Grünau, Göttingen-Grone) unterscheiden und auf die Gruppe der sozial Benachteiligten und die dortige moderne Bürgergesellschaft auswirken, soll im Folgenden beleuchtet werden.

6.1 MONOFUNKTIONALE QUARTIERE – SOZIALE NETZWERKE ALS RESSOURCE

Brückenhof ist mit seiner baulichen Struktur ein monofunktionales Wohnquartier, das Mitte der 1960er Jahre und Ende der 1970er Jahre als Sozialwohnungssiedlung am Rande von Kassels Innenstadt gebaut wurde. In den 1980er Jahren wandelte sich die Sozialstruktur durch Arbeitslosigkeit und den verstärkten Zuzug von Migranten deutlich. Ab Mitte der 1990er Jahre begannen sich im Quartier komplexe Problemlagen herauszubilden: Jugendbanden, vermüllte Außenräume, Vandalismus und zahlungsunfähige Mieter ließen den Ruf von Brückenhof schlechter werden.[3]

Deutlich werden Aspekte des negativen Bildes der Stadtteile an der räumlichen Enge. Es scheint, als ob das Leben in den häufig funktionalistisch geplanten Stadtteilen geradezu ein Bedürfnis nach Anonymität provoziert. Der Wunsch, den Alltag „vor der Tür" zu lassen, wurde von den Teilnehmern in verschiedenen Fokusgruppen häufig bereits als Antwort auf die Frage geäußert, was aus ihrer Sicht einen „guten Tag" ausmache. Im Gegensatz zum städtebaulichen Leitbild, das die räumliche Trennung von Wohnung, Arbeit,

---

in: Häußermann, Hartmut et al. (Hrsg.): *An den Rändern der Städte*, Frankfurt a.M. 2004, S. 235-257, hier S. 235ff.

2 Vgl. Neef, Reiner; Keim, Rolf: *Wir sind keine Sozialen. Marginalisierung und Ressourcen in deutschen und französischen Problemvierteln,* Konstanz 2007, S. 111.

3 Vgl. ebd., S. 118f.

Erholung und Verkehr vorsah,[4] findet man in Brückenhof Handel und Gewerbe nur in Form eines Ladenzentrums, welches durch den Bau eines neuen Einkaufsgebietes am Rand der Siedlung halb leer steht.[5]
In der Tat bietet der Brückenhof, typischerweise für die monofunktionalen Quartiere, kaum Beschäftigungsmöglichkeiten innerhalb des Viertels. Problematisch erscheint daher insbesondere die Tatsache, dass die Ressource sozialer Netzwerke, die als informelle Kanäle besonders bei der Arbeitssuche eine wichtige Rolle spielen, in dieser Hinsicht in Brückenhof wenig Wirkung entfalten kann. Dennoch erscheinen die sozialen Netzwerke in diesem Viertel, vor allem im Migrationsmilieu, außerordentlich intakt. Solche Netzwerke können gerade in benachteiligten Stadtvierteln eine stützende Funktion besitzen. Keim und Neef weisen in diesem Zusammenhang darauf hin, dass die „Art und Intensität der Sozialbeziehungen [...] die materielle Lage der Haushalte [beeinflussen], [...] über soziale Isolierung [entscheiden] und [...] eine Voraussetzung für gegenseitige Hilfen sowie [...] Zugang zu informellen Tätigkeiten der Bewohnerinnen und Bewohner [sind]".[6]

Vor allem in Brückenhof erschien es besonders bei den Migranten auffällig, dass sie selbst und ihre ganze Verwandtschaft oft in der Nähe und/oder ebenfalls in Brückenhof wohnen. Eine Frau mit russischem Migrationshintergrund erklärt die verwandtschaftlichen Dimensionen ihrer Familie und warum sie in der Siedlung wohnt:

„... eine richtig große Familie. Mein Vater hat hier vier Brüder, eine Schwester und von den ganzen Onkels die Kinder, das ist also eine ganz große Familie. [...] Wir wollten hier also in Brückenhof bleiben, weil unsere ganze Verwandtschaft hier [ist] und Freunde und jetzt auch Praxis, Arbeit auch hier [sind]."

Auf die Frage, ob es in ihrem Haus eine Art Nachbarschaftshilfe gäbe, die sie in Anspruch nehmen würde, reagiert die Frau zurückhaltend:

---

4   Vgl. Der Bundesminister für Raumordnung, Bauwesen und Städtebau: *Städtebaulicher Bericht Neubausiedlungen der 60er und 70er Jahre. Probleme und Lösungswege*, Bonn [u.a.] 1988, S. 38.
5   Vgl. Neef; Keim: *Wir sind keine Sozialen*, S. 118f.
6   Keim, Rolf; Neef, Rainer: Ressourcen für das Leben im Problemquartier, in: *Aus Politik und Zeitgeschichte*, 39 (2000) 10/11, S. 30-39, hier S. 34.

„Ich weiß nicht, vielleicht rufe ich lieber meine Schwester an."

Familie ist hier demnach eines der wichtigsten sozialen Netzwerke für Migranten. Aber auch für Migranten ohne eine Familie in Brückenhof entsteht der Wunsch nach neuen sozialen Netzen, um sozialer Isolierung zu entgehen. Hierbei ist auffällig, dass diese zuerst Kontakt zu Bewohnern mit nicht-deutscher Herkunft suchen, oft zu Bewohnern aus ihrem eigenen Herkunftsland:

„Als ich das erste Mal hier nach Deutschland kam, bin ich so zufällig auf diesen Ausländerbeirat gestoßen. Als Ausländer hab ich Gesprächspartner gesucht, und da hab ich so einen Ausländerbeirat gefunden und dadurch diese Kommunikation entwickelt und bin mit dabei."

Allerdings können die vorhandenen Netzwerke, seien es familiäre oder ethnische, den Kontakt zu Bewohnern anderer Ethnien hemmen:

„Wir sind in der Klasse 27 und da sind drei Russen, wir sitzen zusammen, eine ganze Reihe Türkische, das ist die beste Gemeinschaft, und hinten sind Deutsche."

Demnach kann die bereits vorhandene soziale Zusammensetzung in Brückenhof auch ein Hemmnis für die Aktivierung und Beteiligung sowie auch für die Vernetzung zwischen den Bewohnern sein. Insgesamt jedoch erscheinen funktionsfähige Netzwerke im monofunktionalen Wohnquartier Brückenhof als eine bedeutsame Ressource für Aktivität und Engagement im Viertel. Jenseits der Orientierung an Erwerbsarbeit entfalten diese Netze eine breite Wirkung im Bereich der Nachbarschaftshilfe, der wechselseitigen Unterstützung und des Informationsaustauschs.

Damit wird der Befund Kronauers und Vogels um eine wichtige Perspektive ergänzt: Nicht nur jungen und alleinerziehenden Müttern bieten die sozialen Netze in den Großwohnsiedlungen wichtige soziale Netzwerkstrukturen an,[7] sondern auch intakte – zum Teil aber ethnisch separierte – Netzwerke in migrantischen Milieus funktionieren dort, wobei gerade für die jungen Familienväter die Arbeitslosigkeit oft schwer wiegt. Diesen Be-

---

7   So die Ergebnisse ihrer Studie in Hamburg-Mümmelmannsberg, vgl. Kronauer; Vogel: Erfahrung und Bewältigung, hier S. 250ff.

fund bestätigt nicht nur die eritreische Gemeinde in Kassel-Brückenhof, sondern auch die libanesische in Göttingen-Grone.

Und selbst für das kaum migrantisch geprägte Leipzig-Grünau ließ sich feststellen, dass die Lebenszufriedenheit im Viertel vor allem in den Nachwendejahren rapide sank, als die relativ intakten Netzwerkstrukturen in den 1990er Jahren durch Fortzüge und Leerstände destabilisiert wurden.[8] Insofern scheint eine hohe Bewohnerfluktuation in den netzwerkorientierten Großsiedlungen eine starke Gefährdung der zentralen Ressourcen zu sein.

6.2 INNERSTÄDTISCHE ALTBAUVIERTEL – AUSSTIEGSCHANCEN AUS DER ARBEITSLOSIGKEIT

Kassel-Wesertor ist mit seinen drei- bis sechsgeschossigen Wohnhäusern und wenigen Gründerzeithäusern kein reines Wohngebiet, sondern wird – wie bereits erwähnt – geprägt durch gemischt gewerblich genutzte Flächen sowie zum Teil brach liegende Bauflächen. Die mehrfunktionale Struktur des alten Arbeiterviertels Wesertor müsste als städtisches Quartier folglich mehr Möglichkeiten für die Bewohner bieten als eine Großwohnsiedlung wie Brückenhof.

Erneut ist auf die Thesen Kronauers und Vogels zu verweisen, die in Bezug auf das innerstädtische Problemviertel Hamburg/St. Pauli auf die Vorteile gerade für jüngere Männer aufmerksam machen. Während randstädtische Neubausiedlungen gerade jungen Müttern Optionen eröffneten, gereichten innerstädtische Quartiere eher Arbeitslosen zum Vorteil, weil sie dort eine „stadtteilbezogene Ökonomie" für Gelegenheitsarbeiten und ein „schützendes Milieu" aufgrund des biographischen Erwerbsverlaufs fänden.[9]

Auch in Wesertor ist eine solche gemischte Stadtteil-Ökonomie erkennbar. Handel und Gewerbe sind im Vergleich zu Brückenhof im kleinen Rahmen durchaus vorhanden. „Man sieht in diesen Läden, die es hier gibt,

---

8 Vgl. Kahl, Alice: *Erlebnis Plattenbau. Eine Langzeitstudie*, Opladen 2003, S. 119, 122.
9 Vgl. Kronauer; Vogel: Erfahrung und Bewältigung, S. 251ff.

überhaupt nie Leute, die hier wohnen." Damit ist jedoch auch auf das Problem verwiesen, dass durch die hohe Fluktuation der Geschäfte kaum stabilere Möglichkeiten der Beschäftigung geboten werden können.

Auffällig ist ferner, dass die befragten Bewohner aus Wesertor zwar durchaus Familie in Kassel haben, aber diese oft nicht in Wesertor wohnen. Demnach können diese Bewohner im Notfall nicht sofort auf die familiären Ressourcen zurückgreifen, wie es in Brückenhof der Fall zu sein scheint.

Fraglich ist, in welchem Maße die Sozialbeziehungen von Bekannten- und Freundeskreisen dieser Aufgabe nachkommen können. Hinzu kommt die bereits angesprochene Problematik der Vereinsamung bei denjenigen, die im Viertel zurückbleiben, während Teile ihrer Familien wegziehen. Vor allem ältere, alleinstehende Deutsche sind hier gefährdet.

Der Wegzug von typischen Aufsteigerbiographien ist äußerst virulent, denn die Alten bleiben zurück und werden immer weniger. Damit scheint die Ressource sozialer Netzwerke, die noch in Brückenhof eine wichtige Rolle spielte, in Wesertor durch eine erhöhte Bewohnerfluktuation in stärkerem Maße außer Kraft gesetzt.

Generell scheint nicht nur die Fluktuation öffentlicher Räume, sondern auch, ganz konkret, die der Bevölkerung das Zusammenleben in gemischten Vierteln wie Kassel-Wesertor eher zu erschweren.

„Da sind auch viele Studenten, [die] ziehen dann lieber woanders hin. Und darin sehe ich halt ein Problem, so dass irgendwann mal nur das Schwache da ist und ich denke, das muss ja alles gemischt sein. Ich denke, alles gehört ja zum Leben dazu, also das Chaos sowie die Reinheit. Und diese Trennung finde ich schon eine große Schwierigkeit."

Zur Etablierung fester sozialer Netzwerke – oder einfach nur von Nachbarschaftsverhältnissen – wäre eigentlich eine gewisse Konstanz der Wohnsituation entscheidend, die gerade im sozial gemischten Viertel Kassel-Wesertor häufig nicht gegeben ist. Im Gegenteil: Ein ständiger Zu- und Wegzug aus dem Viertel (zum Beispiel von Studenten) beeinflusst das Zusammenleben negativ, weil sich keine wirklichen Kontakte auf Dauer etablieren können. Hier berichten die Teilnehmer, dass Studenten ihren Lebensmittelpunkt kaum im Viertel haben und eher am Rande wahrgenommen werden, oder aber schnellstmöglich wieder wegziehen.

„Es wohnen hier auch viele Studenten, aber die haben mit dem Viertel nichts zu tun. Wie die Herrschaften vorher gesagt haben: ‚Die kommen und gehen!' Und die schließen Freundschaften unter sich und nicht mit den anderen. [...] Aber es sind viele da, so ist das nicht."

„Das größte Problem, die größte Schwierigkeit finde ich – zum Beispiel bei mir im Haus habe ich das sehr oft erlebt –, dass auch viele Studenten sagen: ‚Man sieht hier sehr viel Elend und das ist sehr anstrengend', und aus diesen Gründen ziehen sie dann lieber woanders hin."

Hier erscheint es von besonderer Bedeutung, ein dicht geknüpftes Netzwerk an Institutionen bereitzustellen, um eine soziale Isolation zu verhindern. Immer wieder war jedoch in diesem Zusammenhang von den Bewohnern des Wesertors zu hören, dass kaum institutionelle Angebote in ihrem Stadtteil bestünden oder sie selten von Angeboten Kenntnisse hätten, aber der Wunsch danach bestehe:

„Ich habe im Internet geguckt, leider ich hab nichts gefunden."

„Überleg doch mal wirklich, warum machen sie's? Sie wissen mit sich nichts anzufangen. [...] Bei irgendwelchen Angeboten, da musst du halt mal wirklich investieren, wenn du wirklich die Leute von der Straße haben willst; wenn du wirklich was erreichen willst, musst du in die Menschen investieren."

„Kann man hier irgendwie was machen, wenn man was machen möchte? Wie ist das hier?", wurde gefragt. Die Antworten fielen ernüchternd aus:

„Es ist schlecht hier. [...] Es gibt so etwas für Ältere; die gehen Kaffee trinken in einer Gruppe, die fahren mit dem Bus weg."

„Für alte Leute wird hier unheimlich wenig gemacht."

Institutionelle Ansätze konnten im Jahr 2008 mit der Einrichtung eines Stadtteilmanagements geschaffen werden. Doch befindet sich dieses noch in einer Etablierungsphase. Die Angebote des Stadtteilmanagements in Brückenhof sind heute hingegen vielfältiger und besser bekannt.

Schließlich ist noch auf die Wohnzufriedenheit in beiden Quartieren zu verweisen, die sich anhand unterschiedlicher Faktoren manifestiert: In Brückenhof scheinen die positiven bzw. zurückhaltenden Nachbarschaftsstrukturen ein entscheidendes Moment der Zufriedenheit darzustellen, während in Wesertor die Nähe zur Stadt positiv erwähnt, Gewalt und Kriminalität hingegen verstärkt wahrgenommen wird.

6.3 Durchmischung versus Soziale Segregation

Es zeigt sich, dass das Ziel der sozialen Durchmischung von Vierteln zur Stärkung der Bürgergesellschaft kaum erreicht worden ist, da bestimmte Gruppen häufig doch segregiert bleiben. Zudem verhindert die hohe Fluktuation der nicht von Exklusion betroffenen Viertelbewohner eine mögliche gegenseitige Kontaktaufnahme und Aktivierung von bürgerschaftlichem Engagementpotential. Zu ähnlichen Erkenntnissen kam bereits die Studie von Beck und Perry über Soziale Segregation:

„Quartiere und soziale Räume sowie die Bindung zu ihnen wachsen oft nicht mehr in fester, dauerhafter, räumlicher Verwurzelung. [...] Diese Entwurzelung findet sich als Trend besonders stark in den modernen Milieus wieder. [...] Zu viel Bindung an das Quartier oder gar die Nachbarn ist hier weder ein Ziel noch ein Ideal. Man hält Distanz und macht sich damit auch ein gutes Stück unabhängig. Das Quartier verliert an Bedeutung, [...] wird zur austauschbaren Kulisse. Infrastruktur, soziale Zusammensetzung, Nachbarschaft, Wohnumfelder werden ersetzbar. Gesucht wird nicht ein Quartier, sondern ein Typ von Quartier. [...] Anders ist das vor allem im traditionellen Segment, bei Deutschen wie Migranten. Hier sucht man Verwurzelung, Vertrautheit mit Menschen und Umgebung, damit verbundene Verlässlichkeit, Berechenbarkeit, Stabilität, Geborgenheit und Heimatgefühl. [...] Der soziale Raum deckt sich stärker mit dem nahen räumlichen Umfeld. Man will auch deshalb oft im Quartier bleiben und harrt aus, selbst wenn Störfaktoren im Wohnumfeld zunehmen oder sich dessen Bewohnerstruktur im Sinne eines ‚Grading Down' sehr negativ entwickelt."[10]

---

10 Beck, Sebastian; Perry, Thomas: Studie Soziale Segregation. Nebeneinander und Miteinander in der Stadtgesellschaft, in: *vhw FW*, (Juni-Juli 2008) 3, S. 115-122.

Eher liegt der Schluss nahe, dass im Rahmen der nachbarschaftlichen Hilfe die monofunktionalen Quartiere durch die Knüpfung enger sozialer Netze, auch durch die Ähnlichkeit der Problemlagen, eher geeignet sind, bürgergesellschaftliches Engagement hervorzubringen. Denn die Segregationstrends – das belegt auch die Studie von Beck und Perry – scheinen sich noch zu verstärken. Genauer: Die Zunahme an Mobilität und die weite Streuung sozialer Netzwerke nicht exkludierter Viertelbewohner verstärkt eher noch, wenn nicht die räumliche, so doch die soziale Entfernung vom Viertel, weshalb kaum mehr Verantwortung für dieses übernommen wird.

Hier scheint es sinnvoll – statt auf die Mittel- und Oberschichten in gemischten Quartieren zu setzen, die sich ohnehin über das Viertel hinweg orientieren –, auf mögliche Organisationsressourcen innerhalb des Viertels zurückzugreifen. Schichtähnliche „Viertelgestalter"[11], die das Quartier als Nahraum schätzen und eben nicht als austauschbare Kulisse wahrnehmen, sollten eine zentrale Rolle zugewiesen bekommen.

---

11 Vgl. Typ F in der Typologie der Viertelbewohner, Kap. 8.

7. Exkurs II: Bewohner mit und ohne Migrationshintergrund

Die Bevölkerungsgruppe der sozial Benachteiligten in unseren Quartieren beinhaltet eine Vielzahl von Bürgern unterschiedlichster Herkunft. Diese kulturelle Heterogenität äußert sich natürlich auch hinsichtlich des bürgergesellschaftlichen Engagements beziehungsweise in einer verschiedenartigen Sichtweise vom „Leben im Viertel". Diesem Aspekt soll zumindest anhand einer Differenzierung zwischen Menschen mit und ohne Migrationshintergrund nachgegangen werden.

7.1 „WIR AUSLÄNDER" – GEMEINSAME IDENTIFIKATION

Für das grobe Zusammenfassen der „Bürger mit Migrationshintergrund" in unseren Vierteln spricht in diesem Fall nicht nur das methodische Vorgehen. Vielmehr geht diese gemeinsame Gruppierung auf die Selbstdarstellung und Perspektive vieler Befragter mit Migrationshintergrund selbst zurück. Zumindest in den von uns untersuchten westdeutschen Quartieren deuten die Erhebungen auf eine Eigenwahrnehmung als „Ausländer" gegenüber „den Deutschen" hin.[1] Übrigens eine reziproke Perspektive,

---

1 Heinzelmann argumentiert für das Fallbeispiel Hannover-Vahrenheide ähnlich und spricht gar von einer weiteren „Konfliktlinie", vgl. Heinzelmann, Claudia: Lokale Räume der sozialen Nähe und Distanz. Eine Kohäsionsanalyse im Stadtteil Hannover-Vahrenheide, in: Geiling, Heiko (Hrsg.): *Probleme sozialer Inte-*

denn viele deutsche Befragten sprechen auch von „den Ausländern", die in ihrem Viertel wohnen.

Der Schwerpunkt wird deshalb auf die Bewohner mit Migrationshintergrund gelegt, die meist über einen tieferen Einblick in die verschiedenen kulturellen Lebenswelten des Viertels verfügen. Hierbei ist interessant, dass diese durchaus über ein Bild von sich als „wir Ausländer" verfügen und zwar im Bewusstsein der kulturellen und nationalen Differenziertheit der eigenen Gruppe. Das heißt, man sieht sich möglicherweise selbst zwar als Mitglied der kurdischen Gemeinde und kennt diese gut. Man ist sich aber gleichzeitig durch seine Erfahrungen im Viertel auch des angeblichen Konfliktherds zwischen Ausländern und Deutschen bewusst und weiß, dass das schlechte Image des Viertels häufig auf dessen hohen Ausländeranteil zurückgeführt wird. Nicht selten erfolgt dies wiederum in Abgrenzung zu anderen nationalen oder ethnischen Gruppierungen, die im Viertel leben. Dennoch setzen sich die Interviewten häufig offen mit ihrem Image auseinander und identifizieren sich selbstbewusst mit der Gruppe „der Ausländer" – dem Wissen um die Differenziertheit der „ausländischen" Realität zum Trotz. Frau F. weist auf die teils gemeinsame ausländische Identität hin: „Wir sind so, die Ausländer sind so." Herr G. erzählt begeistert, dass im Viertel angeblich rund 100 verschiedene Nationen leben. Im Gegensatz zur Darstellung einiger Menschen ohne Migrationshintergrund ist er darauf sehr stolz.

Gleichzeitig scheint das Engagementpotential gerade derer, die sich in positiver Weise mit dem Viertel identifizieren, groß, insbesondere wenn es in Kombination mit einer bestimmten geschlossenen Gemeinschaft auftritt.

Herrn G. sind beispielsweise nicht nur die bestehenden Infrastrukturen zur Unterstützung von Engagement und Aktivität bekannt, er nutzt sie auch intensiv und regt Aktivitäten im Viertel damit an. Nachgefragt, wer in seinen Erzählungen mit „wir" gemeint ist, bestätigt er, dass er damit zunächst einmal vorwiegend seine eritreische Gruppe von rund 40 Leuten meint. Doch diese Gruppe initiiert in Kassel offenbar häufig Aktivitäten, die andere mitziehen und Herr G. zählt in der Folge auch „Türken, Afghanen, Kosovo, Griechen …" auf.

---

gration. Agis-Forschungen zum gesellschaftlichen Strukturwandel, Münster [u.a.] 2003, S. 105-120, hier S. 116.

Dass das Bild der Menschen mit Migrationshintergrund von ihrem Viertel eher positiv ist und wohl auch von der Sichtweise deutscher Einwohner unterschieden werden kann, bestätigt das Interview mit Frau A. Auf die Frage, was sie im Viertel stört, schildert sie diese Perspektive der „Anderen" und meint damit auch die Außenperspektive der Deutschen, die das Leben der Ausländer angeblich nicht wirklich kennen:

„Wir hatten hier – ich bin ja selber Ausländerin – aber wir hatten hier sehr, sehr viele Jugoslawen oder Albaner. Und jeder von denen hatte zehn Kinder. [...] Und dann hieß es immer ‚Grone-Süd'. Grone-Süd ist für die Deutschen so ein Ghetto, die finden das nicht so gut hier, weil hier so viele Ausländer sind, [...] und die Ausländer haben so viele Kinder; meine Kinder haben auch viele Kinder und das stört dann hier [...] in Grone, dann will hier keiner mehr wohnen. Das stört hier so ein bisschen, dass das so ein schlechtes Bild hat."

7.2 Parallelgesellschaften und der Wunsch nach mehr „Vermischung"

Das öffentliche beziehungsweise bürgergesellschaftliche Leben des Viertels spielt sich also häufig – meist der jeweiligen kulturellen oder nationalen Herkunft entsprechend – in Parallelgesellschaften ab. Mit der vereinzelt auftretenden Ausnahme gemeinsamer sportlicher Vereinsaktivitäten (z.B. in Fußball- oder Handballmannschaften) leben „die Deutschen" und „die Ausländer" weitestgehend separat voneinander.

Fremdenfeindliche Einstellungen sind in vielen Diskussionszusammenhängen zu finden. Diese paaren sich dann wieder mit sozial erwünschten Formulierungen. Insgesamt entsteht hier häufig ein ambivalentes Bild, in dem Negativerfahrungen direkt am Migrationshintergrund festgemacht werden und Positiverfahrungen trotz Migrationshintergrund möglich sind. Besonders deutlich wird dies in Leipzig, wo trotz einer äußerst niedrigen Migrantenquote ein enormes Abwehrpotential gegen alles Fremde immer wieder zutage tritt.

„Manche denken dann eben, sie sind die Größten und müssen dann das Leben so fortführen, wie sie es zu Hause gemacht haben, aber dann verstecken sie sich eben dahinter, dass sie die Sprache nicht können."

„Jetzt muss ich mir von einem Deutsch-Russen auch noch sagen lassen, wie ich mich zu benehmen habe."

„Das war ein türkischer Mann, der war aber ganz lieb in diesem Moment zu mir, also, egal wer ich nun war oder wer er war."

Eine gewisse Fremdenfeindlichkeit scheint keine rein deutsche Denkweise widerzuspiegeln, sondern spielt offenbar auch in den vielen migrantischen Communities eine erkennbare Rolle.

Dabei wissen deutsche Befragte häufig um die hohe Aktivität bestimmter ausländischer Gemeinden. Frau K. erwähnt eine Art Treffpunkt oder eine einem Nachbarschaftszentrum ähnliche Zusammenkunft der eritreischen Gemeinde in ihrem Viertel: „[...] nur von den Eritreern ist hier, glaube ich, noch was."[2]

Gerade von wenig aktiven deutschen Befragten wird dieses Engagement mitunter neidisch beäugt. Es wird zum Beispiel erwähnt, dass es in den Stadtteil- beziehungsweise Nachbarschaftszentren zwar Koch- oder Sprachkurse „für Türken" gäbe, allerdings nichts „für Deutsche". Gleichzeitig wird der Wunsch nach mehr Vermischung, mehr „multi-kulti" zumindest geäußert – und zwar sowohl von Seiten der Menschen mit als auch von jenen ohne Migrationshintergrund.

„Blöd ist, dass jeder eigentlich für sich ist. Also die Türken für sich, die Araber für sich, die Deutschen meistens für sich. Außer im Nachbarschaftszentrum, wenn man sich begegnet, redet man zusammen. Aber außerhalb ist jeder eigentlich für sich, weil jeder hat irgendwie Angst mit den anderen."

„Jeder hat eine eigene Gruppe, weder die Türken sitzen mit den Arabern, weder die Araber mit den Deutschen. [...] Ja, sieht man ja jetzt (zeigt auf ihre Nachbarin und lacht): hier Araber, da (zeigt auf ihr Gegenüber) Türkin! Das ist genau dasselbe, das ist immer so! Obwohl man hat ja nichts gegen den anderen, auch die Deutschen haben nichts gegen uns, aber irgendwie ..., es kommt nichts."

---

2   Vermutlich ist an dieser Stelle der Internationale Garten in Brückenhof angesprochen, in dem laut Angabe von Herrn G. die eritreische Gemeinde, der er angehört, mindestens zwei Mal im Jahr Treffen für die Viertelbewohner veranstaltet.

Zwei andere Teilnehmerinnen fügen hinzu:

„Wir grüßen uns nur und das war's. Obwohl man kann deutsch, wir könnten uns eigentlich alle verständigen, aber irgendwie kommt nichts."

„Ich finde die Ausländer hier, alle an einer Stelle, das finde ich nicht gut. [...] Besser wäre es, sie zu ‚verteilen'. [An einer Stelle] machen (sie) viele Probleme zusammen. [...] Da sind auf einem Haufen nur Kurden. [...] An einer Stelle [könnte man] echt sagen, gibt es keine Deutschen mehr."

Hier kollidiert offenbar der Wunsch nach mehr kultureller Vermischung mit einem unterbewussten Anspruch, Freizeit- oder Engagementangebote müssten der eigenen kulturellen Herkunft stärker entsprechen. Das Verlangen einzelner deutscher Befragter nach eigenständigen Angeboten „für Deutsche" mag einerseits auf ein Defizit im kulturellen Alltag der deutschen Anwohner im Viertel hinweisen. Andererseits könnte es aber auch die Vorstellung von Bürgergesellschaft in separaten Parallelgesellschaften implizieren oder die kulturell fremden Angebote generell als störend klassifizieren.

8. Typologie einiger Bewohner des Viertels

Trotz etlicher übereinstimmender Charakteristika und Wahrnehmungsweisen unter sozial Benachteiligten handelt es sich auch bei ihnen um eine sehr heterogene Gruppe, der bezüglich bürgergesellschaftlichen Engagements zum Teil in unterschiedlicher Weise begegnet werden muss. Um die Passgenauigkeit möglicher informeller, „moderner" Engagement- und Aktivitätsangebote zu gewährleisten, ist also zusätzlich ein differenzierender Blick auf die Bewohner des Viertels notwendig. Vorliegende Typologie stellt einige – für die Fragestellung nach den modernen Formen der Bürgergesellschaft besonders wichtige – Stadtteilbewohnergruppen, ihre Problemlagen und Perspektiven auf die Bürgergesellschaft vor.

Es handelt sich um eine vorläufige, nicht abschließende Typisierung einzelner Bewohnergruppen, die entweder eine besondere Offenheit gegenüber informellen, modernen Formen bürgergesellschaftlicher Aktivität aufweisen (z.B. die Gruppe der jungen Männer, Typ D), oder die diesen gegenüber besonders abgeneigt erscheinen (etwa die Isolierten, Typ C). Ferner scheinen einzelne Typen besondere Möglichkeiten zu bieten, Engagement- und Aktivitätsmöglichkeiten im Viertel aufzubauen oder zu multiplizieren (siehe die Gruppe der Viertelgestalter, Typ F).

8.A „Viertelkinder"

- leben seit Jahren, zum Teil seit Generationen im Viertel
- möchten vor Ort bleiben; haben wenig Ambitionen, das Viertel in nahe liegender Zukunft zu verlassen
- sehen auch den eigenen Nachwuchs im Viertel aufwachsen

- häufig Viertelbewohner mit Migrationshintergrund
- (positive) Identifizierung mit der Gruppe der „Ausländer"
- wissen um das negative Image des eigenen Viertels, erachten es aber nicht zwangsläufig als zutreffend
- (positive) Identifizierung mit dem Viertel
- hoher Bindungsgrad ans Viertel
- starke Frequentierung der Infrastruktur vor Ort (Spielplätze, Parks, Einkaufsmöglichkeiten)
- Offenheit gegenüber „modernen" Formen der Bürgergesellschaft
- hohes passives Engagement- oder Aktivitätspotential

Die Gruppe der Viertelkinder sieht meist für sich selbst nicht die Möglichkeit, sich eigeninitiativ um Aktivitäten im Viertel zu kümmern. Die Vorstellung, selbst kreativ oder initiativ zu wirken und Aktivitäten auf die Beine zu stellen, liegt ihnen sehr fern. Nichtsdestotrotz stellen die positive Eigenidentifizierung mit dem Viertel, der hohe Bindungsgrad und die starke Frequentierung der lokalen Infrastruktur wichtige Anknüpfungspunkte für die moderne Bürgergesellschaft dar. Denn aufgrund der Tatsache, dass – wie eingangs geschildert – insbesondere der Faktor Kinder[1] als Zugang zu Aktivitäten und Engagement wirkt und dieser Typus mit einer ausgesprochen positiven Einstellung in das Leben im Viertel eingebunden ist, bieten sich hier Möglichkeiten zur Förderung moderner Formen bürgergesellschaftlichen Engagements. Gerade die langfristige Orientierung auf das Viertel als Lebensmittelpunkt lässt erwarten, dass Engagementpotentiale im Interesse der Viertelbewohner durchaus aktivierbar sein dürften. Es handelt sich sozusagen um die zentrale Gruppe der „Konsumenten" von Aktivitäts- und Engagementangeboten, die allerdings für diese Gruppe initiiert und aufgebaut werden müssen (beziehungsweise müssen die bereits existierenden Angebote stärker an diese Gruppe herangebracht werden).

8.B „AUFSTIEGSORIENTIERTE"

- häufig jüngere Generationen, Söhne und Töchter der „Viertelkinder"
- vornehmlich Viertelbewohner mit Migrationshintergrund

---

1 Vgl. Abschnitt 5.1.1.2, Kinder als Zugang in die Bürgergesellschaft.

- zwiespältige Haltung: Häufig sind im Viertel soziale Bindungen durch Familie und Freunde vorhanden, dennoch besteht der Wunsch, das Viertel perspektivisch zu verlassen
- distanzieren sich vom Viertel, zum Teil sogar mit Scham
- Lebensfokus liegt auf Arbeit/sozialem Aufstieg
- Aktivitäten und soziale Kontakte meist *außerhalb* des Quartiers
- legen Wert darauf, dass der soziale Kontakt des eigenen Nachwuchses außerhalb des Viertels liegt
- Viertel trägt für diese Gruppe ein negatives Image
- keine allzu starke Eigenidentifizierung mit dem Viertel
- geringes Aktivitäts-/Engagementpotential (zumindest in Bezug auf das Viertel)

Obwohl dieser Typus des Viertelbewohners theoretisch nicht nur passives, sondern auch aktives, gestalterisches Engagementpotential mitbringt, das heißt häufig die individuellen Ressourcen zur Gestaltung einer modernen Bürgergesellschaft aufweist, sind hier die Möglichkeiten zur konkreten Förderung der Bürgergesellschaft sehr eingeschränkt. Aufgrund der geringen Eigenidentifikation mit dem Quartier und des niedrigen Bindungsgrades an das Quartier scheinen kaum Anknüpfungspunkte für informelle Formen des Engagements gegeben.

Zur Förderung lokaler Bürgergesellschaft liegt daher der Fokus auf den Gruppen der „Viertelkinder" (Typ A) sowie der „Viertelgestalter" (Typ F) näher.

8.C „ISOLIERTE"

- meist Ältere oder Menschen mit körperlichen Einschränkungen sowie anderen psychischen oder physischen Erkrankungen
- ausgesprochen kleine soziale Netzwerke
- Familien außerhalb des Quartiers oder keine Familie (mehr)
- häufig Bewohner ohne Migrationshintergrund
- meist nicht (mehr) berufstätig, ohne Arbeit
- leben vereinsamt, zum Teil völlig isoliert
- wenige, teilweise wöchentliche Aktivitäten
- regelmäßiger Tagesablauf ist wichtig

- Regelmäßigkeiten grundsätzlich wichtig, strukturieren den Alltag und geben Halt
- Teilnehmer der „alten", nicht der „neuen" Formen von Bürgergesellschaft
- passive Konsumenten regelmäßiger, „alter" Angebotsformen

Die Gruppe der Isolierten[2] findet in bürgergesellschaftlichen Aktivitäten zum Teil einen Ersatz für fehlende oder weggefallene eigene soziale und familiäre Netzwerke. Regelmäßig wahrgenommene Aktivitäten schaffen Bindungen und Struktur im Alltag. Dabei dient ihre Aktivität häufig nur dem Ausbrechen aus der sozialen Isolation. Die modernen, informellen Formen bürgergesellschaftlicher Aktivitäten scheinen für diese Gruppe gänzlich ungeeignet. Sie legt wenig Wert auf Flexibilität, Spontaneität und Freiheiten bei ihrer Freizeitgestaltung. Vielmehr werden gerade feste Bindungen und regelmäßige Tages- oder Wochenabläufe gesucht. Diese Viertelbewohner nutzen daher besonders die konventionellen, klassischen Formen der Bürgergesellschaft vor Ort. Auch sind insbesondere die Angebote lokaler karitativer Träger wichtig, um die Einbindung der Isolierten in die lokale Zivilgesellschaft noch zu gewährleisten und diese Gruppe den Kontakt in die Gesellschaft nicht vollkommen verlieren zu lassen.

Durch die intensive Nutzung des eigenen Wohnbereiches werden die lokalen, kostenfreien Postwurfsendungen konsumiert, Stadtteilzeitungen oder die Hefte der Wohnungsbaugesellschaften eingehend gelesen. Auf Aktivitätsangebote für diese Gruppe kann daher am sinnvollsten auf diesem Weg aufmerksam gemacht werden.

Ähnlich wie bei der Gruppe der „Viertelkinder" handelt es sich hier vornehmlich um passives Aktivitätspotential. Anders als erstere sind die Isolierten jedoch kaum für moderne, informelle Formen der Bürgergesellschaft zu gewinnen.

Umso wichtiger erscheinen bei dieser Gruppe die Aufrechterhaltung „konventioneller" Formen der Bürgergesellschaft und die Unterstützung bei der Wahrnehmung der Angebote (etwa in Form von Kostenerstattung von Mitgliedschaftsentgelten oder Transportkosten). Jenseits des finanziellen

---

2 Vgl. auch Typ 3, „Isolation und Entfremdung" der Typisierung bei Keller, Carsten: *Leben im Plattenbau. Zur Dynamik sozialer Ausgrenzung*, Frankfurt a.M. 2005, S. 156ff.

Aspektes sind die Menschen aufgrund körperlicher Einschränkungen zudem auf die Schaffung einer Infrastruktur angewiesen, die ihnen den Zugang zu solchen konventionellen Aktivitäten ermöglicht (ÖPNV-Anbindung, Barrierefreiheit, Versorgungseinrichtungen in der Nähe).

8.D Junge Männer

- Männer zwischen ca. 15 und 30 Jahren
- sehen keine attraktiven Aktivitätsangebote im Viertel
- sehen sich selbst aber auch nicht als Teil einer „Problemgruppe", für die es Bedarf an Aktivitäten geben müsste
- häufig als Kinder (vereins-)aktiv gewesen
- „Bruch" im Alter von 15/16 Jahren, Beendigung jeglicher (Vereins-) Aktivitäten
- hohe Offenheit gegenüber multi-kulturellen Aktivitäten (zumindest geäußert)
- schaffen die „dunklen Orte" des Viertels
- zum Teil regelrechtes Warten auf attraktive, „coole" Angebote
- sehr hohe Offenheit gegenüber informellen bürgergesellschaftlichen Aktivitätsformen
- großes Potential für Integration in die moderne Bürgergesellschaft
- mögliche neue Teilnehmer der modernen Bürgergesellschaft

Die Gruppe der „Jungen Männer" zeichnet sich durch das wohl ambivalenteste Bild bezüglich der Möglichkeiten, aber auch der Probleme der modernen Bürgergesellschaft im Viertel aus. Während die Befragten dieser Gruppe sich einerseits einer relativen Angebotslosigkeit gegenübersehen und dementsprechend selten Aktivitäten im Viertel nachgehen, gehören sie andererseits zu den größten Fürsprechern von modernen, informellen Aktivitätsformen.

Zunächst scheint diese Bewohnergruppe im Alter von ca. 15-17 Jahren der lokalen Zivilgesellschaft förmlich „verloren" zu gehen. Während viele der Befragten noch als Kinder regelmäßig und häufig aktiv waren, finden diese Aktivitäten während der Pubertät ein Ende. Im Folgenden scheinen diese jüngeren männlichen Quartiersbewohner die „dunklen" Orte des Viertels zu kreieren, indem sie beispielsweise die Parkplätze vor Einkaufsmärkten, Spielplätze oder Jugendzentren frequentieren und regelrecht einnehmen.

Stadtteil- oder Gemeindezentren geraten in der Wahrnehmung der „Jungen Männer" schnell zu puren „Frauentreffs", zu Orten mit *Hilfs*angeboten. Man selbst distanziert sich ganz explizit von abhängig, unselbständig und hilfsbedürftig erscheinenden Gruppen. Diese Einstellung weist bereits auf die Schwierigkeit hin, passgenaue Angebote für diese Gruppe zu gestalten.

Gleichzeitig eröffnen gerade moderne, informelle Angebotsformen hier neue Möglichkeiten der Integration in die Bürgergesellschaft. Denn für die Gruppe der „Jungen Männer" – beziehungsweise in dieser Lebensphase – erscheinen vor allem Faktoren wie Unabhängigkeit, Flexibilität, Eigenständigkeit und Freiheit wichtig. Trends, denen gerade die moderne Bürgergesellschaft mit ihrer Tendenz zu informellen Aktivitätsformen immer stärker entspricht.

8.E JÜNGERE FRAUEN UND MÜTTER

- Frauen zwischen ca. 20 und 40 Jahren, häufig mit Migrationshintergrund
- hinsichtlich des bürgergesellschaftlichen Engagements die herausragende Gruppe
- häufig selbstbewusste „traditionelle" Rollenerfüllung bei zeitgleichem Management des familiären Alltags (insbesondere bei Familien mit Migrationshintergrund)
- zentrale Fixpunkte zum Bewahren von Traditionen (bei Familien mit Migrationshintergrund)
- nehmen viele bestehende Aktivitätsangebote wahr
- gut funktionierende Netzwerke, vor allem familiärer Art (insbesondere bei Frauen mit Migrationshintergrund)
- hohe Sensibilität für Missstände im Viertel und Lücken im Angebot bürgerschaftlicher Engagementangebote
- durch Erziehung der Kinder häufig an das Viertel gebunden
- dominante Fokussierung auf die Verbesserung der Lage der Kinder
- hohe Offenheit gegenüber Angeboten für sich selbst
- über Aktivitäten im Viertel zentrale Brückenköpfe für Engagementangebote
- viertelgestaltende „Expertinnen" und aktive Unterstützerinnen der modernen Bürgergesellschaft

Gegenüber den jungen Männern zeichnen sich die jüngeren Frauen vor allem dadurch aus, dass spezifische Angebote gerade für sie entworfen und auch zu einem großen Teil von ihnen wahrgenommen werden. Daneben verkörpert die Fürsorge für die Kinder den zentralen Nexus der eigenen Lebensplanung und Rollenerfüllung. Die Erziehung der Kinder ist der dominante Faktor für Tagesablauf und Lebensentwurf. Durch die Übernahme der frühkindlichen Erziehung durch die Mütter scheiden diese häufig für längere Zeit aus dem Arbeitsmarkt aus, verlegen ihren Lebensmittelpunkt (als Hausfrauen) gänzlich in das Viertel.

Gerade aus diesen eher traditionell anmutenden Gründen der Rollenerfüllung erwächst eine hohe Bereitschaft zum Engagement vor Ort. Die Frauen nehmen bestehende Angebote in Stadtteilzentren wahr und sorgen sich um das Angebot für die Kinder. Ausgehend von dieser Gruppe konnten auch am ehesten konkrete Verbesserungsvorschläge genannt werden, die sich zumeist, anders als zum Beispiel bei den jungen Männern, über die eigene Person hinaus erstreckten. So wurde neben konkreten Vorschlägen für Kinder auch die Verbesserung des infrastrukturellen Angebots für Männer angeregt und angemahnt.

Ebenso sorgt die räumliche Angebundenheit und Vernetzung innerhalb des Viertels dafür, dass Frauen eine ambivalente Rolle einnehmen – zwischen Hüterinnen von Traditionen einerseits und selbstbewusster moderner Strukturierung des Alltags andererseits. Frauen verhelfen ihren Männern nicht selten mittels ihrer informellen Netzwerke zu Arbeit. Dies trifft insbesondere bei Familien mit Migrationshintergrund zu, hier scheinen die Frauen Brückenbauerinnen nach außen und zentrale Knotenpunkte des familiären Zusammenlebens zu sein. Häufig erwähnten beispielsweise Befragte, dass sie ehrenamtlich in Moscheen aktiv sind.

Bezüglich der Engagementformen ist dabei eine Offenheit für Angebote zu konstatieren, die selbst wahrgenommen werden können. Häufig war jedoch auch zu beobachten, dass den Aktivitäten der Kinder mit Misstrauen und Sorge begegnet wird. Hier könnten Barrieren abgebaut werden, wenn öffentliche Initiativen und Einrichtungen stärker vor Ort präsent wären und über ihre Angebote aufklären.

Es sollte deswegen in Zukunft probiert werden, besonders auf die Rolle der Frau in den Familien zu achten und ausgehend hiervon Handlungsanweisungen für die Viertel zu entwerfen. Dazu gehören ein offenes und breites Angebot für Kinder, über die ein Zugang zu den Familien eröffnet werden kann. Daneben muss ein Ausbau des Angebots für Männer in den Stadtteilen angeregt werden. Auch stellen die weiblichen Netzwerke vor Ort Konglomerate sozialen Kapitals dar. Deshalb sollten sie in Zukunft mitspracheorientiert und unterstützend genutzt werden. Aufbauend auf der „Expertise" der Frauen und den jeweiligen Bedürfnisstrukturen der weiblichen Netzwerke könnten viertelgestaltende Handlungsanleitungen entworfen werden.

8.F „VIERTELGESTALTER"

- in vielen verschiedenen Bereichen aktiv
- weite soziale Netzwerke
- häufig multikulturell übergreifend aktiv und vernetzt
- teilweise höherer Bildungsgrad
- zum Teil im Lebenslauf „blockierte" Gruppe (beispielsweise durch Nichtanerkennung ausländischer Bildungsabschlüsse, kürzlichen Verlust des Arbeitsplatzes, Berufsunfähigkeit etc.)
- kennen häufig die lokalen sozialen, kulturellen und politischen Ansprechpartner
- starke Eigenidentifikation mit dem Viertel
- positive Einstellung zum Viertel
- Offenheit und Aktivität sowohl bezüglich der „alten" als auch der „modernen" Formen der Bürgergesellschaft
- gleichzeitig: Problembewusstsein und Veränderungswille
- entscheidende Angelpunkte der lokalen Bürgergesellschaft

Diese Gruppe umfasst beispielsweise Sporttrainer, religiöse Sprecher oder ähnliche Multiplikatoren der Bürgergesellschaft im Viertel,[3] die sehr aktiv

---

3 Olk et al. sprechen in diesem Zusammenhang von „Schlüsselpersonen des lokalen Umfelds", etwa Bürgermeister oder Vereinsvorsitzende. Diese Typen sind nicht ganz deckungsgleich. Bei Viertelgestaltern handelt es sich eher um „versteckte" Schlüsselpersonen, die in informellen Netzwerken aktiv sind. Da unsere Gesprächspartner gerade politischen Würdenträgern mit großer Skepsis begegnen, gehören zum Beispiel Politiker in der Regel nicht zu ihnen. Die Viertelgestalter der „Unterschicht" aufzufinden scheint daher eine besonders große He-

sind und die die lokale zivilgesellschaftliche Infrastruktur nicht nur genau kennen, sondern auch *gestalten*.[4] Hierbei scheint das „Lebenslaufschicksal" einzelner mitunter zum Vorteil des Viertels zu geraten, handelt es sich doch häufig um Angehörige von Gruppen mit Migrationshintergrund, denen der soziale Aufstieg und damit „Ausstieg" aus dem Viertel aus verschiedenen Gründen verwehrt bleibt, weil ihre ausländischen Bildungsabschlüsse nicht anerkannt werden oder aber deren migrantische Gemeinschaft, die eigenen sozialen und familiären Netzwerke so fest vor Ort verankert sind, dass trotz eines höheren Bildungsabschlusses der Wegzug aus dem Viertel nicht in Frage kommt.

Die „Viertelgestalter" zeichnen sich durch stärkere individuelle Ressourcen als die meisten Bewohner der untersuchten Viertel aus, zudem durch Kenntnisse um die lokalen Ansprechpartner und (Förder-)Möglichkeiten von Aktivitäten. Die positive Einstellung zum und die Eigenidentifizierung mit dem Viertel sind das Fundament für ihr bürgergesellschaftliches Engagement. Zudem kennzeichnet diese Gruppe ein Problembewusstsein für die postmaterielle Ebene des Zusammenlebens im Quartier. Das heißt, die Wünsche für das Viertel umfassen nicht ausschließlich eine funktionierende und saubere Infrastruktur, sondern darüber hinaus auch die Idee eines bürgergemeinschaftlichen Zusammenlebens.

Zur Förderung der Bürgergesellschaft, sowohl der alten als auch der neuen Formen, ist die Ansprache insbesondere dieser Gruppe als Multiplikatoren von größter Wichtigkeit. Nicht nur erscheint auf diese Art eine tatsächliche Förderung der Aktivitäten im Viertel erreichbar. Zudem könnten diese Multiplikatoren dazu beitragen, die „Idee" von Bürgergesellschaft, nämlich der gemeinschaftlichen Aktivitäten von Viertelbewohnern im öffentlichen Raum, zu verbreiten. Denn häufig zeigten sich andere Befragte

---

rausforderung. Olk, Thomas et al.: Handlungsempfehlungen für die Förderung bürgerschaftlichen Engagements in Ostdeutschland, in: Gensicke, Thomas et al.: *Entwicklung der Zivilgesellschaft in Ostdeutschland. Quantitative und qualitative Befunde*, Wiesbaden 2009, S. 147-154, hier S. 150.

4 Die Zugehörigen dieses Typus entsprechen zwar nicht in allen Fällen den sozialstatistischen Kriterien der vorliegend untersuchten Gruppe („Unterschicht"). Es handelt sich jedoch um Mitbewohner des Quartiers, deren Betrachtung insbesondere in Bezug auf die Frage nach Möglichkeiten zur Förderung bürgergesellschaftlicher Aktivitäten im Viertel wichtig erscheint.

als die „Viertelgestalter" in Bezug auf die Ansprüche an das Leben im Quartier saturiert, waren mit ihrem Viertel fast zufrieden. Die Vorstellung, dass sich ein „ideales" Leben im Viertel nicht ausschließlich auf saubere Straßen und von Graffiti befreite Wände beschränken könnte, lag dort sehr fern. Das heißt, dass gerade bei diesen Gruppen von Viertelbewohnern die Vorstellung einer Bürgergesellschaft auf einer postmateriellen Ebene des Zusammenlebens stärker bewusst gemacht werden müsste. Eine Aufgabe, für die speziell die „Viertelgestalter" kompetent, motiviert und vor allem glaubwürdig erscheinen.

9. Erkenntnisse und Handlungsempfehlungen

Im Folgenden werden einige zentrale Erkenntnisse der vorangegangenen Untersuchung zusammengefasst und – zuweilen vor dem Hintergrund bisheriger Befunde der Zivilgesellschaftsforschung – eingeordnet und bewertet. Schließlich sollen im Anschluss daran konkrete Handlungsempfehlungen formuliert werden.

9.1 ERKENNTNISSE ...

9.1.1 ... über positives Denken – trotz allem

Zunächst einmal fällt das durchgängige Bedürfnis nach einer positiven Lebenseinstellung auf. Wenngleich die Lebensumstände es nicht immer erlauben, so scheint es doch ungemein wichtig, den Anstrengungen des Alltags mit einer überwiegend positiven Grundhaltung zu begegnen. Diese Lebenseinstellung kann auch als Mittel verstanden werden, die teils als lebensfeindlich wahrgenommene Umwelt mit ihren Anforderungen und Belastungen in einem erträglichen Maße für sich anzunehmen. Das Bedürfnis nach Ruhe, nach einem „Entfliehen" aus alltäglichen Verpflichtungen und einem Rückzug in eine private, aufbauende Lebenswelt ist dabei sehr groß. Denn generell sind Stress und Hektik die am negativsten wahrgenommenen Außeneinflüsse in diesem Teil der Bevölkerung. Eine Art latent empfundener Leistungsdruck und „stressig" soziale Zwänge werden in keinem Fall als produktive Herausforderung, sondern fast immer als unangenehme „Bedrohung" aufgefasst.

Dabei scheint zunächst unwesentlich, ob Arbeit den Tag strukturiert oder man derzeit ohne Arbeit ist. Zu den alltäglichen Verpflichtungen, die unter Druck setzen, können auch der Haushalt oder gemeinschaftliche Verabredungen zählen. Die Privatheit und das „Sichzurückziehen", entweder in die eigenen vier Wände oder in den Freundes- und Familienkreis, sind dabei von großer Bedeutung. Sich aus diesen Bereichen heraus zu begeben, Neues oder Unbekanntes – womöglich noch allein – zu wagen, ist anstrengend.

9.1.2 ... über Arbeit, Freizeit und die moderne Bürgergesellschaft

Auffällig ist besonders die stark dichotome Perzeption der Bereiche Freizeit und Arbeit, wobei letzterer Bereich erneut nicht ausschließlich die reguläre Beschäftigung in einem Arbeitsverhältnis meint. Auch Befragte ohne Arbeit unterscheiden zwischen den Bereichen Arbeit und Freizeit in ihrem Tagesablauf. Die täglich anfallenden Aufgaben, etwa Hausarbeiten oder Termine, werden als extrem stressbeladene Arbeitsbereiche eingestuft, von denen allein die Freizeit entbindet. Freizeit wird hier nicht durch Arbeit, sondern als von jeglicher Arbeit „freie Zeit" definiert.

Formalen ehrenamtlichen Verpflichtungen oder mitgliedschaftlichen Bindungen begegnet man aus diesen Gründen zunächst mit Skepsis. Vielmehr ist den in dieser Studie Befragten – ähnlich wie es die Engagementforschung für die gesamte Gesellschaft belegt[1] – die individuelle Freiheit bei der Freizeitgestaltung ausgesprochen wichtig. Die „modernen" Bürgergesellschaftsformen müssten daher gerade für sozial Benachteiligte interessant erscheinen. Doch überdurchschnittlich flexibel oder informell aktiv zeigte sich kaum eine(r) unserer Befragten.

Wie lässt sich dieser vermeintliche Widerspruch zwischen der praktischen Ferne von der modernen Bürgergesellschaft und der erklärten Attraktivität informeller Engagementstrukturen erklären? Womöglich spielt hier

---

1 Vgl. Alscher et al.: *Bericht zur Lageund zu den Perspektiven des bürgerschaftlichen Engagements in Deutschland*, Wissenschaftszentrum Berlin für Sozialforschung (Wissenschaftszentrum Berlin für Sozialforschung, WZB), Berlin 2009, S. 52.

der Faktor Arbeit eine große Rolle, denn kaum etwas führt schneller zu Aktivitäten und Engagement als die sozialen Netzwerke von Kollegen und Bekannten am Arbeitsplatz. Oder, anders herum betrachtet: Arbeitslose Menschen sind auch weiterhin am seltensten in die Infrastruktur der Zivilgesellschaft einbezogen.[2] Gerade die modernen Bürgergesellschaftsformen betonen die Eigeninitiative der Bürger, das Zutrauen in sich selbst, der Glaube daran, dass die eigene Aktivität etwas bewirkt.[3] Der schwedische Politikwissenschaftler Erik Amnå kommt in seiner Untersuchung unkonventioneller Beteiligungsformen zu dem Ergebnis, dass es, um Zugang zu ihnen zu finden, eines bestimmten Faktors bedarf, den er als „ability ‚I can'" umschreibt:

„In order for one to actually become involved and participate, a moral imperative or a situation inviting action alone is insufficient. One also has to have confidence in one's own resources – that what one has to contribute can truly make a difference."[4]

Unsere Befragungen zeigen jedoch, dass sozial Benachteiligte über dieses für den Zugang zur modernen Bürgergesellschaft so ungemein wichtige Selbstzutrauen kaum verfügen. Die Hemmschwelle, aus sich selbst heraus

---

2 Mit zahlreichen anderen Indikatoren zeige dieser Befund, „dass Arbeitslosigkeit mit verminderter sozialer Integration und anderen Benachteiligungen einhergeht". Vgl. Gensicke, Thomas; Geiss, Sabine: *Hauptbericht des Freiwilligensurveys 2009. Zivilgesellschaft, soziales Kapital und freiwilliges Engagement in Deutschland 1999 – 2004 – 2009;* München 2010, online verfügbar unter: http://www.bmfsfj.de/RedaktionBMFSFJ/Broschuerenstelle/Pdf-Anlagen/3._20 Freiwilligensurvey-Hauptbericht,property=pdf,bereich=bmfsfj,sprache=de,rwb= true.pdf (zuletzt eingesehen am 05.12.2010), S. 72; ähnlich Schulz: „Die Bürgergesellschaft wirkt wie eine Verlängerung der Erwerbsgesellschaft." Schulz, Rosine: *Kompetenz-Engagement. Ein Weg zur Integration Arbeitsloser in die Gesellschaft,* Wiesbaden 2010, hier S. 297.
3 Vgl. Böhnke, Petra; Dathe, Dietmar: Rückzug der Armen. Der Umfang freiwilligen Engagements hängt von der materiellen Lage ab – und von Bildung, in: *WZB-Mitteilungen,* (2010) 128, S. 14-17.
4 Amnå, Erik: Active, Passive, or Stand-by Citizens? Latent and Manifest Political Participation, in: Amnå, Erik et al. (Hrsg.): *New Forms of Citizen Participation. Normative Implications,* Baden-Baden 2010, S. 191-203, hier S. 197.

aktiv zu werden, andere anzusprechen oder – auch im übertragenen Sinne – neue Räume zu betreten, liegt nicht selten zu hoch und verhindert Engagement und Aktivität. Umso schwerer wiegt in diesen Fällen der Zustand der Arbeitslosigkeit, da dieser nicht nur zu einer deutlichen Verringerung des „Selbstzutrauens" führt, sondern auch zu reduzierten sozialen Netzwerken. Häufig fehlen Menschen, Freunde und Bekannte, die entweder in bereits bestehende bürgergesellschaftliche Strukturen einführen können oder mit denen man sich gemeinsam auf den Weg zu einer Aktivität begeben kann. Insbesondere bei der Betrachtung der modernen Formen von Bürgergesellschaft muss daher ein Fokus auf die Gruppe der sozial Benachteiligten gelegt werden.

9.1.3 ... über Nähe und Nahbereiche

Der Nahbereich ist für die „Unterschicht" ungemein bedeutend. Anknüpfungspunkte für Engagement und Aktivität finden sich fast ausschließlich hier. Oft bewegt man sich überhaupt nicht aus dem Viertel hinaus,[5] die lokale Infrastruktur wird daher besonders intensiv genutzt. Diese und das eigene informelle (Hilfs-)Netzwerk sind hier engmaschig und – wenn man so will – bequem, so dass sich viel innerhalb dieser limitierten Sphäre abspielt.

Verschiedene Gründe beschränken die Bewohner auf einen sehr kleinen Aktions- und Lebensradius. Erstens befinden sich die sozialen und familiären Netzwerke vor Ort. Zweitens grenzt der Mangel sowohl an finanziellen als auch an individuellen Ressourcen den Alltag räumlich ein, etwa wenn der öffentliche Nahverkehr zu teuer erscheint oder die Betreffenden es beispielsweise nie gelernt haben, Fahrrad zu fahren. Drittens, und dies wiegt möglicherweise am schwersten, liegt die Hemmschwelle, den eigenen Nahbereich zu verlassen, unbekannte Orte aufzusuchen und für sich selbst zu erschließen, ganz besonders aus mentalen Gründen sehr hoch. Der Nahbereich bedeutet Sicherheit und Geborgenheit; Neuem und Orten außerhalb des Viertels hingegen wird mit Misstrauen begegnet. Kurz: Man bleibt dort, wo man sich (aus-)kennt.

---

5 Dass sich die „informellen" Teile der Bürgergesellschaft insbesondere auf den Nahbereich beziehen, befindet ganz ähnlich Warr, Deborah J.: Gender, Class, and the Art and Craft of Social Capital, in: *The Sociological Quarterly*, 47 (2006) 33, S. 497-520.

Diese Beobachtung gilt gleichsam für Aktivitäten und Engagement: Je höher die zu überbrückenden Entfernungen sind, desto seltener finden gemeinschaftliche Aktivitäten statt. Freizeitangebote werden meist nur dann wahrgenommen, wenn sie in der Nähe verfügbar sind.

Gleichwohl bedeutet das Vorhandensein von Freizeitangeboten – sei es über Vereine oder aber soziale Einrichtungen vor Ort wie etwa Nachbarschaftszentren – nicht gleichzeitig, dass diese auch aktiv aufgesucht und genutzt werden. Ganz im Gegenteil: Vielfach existiert eine aus Unkenntnis aber auch Misstrauen gespeiste innere Abwehr gegen existierende Angebote.

9.1.4 ... über Zusammengehörigkeitsgefühl und Gemeinschaft

Eine mehrheitlich positive Grundeinstellung findet sich in der Wahrnehmung des Viertels. Dieses wird – obwohl man die negative Zuschreibung von außen als „Problemviertel" kennt – meist als sehr positiv wahrgenommen, dem negativen Klischee sogar mit einer beinahe trotzigen Haltung begegnet.

Oft existiert ein unterschwelliges positives Zugehörigkeitsgefühl zum Viertel, selbst in Leipzig-Grünau, wo diese Zugehörigkeit aufgrund der vergleichsweise großen räumlichen Dimension zunächst einmal überraschen mag. Wenngleich dieses Zusammengehörigkeitsgefühl implizit bereits vorhanden scheint, so besteht explizit der Wunsch nach einer stärkeren Gemeinschaft. Häufig wird, sowohl von den Befragten, die hier eigene Lebenserfahrungen haben, als auch von anderen Teilnehmern, die sich dies nur ausmalen, als Kontrast die „Dorfgemeinschaft" romantisiert. In dörflichen Gesellschaften, so stellt man es sich zumindest vor, greifen sich die Menschen noch öfter unter die Arme. Die Kontakte zwischen *allen* Bewohnern seien deutlich enger.

9.1.5 ... über starke Netzwerke

Einige Bewohner sind allerdings in der Tat eng miteinander verbunden. Die sozialen Netzwerke und Hilfsnetzwerke erstrecken sich teilweise sehr weit und sind stabil. Meist sind es gut funktionierende migrantische Netzwerke, die das Leben im Viertel innerhalb der jeweiligen Gemeinschaften deutlich verbessern und dabei auch häufig über die eigene Community hinaus ausstrahlen.

Gerade in diesen migrantischen Gemeinschaften sieht man allerdings wegen des hohen Zeitaufwandes, mit dem man sich der Familie und den engen Freunden widmet, für weitergehende Anbindungen kaum Kapazitäten. Engagementförderung muss sich daher in einem ersten Schritt auf diese bestehenden Netzwerkstrukturen konzentrieren und möglicherweise unterstützend anregen, damit diese auf einen möglichst großen Teil des Quartiers ausstrahlen.

Zudem scheint hier eine auch in anderen Feldern zu konstatierende klare Trennung in öffentliche Sphären auf der einen (Nachbarschaft) und private auf der anderen Seite (Familie, Community) zu bestehen. Deshalb sind jene Hilfestellungen, die zu Engagement hinzugezählt werden können, nur innerhalb schwer einsehbarer familiärer Netzwerke aufzufinden. Um diese freiwilligen Aktivitäten insbesondere von Menschen mit Migrationshintergrund richtig einschätzen und entsprechend bewerten zu können, sollte die Zivilgesellschaftsforschung ihr definitorisches Ausschlusskriterium zumindest partiell auflockern, demzufolge das Private oder Familiäre *nicht* zur Zivilgesellschaft gehört.

9.1.6 ... über unterschätztes Engagement

Insgesamt ließ sich in der Tat viel verborgenes informelles Engagement ent- und aufdecken. Denn mitunter liegen die Eigenwahrnehmung und der definitorische Rahmen von Engagement weit auseinander. Das „tatsächliche" Engagement ist dabei überraschend stärker als es nach einer ersten Abfrage den Anschein machte. Allerdings wird diese Form der Hilfe kaum als *Engagement* wahrgenommen, auch kaum nach außen kommuniziert, da der Zusammenhalt, durch familiäre Bande verstärkt, als selbstverständlich gilt. Einigen Befragten wird erst auf gezielte Nachfrage bewusst, dass es sich beim eigenen Handeln um (zivilgesellschaftliches) Engagement handelt, das sie von sich aus nicht darunter subsumieren würden.

Ein Grund hierfür mag die strikte Trennung von Engagement innerhalb und außerhalb der Familie sein. Insgesamt ist die Selbstwahrnehmung des eigenen Engagements im familiären Sektor und im Nahbereich deutlich höher als außerhalb (wenngleich hier beachtet werden muss, dass das Engagement außerhalb der Familie von vielen Befragten selbst schlechter eingeschätzt wird als es sich in der Befragung tatsächlich herausstellte). Diese Tendenz ist bei Migranten mit einer großen Familie besonders ausgeprägt. Gerade dieses innerfamiliäre Engagement scheint sich der Mobilisierung durch außen eher zu entziehen, da es – womöglich auch aus Tradition, die Privatheit zu schützen – nicht zur Sprache kommt.

Ein weiterer Grund ist die generelle Einstellung zu Engagement und zum „Helfen" an sich. Denn scheinbar ist bürgergesellschaftliches Engagement mitunter einfach nicht „der Rede wert", sondern es wird einfach gemacht, was sinnvoll erscheint.

Diese Haltung lässt sich auch an der allgemeinen Einstellung ablesen, mit der Vorbilder für Engagement betrachtet werden. Engagement ist dementsprechend dann glaubwürdig, wenn die Personen, die sich engagieren, eine gewisse eigene Betroffenheit ausdrücken und verkörpern. Abstraktem Einsatz für „das Gemeinwohl" der Gesellschaft und überhaupt Menschen, die viel über ihr eigenes Engagement reden, wird mit Skepsis begegnet. Prominente Vorbilder, die (etwa in TV-Werbespots) vorleben, wie man etwas für die Gesellschaft tut, sind für diese Gruppe kein Anknüpfungspunkt.[6] Das gesamte Konzept des bürgerschaftlichen Engagements scheint hier fast unpassend – zumindest was die theoretische Grundannahme anbelangt, sich „des Engagements wegen" zu engagieren. Vielfach werden stattdessen schlicht die Dinge getan, die selbstredend sinnvoll erscheinen.

9.1.7 ... über Mitmachen und Selbermachen

Gleichzeitig zieht kaum ein Befragter Impulse für sein Engagement aus einer Art Verantwortungsgefühl gegenüber dem „großen Ganzen" der Gesellschaft. Vielleicht auch, weil man sich hier durch einen unvollkommenen Bezug in die *Arbeits*gesellschaft (fehlender Arbeitsplatz, nur Teilzeitbeschäftigung, o.ä.) nicht ganz zugehörig fühlt, da Arbeitslosigkeit in der Er-

---

6 Dies konnten wir konkret anhand der Fokusgruppen feststellen, in denen als Teil einer non-verbalen Kommunikationsrunde auch ein Videoclip der Kampagne Engagement-Macht-Stark gezeigt und anschließend darüber offen diskutiert wurde. Dieser wurde als viel zu abstrakt wahrgenommen, kaum einer der Befragten konnte mit ihm etwas anfangen. Das Video ist einzusehen unter: http://www.engagement-macht-stark.de/media/2008/spots%202008/Biedermann.mp4 (zuletzt eingesehen am 04.12.2010).

werbsgesellschaft immer noch ein Stigma ist; vielleicht aber auch, weil man sich nicht in der Rolle derjenigen sieht, die sich kümmern und etwas in die Hand nehmen. Denn diejenigen, so die vorherrschende Einstellung in den Gesprächen, die etwas organisieren oder anregen, sind andere. Das Mitmachen oder Teilnehmen kommt zwar für viele in Frage und findet zum Teil auch tatsächlich statt. Und wenn man angesprochen werden würde, ohne selbst etwas initiieren zu müssen, scheint die Bereitschaft zur Beteiligung wesentlich höher. Insgesamt ist auch das Bedürfnis nach weiteren Aktivitäten und nach Möglichkeiten, sich in irgendeiner Form in das Viertel einzubringen, ausgesprochen groß. Doch für die Organisation von Zusammenkünften, Initiativen oder Aktivitäten werden häufig andere Menschen in der Verantwortung gesehen.

Als Gründe dafür, nicht eigenständig etwas anzuregen oder organisieren zu wollen, verweist man nicht nur auf die eigene Bequemlichkeit, sondern auf eine kritische Selbsteinschätzung. Die Befragten haben selten Erfahrungen mit eigeninitiierten Aktivitäten, trauen sich dies nicht zu. Die bürgerschaftliche Qualität von Engagement liege unter anderem „in der Selbstorganisation und Selbstbestimmtheit dieses freiwillig ausgeübten Engagements",[7] so die Enquete-Kommission zur Zukunft des Bürgerschaftlichen Engagements in ihrem Abschlussbericht an den Deutschen Bundestag. Doch *selbst* etwas auf die Beine zu stellen, kommt für viele gerade wegen der geringen Bewertung ihrer eigenen Fähigkeit nicht in Frage. Oftmals fehlt es tatsächlich an den organisatorischen Ressourcen oder an Kenntnissen über die Orte, Hilfsstellen oder Ansprechpartner, die eine potentielle Initiative unterstützen würden. In diesen Fällen wäre Anleitung oder – besser noch – Hilfe zur Selbstorganisation notwendig. Gerade hier sind vor allem „Viertelgestalter" wichtig, Menschen also, die anderen den Weg zum Engagement ebnen, weil sie gerade keine Berührungs- oder Kompetenzängste haben. Doch auch das „Selbst"-Bewusstsein in dieser Bevölkerungsgruppe zu fördern wäre wichtig, denn die geringe Selbstinterpretation mancher Gesprächsteilnehmer erscheint angesichts der mannigfach vorgefundenen „versteckten" und informellen Hilfeleistungen vielfach ungerechtfertigt. Eine stärkere Anerkennung dieser bürgerschaftlichen Aktivitäten der „Unterschicht" wäre hierfür ein erster Schritt.

---

7 Deutscher Bundestag: *Bericht der Enquete-Kommission „Zukunft des Bürgerschaftlichen Engagements"*.

9.1.8 ... über Kinder als Brücke in die Bürgergesellschaft

Allgemein sind Kinder stets der wichtigste Zugang zu Engagement und Aktivität. Gründe, die Erwachsene erklärtermaßen von Aktivität abhalten – zum Beispiel wenig Geld oder Zeit zu haben oder den Aufwand zu scheuen – gelten durchweg nicht, wenn es um den eigenen Nachwuchs geht. In den meisten Fällen sind die Kinder stärker ins öffentliche Leben im Viertel eingebunden als ihre Eltern. Kinder haben zudem – auch hier im Gegensatz zu Erwachsenen – Kontakte mit vielen *verschiedenen* Netzwerken und *verschiedenen* Nationalitäten.

Gleichzeitig bedeuten Kinder auch für Ältere einen wichtigen Brückenpfeiler in die Bürgergesellschaft. Dies funktioniert zum Beispiel indirekt, indem versucht wird, die Situation für die eigenen Kinder oder für Kinder im Allgemeinen zu verbessern. Oder aber, indem sie zu ihren Aktivitäten gebracht oder abgeholt werden und somit Berührungspunkte zu Orten der Aktivität und zu anderen Viertelbewohnern entstehen.

9.1.9 ... über ungleiche Aktivitätsangebote

Insgesamt liegen die Aktivitäts- und Engagementmöglichkeiten für bestimmte Bewohnergruppen im Ungleichgewicht zueinander: Angebote für Frauen scheinen gegenüber Angeboten für Männer auf den ersten Blick zu überwiegen. Insbesondere junge Männer und männliche Jugendliche sehen sich oft einer Angebotsleere ausgesetzt. Eine weitere „Problemgruppe", auf die sich die Förderung bürgerschaftlicher Infrastruktur in den sozialstrukturell benachteiligten Vierteln besonders konzentrieren müsste, sind Bewohner *ohne* Migrationshintergrund und ohne eigene Familie vor Ort. Denn gerade bei diesen weithin isolierten Menschen scheinen kaum soziale Netzwerke zu greifen. Sie sind besonders auf eine von außen angebotene bürgerschaftliche Infrastruktur angewiesen.

9.1.10 ... über „moderne" Formen der Bürgergesellschaft

Die „modernen" Formen von bürgergesellschaftlichem Engagement erfreuen sich durchaus auch in der „Unterschicht" wachsender Beliebtheit. Die Möglichkeit, sich unabhängig von festen Strukturen zu engagieren, kommt sogar dem von uns untersuchten Personenkreis überwiegend entgegen, da die Skepsis gegenüber den Prinzipien der althergebrachten Institutionen groß ist. Konventionelle Organisationsformen wie etwa die (Vereins-)Mitgliedschaft werden als zu starr wahrgenommen und mit lästigen Verpflichtungen verbunden, die zunächst einmal abschrecken. Bei manchen klassischen Großorganisationen wie den Gewerkschaften oder Parteien kommt meist eine außerordentliche Ablehnung, ja fast Abscheu hinzu. So gesehen bieten sich kurzfristige, punktuelle und vor allem in finanzieller und zeitlicher Hinsicht flexibel gestaltbare Engagementfelder für diesen Personenkreis an. Allerdings muss dafür Sorge getragen werden, dass diese verschiedenen modernen Aktivitätsmöglichkeiten nicht nur bekannt, sondern auch angstfrei zugänglich sind, damit auch Menschen mit geringem Zutrauen in die eigenen Fähigkeiten den ersten Schritt wagen und „mal eben" teilnehmen.

9.1.11 ... über politische Formen der Partizipation

Auch Bürgerinitiativen oder Unterschriftenaktionen stellen im Grunde informelle Beteiligungsmöglichkeiten dar, die flexibel und bindungslos nutzbar sind. Sie könnten eine Chance für die Einbeziehung der „Unterschicht" in politische Entscheidungsprozesse bedeuten. In der Praxis jedoch verhindert häufig eine grundlegende Distanz, die man in der „Unterschicht" zu politischen Ebenen sieht, die Beteiligung.[8] Mit einer Ausnahme – der Einsatz für direkte Wohnbelange bei Wohnungsgesellschaften –kennt man kaum Möglichkeiten der eigenen Einflussnahme auf gesellschaftliche Angelegenheiten. Die Analyse des Politikwissenschaftlers Armin Schäfer, der unlängst feststellte, dass der Wahlakt noch immer die vergleichsweise geringste, durch soziale Unterschiede geprägte politische Partizipationsform ist,[9] sieht sich durch unsere Untersuchung nur bestätigt.[10] Während ein Großteil der Befragten Wahlbeteiligung als wichtig ansieht und angibt,

---

8 Vgl. Bundesministerium für Arbeit und Sozialordnung: *Lebenslagen in Deutschland. Der 3. Armuts- und Reichtumsbericht der Bundesregierung*, Bonn 2008, S. 126ff., online verfügbar unter: http://www.bmas.de/portal/26742/ property=pdf/dritter__armuts__und__reichtumsbericht.pdf (zuletzt eingesehen am 04.12.2010).
9 Vgl. Schäfer: Alles halb so schlimm?
10 Vgl. hierzu auch Schaal, Gary S.: Sozial Schwache.

selbst regelmäßig zu den Urnen zu gehen, ist nur ein Bruchteil in einer Partei, einer politischen Organisation oder einer Initiative aktiv. Nur wenige Befragte berichteten von der Beteiligung an Unterschriftenaktionen oder Bürgerbegehren. Und kaum jemand erwähnte den Boykott bestimmter Waren aus politischen Gründen,[11] geschweige denn die Teilnahme an politischen Aktionen über das Internet.

Aus demokratiewissenschaftlicher Betrachtung ist dieser Befund nicht ohne Relevanz. In der politischen Partizipationsforschung wird die Frage nach der „Sozialen Basis" bereits seit den 1970er Jahren und aktuell aufgrund der starken Zunahme individueller Beteiligungsformen (wie z.b. das politisch motivierte Boykottieren von Waren) neu gestellt. Gefragt wird, ob, durch Entwicklungen in der *Form* sich zu beteiligen, „neue" Gruppen herangezogen, mobilisiert („mobilization theory"[12]) und in den politischen Beteiligungsprozess integriert werden.[13] Oder, ob sich soziale Ungleichheiten erweitern. Sicherlich fehlt hier für weiterführende Aussagen eine Gegenüberstellung unserer Ergebnisse mit höher gebildeten und einkommensstärkeren Bevölkerungsschichten. Die vorliegenden Gespräche bestätigen jedoch den Eindruck einer starken sozialen Ungleichheit, die sich angesichts des Wachstums moderner politischer Partizipationsformen und ihrer zu vermutenden Einflusszunahme auf politische Entscheidungsprozesse in Zukunft sogar noch verschärfen könnte. Denn für die „modernen" politischen Formen sich zu beteiligen gilt im Grunde Ähnliches wie für die sozialen Bereiche der Bürgergesellschaft: Die Eigen- oder Selbstinitiative spielt eine zunehmend wichtige Rolle.[14] Dies wirkt sich auf die praktische Beteiligung der Bürger aus, denn während sich viele der von uns Befragten

---

11 Zu politischem Konsum als typisch „moderne" Form bürgergesellschaftlichen Engagements vgl. insbesondere Stolle et al.: Politics in the Supermarket, S. 245-269.

12 Vgl. Togeby, Lise: Grass Roots Participation in the Nordic Countries, in: *European Journal of Political Research*, 24 (1993) 2, S. 159-175.

13 Vgl. Strømsnes, Kristin: Political Consumerism: A Substitute for or Supplement to Conventional Political Participation? In: *Journal of Civil Society*, 5 (2009) 3, S. 303-314.

14 Bei bürgergesellschaftlichem Engagement spielt der Glaube, „dass man die Verhältnisse auch selber beeinflussen kann" eine Rolle. Unter anderem aus diesem Grund ließe sich von einem „Rückzug der Armen" sprechen, argumentieren Böhnke; Dathe: Rückzug der Armen, S. 17.

zwar durchaus in der Lage, zum Teil sogar persönlich verpflichtet sehen, regelmäßig wählen zu gehen,[15] trauten sich die meisten eine *Eigen*initiative nicht zu. Die Bundesregierung spricht in diesem Zusammenhang von zusätzlichen „Mechanismen des Selbstanschlusses", die – neben den nachweisbar negativen Einflüssen eines geringen Einkommens und niedrigen sozialen Status – dazu führen, dass sozial Benachteiligte sich „ein Engagement nicht zutrauen".[16]

Die vorliegenden Untersuchungsergebnisse bestätigen in der Tat, dass derartige „Mechanismen des Selbstausschlusses" wirken. Einige der modernen Formen sich zu beteiligen, also eigeninitiativ an einer Unterschriftenaktion, Bürger- oder Nachbarschaftsinitiative mitzuwirken, scheinen auch aus diesem Grund sozial Benachteiligte eher abzuschrecken. An Bedeutung gewinnt vielmehr ein regulärer Beteiligungsrahmen wie etwa die Regelmäßigkeit von Wahlen sowie die Unterstützung und Anregung von (politischer) Partizipation von außen – auch durch die Stärkung des „Selbst"-Zutrauens in die eigenen Fähigkeiten zur (politischen) Partizipation. Dass der „Zugang zum Engagement […] bislang oft abhängig von der sozialen Herkunft [ist]", stellt aktuell auch das *Nationale Dialogforum für Engagement und Partizipation* fest.[17] Die Bundesregierung solle in Kooperation mit der Wissenschaft eine Forschungsagenda zum Zusammenhang von Bildung und bürgerschaftlichem Engagement entwickeln. Es sei erforderlich herauszufinden, wie Menschen „durch persönliche Ansprache und Begleitung zum Engagement motiviert werden können" und welche Infrastruktur dafür notwendig ist.[18] Die Relevanz der *direkten* Ansprache zur sozialen Partizipation konnten die vorliegenden Forschungsergebnisse deutlich belegen. Wie jedoch die zwischenmenschliche Lücke, die offenbar in

---

15 Zu einem entsprechenden Ergebnis, dass die „[Bundestags-; d. Verf.]Wahlen auch politisch weniger interessierte Bürger-/innen mobilisieren", kommt Jesse, hier zitiert aus dem Armuts- und Reichtumsbericht. Bundesministerium für Arbeit und Sozialordnung: *Lebenslagen in Deutschland*. S. 127.
16 Ebd., S. 130.
17 Vgl. Nationales Forum für Engagement und Partizipation: *Ergebnisse des Dialogforum ‚Bildung und Bürgerschaftliches Engagement'*, S. 5, online verfügbar unter: http://www.b-b-e.de/fileadmin/inhalte/aktuelles/2010/05/df3_bildung.pdf (zuletzt eingesehen am 04.12.2010).
18 Vgl. ebd.

Bezug auf *politische* Formen der Beteiligung besteht, geschlossen werden kann, dahingehend besteht in der Tat noch großer Forschungsbedarf. Denn wie die Befragungen immer wieder zeigen, wird die Sphäre der Politik als etwas Elitäres angesehen, als Bereich, auf den man persönlich gar keinen Einfluss nehmen kann.[19] Ein sehr enges Verständnis von Politik resultiert sicher auch daraus, dass Politiker oder politisch Aktive in der „Unterschicht" persönlich überwiegend unbekannt sind. Politische Kontaktpersonen, die auch ein Verständnis von politischen und demokratischen Prozessen zu vermitteln vermögen, fehlen. Auf die vom *Nationalen Dialogforum* aufgeworfene Frage, wie die „persönliche Ansprache" und „Begleitung" zur politischen Beteiligung auch dieser Gesellschaftsgruppe (wieder)[20] gewährleistet werden könnte, fehlt derzeit noch eine Antwort.[21]

9.1.12 ... über haltgebende Strukturen

Bei aller artikulierten Bedürftigkeit nach bindungsarmen Beteiligungsmöglichkeiten und bei aller Wertschätzung des eigenen Freiraums wird zugleich deutlich, wie wichtig die Einbindung in feste und geregelte Strukturen ist, um überhaupt in die Welt der Bürgergesellschaft zu gelangen. Es braucht seine Zeit, Mitmenschen kennen zu lernen, Vorurteile abzubauen und Sympathien zu entwickeln. Genauso braucht es Zeit, in Aktivitäten zu gelangen,

---

19 In diesem Punkt können wir der Analyse Läzers zustimmen, die eine gesellschaftliche und politische Entwicklung beobachtet, „in der sozial benachteiligte Bürger sich nicht mehr als ‚Staatsbürger unter Gleichen' empfinden [...]." Läzer, Katrin Luise: *Politische Einstellungen in privilegierten und benachteiligten Großstadtquartieren in Deutschland*, Berlin 2008, S. 180.
20 Zu vermuten ist, dass der starke Mitgliederrückgang in Gewerkschaften und Parteien hier eine Lücke hinterlassen hat, die bisher nicht gefüllt werden konnte. Insbesondere Migranten in den Vierteln sind zudem in politischen Gremien, ja ganz allgemein in der kommunalen Politik und Bürokratie nicht hinreichend vertreten. Deshalb fehlen gerade hier die so dringend benötigten persönlichen Bindeglieder zu Politik und Demokratie, die zu Zeiten funktionierender sozialer Milieus zum Teil (noch) vorhanden waren.
21 Ein erster Ansatz liegt in der Unterstützung von „Viertelgestaltern", vgl. die Handlungsempfehlung „‚Viertelgestalter' als Schlüssel zu den bestehenden Netzwerken" dieses Berichts.

denn den ersten Schritt zu machen erscheint der untersuchten Gruppe ungemein schwierig. Dafür bedarf es eines bestimmten gemeinschaftlichen Hintergrundes. Auch ist, so konnten wir immer wieder feststellen, die direkte Ansprache durch persönliche Kontakte der häufigste Zugangsweg in die Bürgergesellschaft. Man beginnt – wie oben schon erwähnt – eher etwas, wenn jemand Bekanntes mitwirkt, wenn man nicht allein ist.

Diese festen Bindungen und langfristigen sozialen Kontakte bestehen erstens häufig in Form von privaten sozialen Netzwerken im Viertel, insbesondere bei Migranten. Halt, Sicherheit und die wichtigen sozialen Kontakte bietet zweitens auch der Arbeitsplatz. Nicht ohne Grund hatte das Thema Arbeit in unseren Befragungen einen überragenden Stellenwert. Arbeitsplatz- und materielle Sicherheit, darauf weisen die Befragungen hin, sind konstitutive Voraussetzungen für Engagement. Bevor diese Struktur nicht gegeben ist, müssen auch soziale und kulturelle Bedürfnisse zunächst eingeschränkt werden.[22] Oder, anders formuliert: „Man muss selbst finanziell abgesichert sein; erst dann kann man von Weltverbesserung träumen beziehungsweise versuchen, sie umzusetzen."[23]

Eine entscheidende Grundlage bilden schließlich, drittens, religiöse Gemeinschaften. Als wichtiger Teil des Alltags ermöglichen sie nicht nur soziale Kontakte und feste Strukturen, sondern auch den natürlichen, räumlichen wie moralischen Hintergrund für Engagement und Aktivität.

---

22 Die vorliegenden Befunde divergieren in dieser Hinsicht von der Einschätzung der Enquete Kommission des Deutschen Bundestages, dass bei der Entfaltung von Engagementpotentialen bei Arbeitssuchenden die „Engagementförderung und nicht eine Arbeitsmarkt- und Beschäftigungspolitik" im Zentrum stehe. Vgl. Deutscher Bundestag: *Bericht der Enquete-Kommission „Zukunft des Bürgerschaftlichen Engagements"*, S. 493. Die Befragten hingegen, die sich zum Zeitpunkt des Gesprächs ohne Erwerbsarbeit befanden, setzen ihre persönlichen Schwerpunkte eindeutig in umgekehrter Reihenfolge. Aus ihrer Sicht bedürfe es zunächst einer vergüteten Beschäftigung, damit die nötigen Voraussetzungen für Engagement und Aktivität gegeben sind.

23 Austermann und Woischwill beziehen sich hier auf die „Generation Prekär", vgl. Austermann, Frauke; Woischwill, Branko: Generation P. Von Luft und Wasser leben?, in: Busch, Michael; Jeskow, Jan; Stutz, Rüdiger (Hrsg.): *Zwischen Prekarisierung und Protest. Die Lebenslagen und Generationsbilder von Jugendlichen in Ost und West*, Bielefeld 2010, S. 275-304, hier S. 284.

9.1.13 ... über „neue" Formen in nachhaltigen Strukturen

Einerseits lässt sich also eine gewisse Scheu gegenüber Neuem und gegenüber außerhalb des eigenen Quartiers Gelegenem attestieren. Gleichzeitig ist man aber nicht nur sehr offen gegenüber modernen flexiblen Formen, sondern sie passen auch ideal in das, was die „Unterschicht" unter Freizeit subsummiert. Während alte, das heißt verpflichtende Aktivitäten per Verein oder Mitgliedschaft häufig als fremdbestimmte Zumutung empfunden, eher in den Bereich Arbeit gefasst und als reglementierender Eingriff in die Privat- und Freizeitsphäre gescheut werden, fallen die „neuen" eher unter diesen Bereich der Freizeit. Die Hürde, an ihnen „mal eben" teilzunehmen, müsste daher eigentlich besonders niedrig liegen.

Doch bis die erste psychische Barriere gegenüber Unbekanntem überkommen ist, dauert es gewöhnlich lange. Projektartige Initiativen, die auf wenige Jahre, womöglich gar Monate begrenzt sind, scheinen hier der falsche Ansatz zu sein. Vielmehr bedarf es zentraler Anlaufstellen, die flexible Angebote, Beteiligungs- und Engagementmöglichkeiten anbieten, die dauerhaft vor Ort präsent und nachhaltig infrastrukturell abgesichert sind.[24] Eigentlich liegt – angesichts der aktuellen Entwicklungen von Zivilgesellschaftsorganisation in der Bundesrepublik – die Etablierung so genannter Freiwilligenzentren oder -agenturen[25] nahe. Bei ihnen handelt es sich um Einrichtungen zur Vermittlung von Einzelnen ins bürgergesellschaftliche Engagement. Jedoch scheint es sich bei solchen oder ähnlichen Initiativen eher um Beispiele für typisch postmaterielles Bürgeren-

---

24 Olk et al. empfehlen entsprechend eine Förderung der infrastrukturellen Rahmenbedingungen (in diesem Fall auf Ostdeutschland bezogen). Olk, Thomas et al.: Handlungsempfehlungen, hier S. 148.

25 Zu Freiwilligenzentren vgl. Baldas, Eugen et al.: *Modellverbund Freiwilligen-Zentren*, Stuttgart [u.a.] 2001; Kamlage, Jan-Hendrik: *The Awakening Giant: The Development of Civil Society Infrastructure in Germany*, Konferenzpapier, Volunteering Infrastructure and Civil Society, Aalsmeer, Niederlande, 24.-25.4.2008, online verfügbar unter: http://www.cev.be/data/File/The%20awaking%20giant_%20The%20Development%20of%20Civil%20Society%20Infrastructure_final1.pdf (zuletzt eingesehen am 04.12.2010).

gagement zu handeln.[26] Der ihnen zu Grunde liegende Gedanke, das abstrakte Motiv des „Engagierens um des Engagements wegen", scheint der befragten „Unterschicht" hingegen eher fremd.

Zwei andere Möglichkeiten für die erforderliche Nachhaltigkeit und den dauerhaften Zugriff auf moderne Aktivitätsformen bieten sich an: Erstens wäre die Stärkung bestehender gemeinschaftlicher Netzwerke in erster Linie über die Schlüsselfiguren der „Viertelgestalter" wichtig. Dies sind Bewohner mit überdurchschnittlicher sozialer Vernetzung und hohem Ansehen im Viertel, die größtenteils dafür sorgen, die lokale Bürgergesellschaft zu organisieren und sie dadurch mit Leben füllen. Deren Engagementwille müsste gefördert werden, allerdings keinesfalls von außen reglementierend oder bevormundend. Wie noch später als Handlungsempfehlung formuliert, sollte deren Organisationsleistung frei von jeglichen bürokratischen Schwierigkeiten besonders unterstützt werden.

Zweitens müssten bereits bestehende infrastrukturelle Anlaufstellen für die Bürgergesellschaft vor Ort, etwa Sportvereine und sonstige Vereine, religiöse Gemeinden, Nachbarschafts- und Gemeindezentren sowie öffentliche Infrastrukturen gestärkt und dort *flexible* Aktivitäten angeboten werden. Moderne Formen politischer Beteiligung wie etwa Unterschriftenaktionen oder Bürgerbeteiligungsaktionen sollten zudem nicht nur auf den Zulauf von Bürgern aus der „Unterschicht" warten, sondern sich direkt vor Ort begeben.[27] Das „Moderne" und „Neue" hat sich also in die „sichere" Welt des Nahbereichs zu begeben. Nur so ließe sich die Beteiligung einer möglichst breiten sozialen Basis an der modernen Bürgergesellschaft gewährleisten.

---

26 Für eine interessante Ausnahme vgl. die in Berlin ansässige Freiwilligenagentur Kreuzberg-Friedrichshain, die insbesondere Arbeitslose als Freiwillige anzusprechen versucht.

27 Insofern ist der Handlungsempfehlung Nr. 2.2 „Persönliche Formen der Aktivierung des Engagementpotenzials umsetzen – die Menschen direkt ansprechen" von Olk et al. zuzustimmen. Olk, Thomas et al.: Handlungsempfehlungen, S. 149.

9.2 HANDLUNGSEMPFEHLUNGEN

9.2.1 Aktivitäten im direkten Nahbereich – den Nahbereich mitnehmen können

Der Nahbereich ist für die „Unterschicht" ungemein wichtig. Anknüpfungspunkte für Engagement und Aktivität finden sich ausschließlich hier. Verschiedene Gründe (finanzieller, praktischer aber auch mentaler Natur)[28] beschränken die Bewohner auf einen sehr kleinen Aktions- und Lebensradius. Oft bewegt man sich überhaupt nicht aus dem Viertel hinaus, denn die Hemmschwelle, den eigenen Nahbereich zu verlassen, unbekannte Orte aufzusuchen und für sich selbst zu „erobern", erscheint ungemein groß. Die lokale Infrastruktur wird daher besonders intensiv genutzt. Gleichsam bieten die vorhandene soziale Infrastruktur und das eigene informelle und engmaschige (Hilfs-)Netzwerk wenige Anreize, den Nahbereich zu verlassen, sondern eher die Möglichkeit, sich in ihm „bequem" zurückzulehnen.

- Gemeinschaftliche Aktivitäten müssen direkt vor Ort, vor der eigenen Haustür beginnen oder vorgestellt werden.
- Aktivitäten sollten verstärkt unterstützt und gefördert werden, bei denen das nahe Umfeld der Bewohner „dabei sein" und Sicherheit geben kann, etwa Straßen- oder Stadtteilfeste. Sie bieten die Möglichkeit, gemeinsam mit vertrauten Personen neue Bereiche und neue Menschen zu entdecken. Der eigene Nahbereich wird dadurch „mitgenommen", wodurch die Hemmschwelle zur Partizipation gleichsam gesenkt werden kann.

9.2.2 Das Rad nicht neu erfinden: Bestehendes Engagementpotential nutzen

Die Unterstützung *bereits vorhandener* Aktivitäten und informeller Hilfsnetzwerke ist wichtiger als der Versuch, eine *zusätzliche* Bürgergesellschaft zu kreieren. Denn Engagementpotential ist, wenn auch begrenzt, spürbar vorhanden. Problematisch scheint nur, dass es leicht von außen – und insbesondere bei bisherigen quantitativen Umfragen – übersehen werden kann.

---

28 Vgl. Abschnitt 4.1.4 dieser Studie.

Häufig greift man sich vor Ort, in familiären oder freundschaftlichen Netzwerken unter die Arme; diese Hilfe erstreckt sich nicht selten über weite Teile des jeweiligen Viertels. Die Tatsache, dass unter den befragten Bewohnern der Begriff des bürgergesellschaftlichen Engagements weithin unbekannt ist oder zumindest nicht verwendet wird, bedeutet nicht, dass sie genau dies nicht wie selbstverständlich leisten, ganz im Gegenteil. Diese sozialen Geflechte müssen aufgespürt und unterstützt werden.

- Mit Blick auf die Förder- und Unterstützungsmaßnahmen von *außen* erscheint es wichtig, die der Community vor Ort angehörigen, bestehenden Netzwerke zu unterstützen. Die Aus- und Weiterbildung von „Viertelkindern", das heißt Personen, die sich stark mit hiesiger Gemeinschaft identifizieren und langfristig an sie gebunden fühlen, bietet sich hier an. Einige bestehende Förderinitiativen (etwa die Integrationslotsen,[29] das ELFEN-Programm[30] in Niedersachsen oder die Ausbildung von „Stadtteilmüttern"[31]) gehen bereits in diese Richtung.
- Gewiss: Es erfordert auch hier viel Zeit und intensive Anstrengungen, die bestehenden Netzwerke und Personen aufzuspüren. Die Erforschung dieser informellen bürgergesellschaftlichen Netzwerke und die Anwendung ihrer Ergebnisse auf die Praxis muss daher intensiviert werden. Wissenschaftliche Forschung und die Akteure vor Ort müssen hierfür stärker als bisher zusammenarbeiten. Es ließe sich zum Beispiel anregen, dass akademische Untersuchungen (etwa Hausarbeiten oder Abschlussarbeiten), die sich mit strukturschwachen Vierteln beschäftigen, häufiger mit den praktischen und politischen Aktivitäten vor Ort rückgekoppelt werden. Eine solche Verbindung von (durchaus auch junger)

---

29 Vgl. beispielhaft die so genannten Integrations- und Kulturlotsen in Salzgitter: http://www.integrationslotsen-salzgitter.de/ (zuletzt eingesehen am 04.12.2010).

30 ELFEN steht für „Engagement-Lotsen für Ehrenamtliche Niedersachsen", vgl. http://www.ms.niedersachsen.de/live/live.php?navigation_id=5043&article_id=13735&_psmand=17 (zuletzt eingesehen am 04.12.2010).

31 Stadtteilmütter gibt es in verschiedenen Stadtteilen/Kommunen, vgl. hierzu Berlin Neukölln: Witt, Tabea: *Der Name ist Programm. Das Projekt Stadtteilmütter*, online verfügbar unter: http://www.buergergesellschaft.de/praxishilfen/sozialraum orientierte-interkulturelle-arbeit/beispiele-gelingender-praxis/der-name-ist-pro gramm/106581/ (zuletzt eingesehen am 04.12.2010).

Wissenschaft einerseits und engagementpolitischer Praxis andererseits müsste breitflächig angeregt werden. Die praktische Arbeit bestehender Projekte zur Unterstützung und Fortbildung lokaler „Viertelgestalter" könnte so gefördert und gleichzeitig wichtige Erkenntnisse für die weiterführende Erforschung der Netzwerke sozial Benachteiligter gewonnen werden.

9.2.3 „Viertelgestalter" als Schlüssel zu den bestehenden Netzwerken

„Mitmachen? Ja, aber nicht vorne weg!" Diese Devise beschreibt die grundsätzlich offene, jedoch recht passive Einstellung vieler befragter Viertelbewohner zum eigenen Engagement.

Bestehende Angebote werden durchaus wahrgenommen, die Organisation von Zusammenkünften oder Initiativen wird aber oft anderen überantwortet. Das Motto lautet: „Wir werden die Fahnen nicht vorne tragen, aber wir laufen mit." Die meisten Befragten haben kaum Erfahrungen mit eigeninitiierten Aktivitäten oder trauen sich das nicht zu. Die dominierende Einstellung lautet etwa: „Das kann ich nicht. Das hab ich noch nie gemacht." Umso wichtiger sind demnach die eigenen Eliten, die Anführer der jeweiligen *peer groups* sozusagen.

„Viertelgestalter", „Meinungsführer" oder lokale „Eliten", welchen Namen man auch immer bemüht: Es handelt sich um Menschen, die sich stark mit dem Viertel identifizieren, hier gerne leben und dennoch etwas verändern und verbessern möchten. Häufig haben diese Bewohner einen „Sprung" in ihrem eigenen Lebenslauf erlebt, sind sozial oder hinsichtlich ihrer Ausbildung aufgestiegen und haben bereits „etwas erreicht". Oftmals ist es ihr Anliegen, von diesem persönlichen Erfolg etwas zurückzugeben. Oder sie haben selbst Brüche und Rückschläge erlebt, sind Migranten, deren Ausreise auch einen persönlichen oder beruflichen Statusverlust nach sich zog – schmerzhafte Eigenerfahrungen, die sie heute zum Engagement antreiben.

Von engagierten Vertretern heimatlichen Glaubens und heimatlicher Kultur bis hin zu Sporttrainern, vom Jugendlichen, der die Aktivitäten seiner Freunde anregt bis hin zur jungen Mutter, die in der Moschee einen Kuchenbasar organisiert; es handelt sich dabei stets um sehr unterschiedliche Persönlichkeiten. Ihnen ist eine zentrale Funktion im Quartier gemein:

Viertelgestalter wirken nicht nur real durch die von ihnen ausgehende Organisations- und Aufbauarbeit lokaler Bürgergesellschaft, sondern auch implizit durch ihre Vorbild- und Orientierungsfunktion. Zu diesen „Anführern" wird aufgeschaut und sich an ihnen orientiert.

Gleichzeit sind sie ein Teil des Viertels – und sehen sich auch als ein solcher. Sie sind ein Beispiel dafür, im Viertel „gefangen" zu sein und dennoch etwas Positives erreichen oder gestalten zu können. Und gerade weil sie sich in der gleichen problematischen Situation befinden wie viele andere im Viertel, aber trotzdem etwas unternehmen, sind sie Vorbilder.

Anders als die Gruppe der „Aufstiegsorientierten", die sich nach außen bewegen und mit dem Viertel nicht viel anfangen mögen, identifizieren sich „Viertelgestalter" stark mit ihm. Dieses positive Bild ist erstens so wichtig, weil es motiviert. Zweitens wurde gezeigt, dass der Nahbereich für sozial Benachteiligte von zentraler Bedeutung ist. Viele „Viertelkinder" sehen ihre eigene Zukunft im Viertel, umso wichtiger ist für sie das Leitbild des Viertelgestalters. Und schließlich haben eben jene Viertelgestalter auch von außen kommenden Akteuren, deren Hilfe zum Teil als paternalistisch wahrgenommen wird, etwas voraus: Sie wirken besonders glaubwürdig, weil sie bereits längst Teil des Viertels selbst sind.

Diese beschriebene Gruppe der „Viertelgestalter" aufzuspüren scheint zwar schwierig, jedoch zwingend notwendig. Oftmals lassen sie sich durch ihre starke öffentliche Präsenz im Viertel, durch eine gewisse Prominenz (z.B. im Wohnhaus oder im gesamten Viertel) oder durch bereits „gelebte" Aktivitäten identifizieren. Werden Anreize geboten, treten sie bisweilen von selbst zum Vorschein. Sie bieten dann die Möglichkeit, größere Gruppen und Netzwerke im Viertel zu erreichen und „mitzunehmen".

- Will man die gesamte Bürgergesellschaft im Viertel erreichen und stärken, so müssen diese Menschen erst einmal aufgefunden werden. Anschließend müssen nicht nur ihre Aktivitäten unterstützt, sondern auch ihre Leistungen und ihre Rolle entsprechend anerkannt werden.
- Auch für die politische Partizipation im Viertel – für den Versuch auszugleichen, dass sich insbesondere sozial Benachteiligte in deutlich geringerem Ausmaß gesellschaftlich und politisch beteiligen – müssen die Viertelgestalter aufgespürt und angesprochen werden. Zwar ist es richtig, dass in diesem Bereich „gezielte Angebote an einkommensschwache Bevölkerungsgruppen und niedrigschwellige Angebote im unmittelbaren Umfeld

der Zielgruppen [...] eine Herausforderung [bleiben werden]".[32] Gleichzeitig bieten die Viertelgestalter einen Schlüssel zur Lösung dieser Angebotsproblematik: Sie müssen in die Strukturen repräsentativer Demokratie vor Ort eingebunden werden. Damit würde nicht nur die Mitsprache möglichst vieler Viertelbewohner gewährleistet. Viertelgestalter in politischen Ämtern und Entscheidungsfunktionen üben auch auf passive Weise einen Einfluss. Denn da bei jeglichem bürgergesellschaftlichen Engagement das Zutrauen in die eigene Fähigkeit, die Gesellschaft zu gestalten, eine entscheidende Rolle spielt,[33] bedarf es positiver Rollenvorbilder, die in der Tat mit ihrem Einsatz einen politischen Einfluss üben. Sie zeigen, dass es möglich ist, zu gestalten und zu verändern.

9.2.4 Kostenneutrale, öffentliche Orte stärken und publik machen

Besonders wichtig sind kostenneutrale öffentliche Orte, die man flexibel und problemlos nutzen kann, ohne die Gefahr einzugehen, seine eigene materielle Situation zu offenbaren. Diese Orte müssen ausgebaut oder zusätzlich geschaffen werden.

Gerade informelle Aktivitäten im Außenbereich finden häufig statt, weil man sie kosten- und damit risikofrei aufsuchen kann. Sowohl dort wie auch beispielsweise in Moscheen oder anderen religiösen Gemeinschaftseinrichtungen ist die Gefahr gering, dass es zu „peinlichen" Momenten kommt, in denen die eingeschränkte Finanzkraft des Einzelnen zu Tage tritt. Das heißt, öffentliche Räume – wie etwa Spielplätze, Parks oder die Einkaufsbereiche – werden ohnehin im Alltag intensiv genutzt. Daher könnten gerade in solchen Räumen Optionen zur Aktivität angeboten werden, wenn möglich vor allem in Zusammenarbeit mit den Partnern vor Ort.

Außerdem müssen Stadtteil- und Nachbarschaftszentren oder Gemeinderäume sowie deren bestehende Angebote stärker als derart „kostenneutrale Zonen" kenntlich gemacht werden. Es muss deutlicher werden, dass man dort auch ungebunden, flexibel (und somit „modern") mitmachen kann;

---

32 Bundesministerium für Arbeit und Sozialordnung: *Lebenslagen in Deutschland*, S. XXIX.
33 Zur Frage des Selbst-Zutrauens vgl. Abschnitt 9.1.2 dieser Studie; sowie Böhnke; Dathe: Rückzug der Armen, S. 17.

dass sie genauso „frei" und einfach genutzt werden können wie die Spielplätze, Einkaufszentren oder Parks vor Ort. Nur so lässt sich die bestehende mentale Barriere senken und die Angebotsnutzung ausbauen.

- Es sollten mehr Aktivitäten draußen, in der öffentlichen Infrastruktur, in Parks, in der Nähe der Einkaufszentren oder von Spielplätzen angeboten werden.
- Gemeinderäume und Nachbarschaftszentren sollten ihre Politik der „offenen Tür" verstärken und es anstreben, zu stark frequentierten Durchlaufarealen zu werden.
- Ferner muss intensiv darüber aufgeklärt werden, wo und welche Angebote kostenfrei und bindungsarm genutzt werden können und wofür Unterstützung durch öffentliche Gelder zu erwerben ist. Denn in den von uns untersuchten Stadtvierteln wurde, trotz einer zum Teil breiten Palette vorhandener kostenfreier Aktivitätsmöglichkeiten, immer wieder das Kostenargument angeführt; man könne nichts machen, weil alles Geld kostet, so die Begründung. Diesem Missverständnis könnte zum Beispiel durch gezielte Information über die Aktivitäten in Einkaufszentren, Parks und auf Spielplätzen, also in den am stärksten besuchten Orten begegnet werden.

9.2.5 Vornehmlich Migranten ansprechen

Möchte man Teilnehmer für Aktivitäten gewinnen, die das gesamte Viertel betreffen, so sollte man insbesondere bei Menschen mit Migrationshintergrund ansetzen. Bei ihnen sind die Voraussetzungen für Engagement und Aktivität aufgrund einer sehr positiven Eigenidentifikation mit dem Viertel am günstigsten. Die von uns vorgefundene Eigenwahrnehmung als „Ausländer" in einem „ausländischen" Viertel[34] verstärkt diesen Effekt partiell.

Viele Bewohner mit Migrationshintergrund gehen davon aus, dass die eigenen Kinder in Zukunft ebenso vor Ort aufwachsen werden. Allerdings gibt es eine Ausnahme: Die Gruppe der „Aufstiegsorientierten"[35], die zwar

---

34 Dies betrifft vornehmlich Kassel-Brückenhof und -Wesertor sowie Göttingen-Grone, aufgrund des minimalen Anteils von Bewohnern mit Migrationshintergrund weniger Leipzig-Grünau. Vgl. zudem Kap. 7 dieser Studie.
35 Vgl. Kap. 8 dieser Studie.

häufig auch einen Migrationshintergrund besitzt, aber meist versucht, Distanz zum Viertel zu wahren und sich kaum mit ihm identifiziert. Unserem ersten Eindruck zufolge überwiegt in den untersuchten Quartieren jedoch unter den Migranten der Typus der „Viertelkinder", die anzusprechen bei der Förderung von lokaler Bürgergesellschaft besonders gewinnbringend erscheint.

- Insbesondere bei diesem Typus der Viertelkinder (sowie dem der jungen Mütter) bietet sich der Zugang über die Kinder an. Geeignete Kanäle zur Kontaktaufnahme und Ansprache bieten hier in erster Linie die Schulen, die religiösen Gemeinschaften oder die Sportvereine. In diesen könnte gezielt und in verschiedenen Sprachen über stattfindende Aktivitäten informiert und um „Mithilfe" gebeten werden.
- Vor allem in Maßnahmen, die die Zukunft des Viertels betreffen (z.B. Planung von Spielplätzen etc.), können und wollen diese Bewohner eingebunden werden. Die richtige Ansprache ist hierbei entscheidend. Maßnahmen, die den Begriff „Bürger" in sich tragen (wie etwa „Bürgerinitiativen" oder „Bürgerbeteiligungsverfahren"), wirken zu oft abschreckend.[36]
- Möglicherweise ist auch das motivierende Ansprechen überhaupt zu überdenken. Denn unserem Eindruck nach können die meisten Befragten mit Aktivierungsschlagwörtern nicht viel anfangen. Nicht (nur), weil die Begriffe unbekannt sind oder weil es an Verständnis mangelt, sondern hauptsächlich, weil Dinge in dieser Bevölkerungsgruppe meist ganz pragmatisch „einfach gemacht" werden, wenn sie sinnvoll erscheinen; und nicht wegen des Slogans einer bürgerschaftlichen PR-Aktion.
- Engagementformen und Beteiligungsinitiativen, die diese Bewohner ansprechen, sollten den Fokus nicht auf das Bürgerrecht der Beteiligung legen, sondern an die erwünschte und notwendige Mithilfe der Bewohner appellieren. Dabei muss sehr genau auf den Motivierungsansatz geachtet werden. Eine Ansprache im Sinne eines „Sie, als Bürger, dürfen sich beteiligen" scheint unpassend. Zweckmäßiger ist der Zugang über Kinder, die vermutlich im Viertel aufwachsen werden. Die Form der

---

36 Vgl. zum Begriff des Bürgers Abschnitt 4.4.1 dieser Studie sowie die in Abschnitt 9.2.7 beschriebene Handlungsempfehlung „Engagementpolitik muss die Sprache der ‚Unterschicht' lernen".

Ansprache müsste lauten: „Wir brauchen hier Ihre Mithilfe bei der Gestaltung dieses Spielplatzes für unsere Kinder."

9.2.6 Erwachsene bei den Kindern „abholen"

Wie bereits mehrfach gesagt: Kinder sind wichtigster Zugangs- und Anknüpfungspunkt für die bürgergesellschaftliche Aktivierung und Motivierung der Eltern. Während für Erwachsene und Eltern häufig das fehlende Geld oder die mangelnde Zeit als Gründe für Inaktivität angeführt werden, scheinen diese Begründungen beim eigenen Nachwuchs weniger oder gar nicht zu gelten.

Kinder und Jugendliche nehmen ihre Aktivitäten stärker sozial „gemischt" wahr. Das heißt: Während sich Erwachsene vermehrt in bestimmten Gruppen (vgl. die in Kapitel 8 dargestellte Typologie) bewegen, ist man hier (noch) gemeinsam aktiv. Kinder können somit gleichsam für die Eltern als „Brücke" der Integration bisher Inaktiver in die Bürgergesellschaft im Viertel genutzt werden. Hier ist also ein sehr hohes Bewusstsein für den positiven Wert der Bürgergesellschaft vorhanden.

- Eltern müssen dort „abgeholt" werden, wo ihre Kinder bereits sind. Dies ist in ganz praktischer Hinsicht zu verstehen: Es bietet sich zum Beispiel an, Erwachsenenaktivitäten parallel zu denen der Kinder stattfinden zu lassen. Wenn beispielsweise „Frühstückstreffen" für Mütter oder Väter zur selben Zeit und am gleichen Ort wie das Sporttraining oder Sprachkurse der Kinder stattfinden, könnten die Eltern leichter in Aktivitäten eingebunden werden. Schließlich sind sie es, die ihre Sprösslinge hinbringen und abholen und daher regelmäßig vor Ort sind. Dem Kostenargument könnte durch Kombi-Finanzierungsmodelle begegnet werden, beispielsweise indem man in den Vereinsbeitrag für das Kind den Vereinsbeitrag für einen Elternteil integriert.

9.2.7 Engagementpolitik muss die Sprache der „Unterschicht" lernen

Oft mangelt es an einer gemeinsamen Sprache zwischen den Förderungsstellen der Bürgergesellschaft und den Bewohnern im Viertel. So finden Termini wie Bürger, Bürgergesellschaft, Zivilgesellschaft und Engagement kaum Platz im Wortschatz des untersuchten Personenkreises, stoßen vielmehr aus verschiedenen Gründen auf sofortige Ablehnung. Gleichsam scheinen den politischen und wissenschaftlichen Beobachtern von Bürgergesellschaft viele der in den Quartieren verwendeten Begriffe nicht geläufig. So wird vielfach einfach vom „Helfen" und von Nachbarschaftshilfe gesprochen. Oder Engagement findet schlicht statt, ohne viel darüber zu reden. Fördermaßnahmen, die abstrakt das „Engagement" oder die „Freiwilligkeit" an sich ansprechen, laufen hier ins Leere. Vielmehr ist es erforderlich, die „versteckten" Bereiche aufzufinden, auf die Umgangssprache der Bewohner zurückzugreifen und zugleich eher „abstoßende" Begriffe zu vermeiden.

- Maßnahmen zum Anregen gemeinschaftlichen Engagements, beispielsweise mediale Engagementkampagnen, müssen eine für sozial Benachteiligte lebensnahe Sprache sprechen.
- Insgesamt bedarf es sowohl in der Bürgergesellschaftspolitik als auch in der Bürgergesellschaftsforschung einer größeren Sensibilität bezüglich der eigenen Wortwahl und der Konsequenzen, die diese auf Spaltungstendenzen in der gesamten Bürgergesellschaft haben. Denn, das hat die vorliegende Untersuchung gezeigt, nicht nur Menschen mit niedrigem Bildungsgrad und geringem Einkommen können wenig bis nichts mit abstrakten Begriffen wie Zivil- oder Bürgergesellschaft anfangen. Bereits Wörter wie „Bürger", auf denen viele „bürger"-gesellschaftliche Aktivitätsformen beruhen, stoßen auf Unverständnis und – zum Teil aus vielerlei Gründen[37] – direkte Ablehnung. Wie unsere Untersuchungen zeigen, impliziert der Begriff „Bürger" für die „Unterschicht" etwas anderes als für andere Bevölkerungsschichten. Der Begriff könnte durch einfachere Formulierungen geöffnet werden („Aktive", „Viertelhelfer" oder „Engagierte"), die benennen, was konkret erwünscht ist und nicht zu vieles im abstrakten Nebel belassen.
- Ganz konkret sollte daher weniger von bürgergesellschaftlichen Aktivitäten sondern vielmehr von Hilfe oder Helfen die Rede sein. Statt von Gemeinschaft oder Gemeinsinn muss es um das Viertel, die Nachbarschaft oder den (Wohn-)Block gehen.

---

37 Vgl. Abschnitt 4.4.1 zur Wahrnehmung des „Bürgers".

An diese Punkte anschließend muss grundsätzlich darauf geachtet werden, dass Bürgergesellschaft nicht noch stärker zu einer Angelegenheit der Mittel- und Oberschichten gerät.[38] In der Beobachtung der „Unterschicht" finden sich zwar viele Menschen, die aktiv sind und sich engagieren. Gleichzeitig geschieht dies aber in einer Form, die nur ansatzweise dem „klassischen" Bild von Engagement oder Ehrenamt entspricht. Die „Unterschicht" wirkt damit insgesamt zwar nicht gänzlich isoliert, sie ist jedoch – das lässt sich auch an der verwendeten Sprache ablesen – deutlich entfernt von anderen Schichten und in vielerlei Hinsicht „unter sich".

9.2.8 Religiöses Engagement nutzen – und stärken

Religiöse gemeinschaftliche Aktivitäten sind in den Quartieren weit verbreitet und bilden einen wichtigen Anknüpfungspunkt für die Unterstützung von Bürgergesellschaft. Insbesondere die Menschen mit Migrationshintergrund unter unseren Befragten waren stark innerhalb ihrer Religionsgemeinschaften vernetzt und auch engagiert. Hier finden viele informelle Aktivitäten statt, das heißt: spontanes, auch unregelmäßiges Erscheinen in der Kirche/Moschee. Zudem spielen hier finanzielle Unterschiede – ein gerade für die Gruppe der sozial Benachteiligten entscheidender Faktor – kaum eine Rolle. Nicht zuletzt bieten religiöse Gemeinschaften besonders niedrigschwellige Angebote an. Nichtsdestotrotz wird diese Form des Engagements nicht nur von außen, sondern auch aus der Binnensicht nur selten als Engagement in der öffentlichen Sphäre wahrgenommen. Die Befragten erwähnten ihr religiöses Engagement meistens nur nach direkter Nachfrage.

- Überdurchschnittlich häufig handelt es sich bei den politischen Förderern von Bürgergesellschaft – in der Politik oder Verwaltung – um Menschen ohne Migrationshintergrund. Gleichzeitig lässt die verstärkte Abneigung gegen das Wort „Bürger" und Bürokratie auf Seiten der

---

38 „In den Organisationen des Nonprofit-Sektors ohne gezielte öffentliche Fördermaßnahmen finden sich insbesondere Freiwillige aus einer mittelstandsorientierten Bürgergesellschaft. Menschen mit geringerem Bildungsniveau tragen ein höheres Risiko, sowohl aus der Erwerbsgesellschaft als auch aus der Bürgergesellschaft ausgegrenzt zu werden [...]", beschreibt auch Schulz: *Kompetenz-Engagement*, S. 297.

Menschen mit Migrationshintergrund auf viele negative Erfahrungen mit diesen staatlichen Unterstützungsstellen schließen. Das Verhältnis von Aktiven und ihren Förderern scheint hier auch von beidseitigem Unverständnis und Missverständnissen geprägt zu sein. Umso wichtiger ist eine verstärkte Zusammenarbeit zwischen Stellen staatlicher beziehungsweise kommunaler Unterstützung von Engagement und den religiös geprägten bürgergesellschaftlichen Strukturen.

- Zentral ist, dass die Religion oder die Glaubensgemeinschaft integraler Bestandteil des Lebens ist, aus dem Engagement erwachsen kann. Beispielsweise ist die Moschee der Ort, an dem Engagement ganz alltäglich stattfindet. Hier gilt es anzusetzen – ohne dabei in die religiösen Belange selbst einzugreifen.

9.2.9 Unterschiedliche Angebote anbieten – insbesondere Leerstellen für junge Männer füllen

Für die verschiedenen Personengruppen in einem Quartier müssen Aktivitäten typenspezifisch und passgenau zugeschnitten werden. Denn der Beteiligungsgrad an der Bürgergesellschaft variiert zum Teil sehr stark. Während einige Typen besonders von bestehenden Angeboten wie Stadtteil-, Nachbarschafts- oder Gemeindezentren angesprochen werden (beispielsweise Frauen und Kinder, „Viertelgestalter" und „Viertelkinder"[39]), scheint es für andere (insbesondere junge Männer und Männer im Allgemeinen) nur wenige als attraktiv wahrgenommene Möglichkeiten des Engagements zu geben.

Die Nachbarschafts- oder Stadtteilzentren spielen in dieser Hinsicht eine wichtige Rolle, scheinen aber oft nur einen eingeschränkten Teil der Klientel zu bedienen. Sie werden zwar von den meisten Bewohnern gekannt (zum Teil aufgrund ihrer exponierten Lage und Architektur), jedoch nutzen nur wenige ihre Angebote. Ihnen lastet nicht selten ein Image von „Frauentreffs" an. Zudem: Als vermeintlich primär für hilfsbedürftige Gruppen gedachte Orte sind sie insbesondere für Jüngere uninteressant, denn diese sehen sich alles andere als eine Gruppe, die Hilfe benötigt.

Umgekehrt geraten manche Jugendzentren mitunter zu Orten für jüngere Männer oder pubertierende männliche Jugendliche. Mütter von kleineren

---

39 Vgl. Kap. 8 dieser Studie.

Kindern halten ihren Nachwuchs bewusst von diesen eigentlich integrativ konzipierten Orten fern.

- Sinnvoll sind in einem ersten Schritt Angebote speziell für männliche Jugendliche, die durch die Zentren unterstützt werden, aber im freien Raum stattfinden, zum Beispiel offene Sportturniere in den Parks.
- Gerade Sport und Bewegung sind für die Gruppe der jungen Männer wichtig. Doch diese sind nur schwer in einem Nachbarschaftshaus unterzubringen. Hier müssten die lokalen Sportvereine und die Zentren stärker kooperieren. Gemeinsame Veranstaltungen wie *Nachbarschafts-* oder *Viertel*feste, die beispielsweise Kuchenbasare oder Sportmöglichkeiten anbieten, könnten einen Rahmen schaffen, der allen Bewohnergruppen etwas Spezifisches anbietet und gleichzeitig alle zusammen bringt.
- Doch ohne zusätzliches Personal lassen sich diese Anforderungen an die Nachbarschaftszentren nicht ohne weiteres umsetzen. Einige Probleme sind angesichts knapper individueller Ressourcen oft verständlich, bereits vollbrachte Leistungen umso eher beachtlich.
- Wie schon beschrieben trauen es sich viele Bewohner nicht zu, selbst aktiv zu werden und das Nachbarschafts- oder Gemeindezentrum durch eigene Aktivitäten mit Leben zu füllen. Hier müssen insbesondere die „Viertelgestalter" gefunden und angesprochen werden. Außerdem müsste man es (möglicherweise durch Kampagnen, besser durch direkte Ansprache) anstreben, das Zutrauen auch anderer Viertelbewohner in sich selbst zu stärken.
- Junge Männer scheinen zudem gerade im Alter von 15 bis 17 ihre Vereinsaktivitäten zu beenden. Gerade hier muss man ansetzen: In dieser Zeit werden häufig Haupt- und Realschule beendet, Lehren gestartet, die Schulkarriere auf dem Gymnasium fortgesetzt oder ab Klasse 11 neu begonnen. Das bisherige Leben ändert sich also von Grund auf, bestehende Strukturen brechen weg und müssen dann mühsam neu erarbeitet werden. Das kostet Kraft. Außerdem konzentriert man sich darauf in Lohn und Brot zu kommen beziehungsweise blendet Dinge neben der Erwerbskarriere aus. Engagement und Aktivitäten bleiben hier als erste auf der Strecke.
- Wichtig wäre hier eine längere gemeinsame Schulzeit oder eine bestehende Zusammenarbeit mit schulischen Einrichtungen, denn gerade Schule bedeutet für viele einen Zugang in die Bürgergesellschaft.

- Außerdem müsste gerade für diese Gruppe verdeutlicht werden, dass sich Arbeit und Freizeit/Engagement nicht gegenseitig ausschließen, sondern sich durch soziale Netzwerke und persönliche Beziehungen häufig gegenseitig ergänzen. Hier muss das Konkurrenzbild Arbeit gegen Bürgergesellschaft aufgebrochen werden, möglicherweise durch das Anbieten von Freizeitaktivitäten durch Unternehmen. Die viel gerühmte „Corporate Social Responsibility", die Verantwortlichkeit von Unternehmen für die Förderung von Bürgergesellschaft,[40] ist hier gefragt.

9.2.10 Verbindungen zu Politik und Demokratie schaffen

Einige der vorliegenden Ergebnisse müssen wie Warnschüsse für die politische Bildungsarbeit und vor allem für die Demokratiedidaktik gelten. Hier besteht in der Tat dringender Handlungsbedarf.[41]

Denn in der betrachteten Bevölkerungsgruppe scheint sich hartnäckig ein verengter und von negativen Stereotypen beherrschter Politikbegriff zu halten,[42] dem auch die durchaus vorhandenen Beteiligungsmaßnahmen in den Vierteln kaum entgegenwirken konnten. Dabei führen diese Schritte wie Runde Tische, Bürgerbefragungen und Umfragen partiell zu Beteiligung – und damit zu tatsächlicher politischer *Mitwirkung* als *Bürger* in der *Demokratie*. Doch gerade diese Zusammenhänge, die die persönliche mit der abstrakten Ebene der Demokratie und Politik verbinden, sind hier abgebrochen.

---

40 Zur Rolle der Unternehmen vgl. Enquete Kommission „Zukunft des Bürgergesellschaftlichen Engagements", Deutscher Bundestag: *Bürgerschaftliches Engagement von Unternehmen*.

41 Zu einem ähnlichen Schluss kommt Läzer: „[...] bestimmte soziale Gruppen [drohen] aus der politischen Integration herauszufallen [...], weil sie scheinbar bereits die Zugangsvoraussetzungen zur Welt der Politik]...] nicht beziehungsweise kaum erfüllen." Von einem Teil der Bewohner in den benachteiligten Quartieren, der zusätzlich über geringes kulturelles und soziales Kapital verfügt, würde „eine ‚innere Kündigung' an die Politik ausgesprochen". Die Autorin spricht in diesem Zusammenhang von einer „Krise der Demokratie" und sieht dringenden Handlungsbedarf. Läzer: *Politische Einstellungen*, S. 180f.

42 „Denkbar wäre, dass Personen mit niedrigeren Bildungsabschlüssen Politiker als ‚die da oben' erleben," so Läzer: *Politische Einstellungen*, S. 99f.

Der Politik im Kleinen, z.B. dem „Sicheinsetzen" für einen attraktiveren Spielplatz im Viertel, und der Politik im Großen, hauptsächlich repräsentiert durch Politikergesichter in Berlin, fehlt jeglicher Zusammenhang. Das erklärt sich zum Teil durch das völlige Wegfallen von persönlichen Kontakten zu Menschen, die in politischen Organisationen oder Parteien aktiv sind. Es gibt auch keine Verbindung (mehr) zwischen den „privaten" Einsätzen mancher Viertelbewohner und den Politikern im Rathaus der eigenen Stadt.[43]

- Bereits bestehende Beteiligungsmechanismen in den Vierteln müssen dringend ausgebaut oder – soweit nicht vorhanden – geschaffen werden. Diese müssten nicht nur in praktischer Hinsicht zur Demokratie beitragen, das heißt die Stimmen und Meinungen der Viertelbewohner in den politischen Entscheidungsprozess einbringen, sondern auch demokratiedidaktisch begleitet werden. Den Teilnehmern von Bürgerforen oder Runden Tischen muss ihr eigenes Partizipieren an Demokratie und Politik verdeutlicht werden. Auch, dass es sich dabei um das aktive Wahrnehmen ihrer Rolle als *Bürger* handelt, muss begleitend diskutiert werden.
- Eine verstärkte Kooperation zwischen Institutionen der politischen Bildungsarbeit und den Initiatoren von Bürgerbeteiligungsforen (vornehmlich den Städten und Kommunen) ist hier gefragt.
- Schließlich muss jene Leerstelle ausgefüllt werden, zu der gerade auf kommunaler Ebene der starke Mitgliederrückgang in Parteien geführt hat. Politische Gremien oder Parlamente könnten hier zum Beispiel feste Mandate oder Plätze für „Viertelgestalter" einrichten, die in ihren Ortsteilen gewählt werden. Durch gesonderte Quartierswahlen – die bestenfalls auf den nahe gelegenen Spielplätzen, in Einkaufsgebieten und Parks stattfinden – könnten Sprecher für das Viertel gefunden werden, die sich von den bestehenden Strukturen abheben. Keine „typischen" Politiker, sondern sozusagen die politischen „Seiteneinsteiger"[44]

---

43 Schnur kommt bei seinen Beobachtungen in Berlin Moabit zu einem ähnlichen Schluss, vgl. Schnur, Olaf: *Lokales Sozialkapital für die „soziale Stadt"*, Opladen 2003, S. 248.

44 Vgl. Lorenz, Robert; Micus, Matthias (Hrsg.): *Seiteneinsteiger. Unkonventionelle Politiker-Karrieren in der Parteiendemokratie*, Wiesbaden 2009.

des Viertels von Morgen. Möglicherweise finden sich so Figuren, mit denen sich die Viertelbewohner identifizieren können oder die glaubwürdig erscheinen. Wenn diese Personen wiederum in den politischen Entscheidungsprozess eingebunden werden, könnten sie die verschiedenen und divergierenden Lebenswelten ein wenig überbrücken helfen.

Literatur- und Quellenverzeichnis

Monographien und Sammelbände

Adloff, Frank: *Zivilgesellschaft. Theorie und Politische Praxis*, Frankfurt a.M. 2005.

Baldas, Eugen; Bock, Teresa; Gleich, Johann M.; Helmbrecht, Michael: *Modellverbund Freiwilligen-Zentren*. Stuttgart [u.a.] 2001.

Bartels, Hans-Peter et al. (Hrsg.): *Das Vorwärts-Liederbuch*, Berlin 2009.

Bourdieu, Pierre: *Die feinen Unterschiede. Kritik der gesellschaftlichen Urteilskraft*, Frankfurt a.M. 2008.

Bremer, Helmut: *Soziale Milieus und Wandel der Sozialstruktur. Die gesellschaftlichen Herausforderungen und die Strategien der sozialen Gruppen*, Wiesbaden 2006.

Bude, Heinz: *Die Ausgeschlossenen. Das Ende vom Traum einer gerechten Gesellschaft*, München 2008.

Bude, Heinz; Willisch, Andreas: *Exklusion. Die Debatte über die ‚Überflüssigen'*, Frankfurt a.M. 2008.

Ceylan, Rauf: *Ethnische Kolonien. Entstehung, Funktion und Wandel am Beispiel türkischer Moscheen und Cafés*, Wiesbaden 2006.

Chassé, Karl August: *Unterschichten in Deutschland. Materialien zu einer kritischen Debatte*, Wiesbaden 2010.

Daheim, Hansjürgen: *Der Beruf in der modernen Gesellschaft. Versuch einer soziologischen Theorie beruflichen Handelns*, Köln [u.a.] 1967.

Dehn, Günther: *Proletarische Jugend. Lebensgestaltung und Gedankenwelt der großstädtischen Proletarierjugend*, Berlin 1930.

Doering-Manteuffel, Anselm; Raphael, Lutz: *Nach dem Boom. Perspektiven auf die Zeitgeschichte seit 1970*, Göttingen 2008.

Embacher, Serge: *Demokratie! Nein Danke?*, Bonn 2009.

Enquete Kommission „Zukunft des Bürgerschaftlichen Engagements" Deutscher Bundestag: *Bürgerschaftliches Engagement von Unternehmen* (Bd. 2), Opladen 2003.

Fern, Edward F.: *Advanced Focus Group Research*, Thousand Oaks 2001.

Flaig, Bertold Bodo; Meyer, Thomas; Ueltzhöffer, Jörg (Hrsg.): *Alltagsästhetik und politische Kultur*, Bonn 1993.

Froschauer, Ulrike; Lueger, Manfred: *Das qualitative Interview. Zur Praxis interpretativer Analyse sozialer Systeme*, Wien 2003.

Fulbrook, Mary: *Ein ganz normales Leben. Alltag und Gesellschaft in der DDR*, Darmstadt 2008.

Fürstenberg, Friedrich: *Das Aufstiegsproblem in der modernen Gesellschaft*, Stuttgart 1969.

Geertz, Clifford: *Die Methode der dichten Beschreibung. Beiträge zum Verstehen kultureller Systeme*, Frankfurt a.M. 2009.

Gestrich, Andreas; Krause, Marita (Hrsg.): *Zurückbleiben. Der vernachlässigte Teil der Migrationsgeschichte*, Stuttgart 2006.

Glaser, Barney G.; Strauß, Anselm L.: *Grounded Theory. Strategien qualitativer Forschung*, Bern 2005.

Glock, Birgit: *Stadtpolitik in schrumpfenden Städten. Duisburg und Leipzig im Vergleich*, Wiesbaden 2006.

Gosewinkel, Dieter; Rucht, Dieter; Daele, Wolfgang van den; Kocka, Jürgen (Hrsg.): *Zivilgesellschaft – national und transnational*, Berlin 2004.

Grimm, Gaby et al.: *Quartiermanagement. Eine kommunale Strategie für benachteiligte Wohngebiete*, Berlin 2004.

Hansen, Hans: *Arbeiter-Jugendliche auf dem Gymnasium*, Dissertation zur Erlangung der Würde des Doktors der Philosophie der Universität Hamburg, Hamburg 1976.

Häußermann, Hartmut; Kapphan, Andreas: *Berlin. Von der geteilten zur gespaltenen Stadt? Sozialräumlicher Wandel seit 1990*, Opladen 2000.

Häußermann, Hartmut et al. (Hrsg.): *An den Rändern der Städte*, Frankfurt a.M. 2004.

Häußermann, Hartmut; Siebel, Walter: *Stadtsoziologie. Eine Einführung*, Frankfurt a.M. 2004.

Heyn, Timo et al.: *Werkstattbuch Soziale Stadt. Fallstudie Gladbeck-Butendorf*, Berlin 2003.

Hradil, Stefan: *Die Sozialstruktur Deutschlands im internationalen Vergleich*, Wiesbaden 2006. Jarausch, Konrad (Hrsg.): *Das Ende der Zuversicht? Die siebziger Jahre als Geschichte*, Göttingen 2008.

Kahl, Alice: *Erlebnis Plattenbau. Eine Langzeitstudie*, Opladen 2003.

Kaschlik, Anke: *Segregation unter Stagnationsbedingungen. Selektive Veränderungen von sozialräumlicher Struktur, baulich-räumlichen Qualitäten und Wohnungsversorgung dargestellt am Beispiel der Stadt Kassel seit den 1970er Jahren*, Kassel 2009.

Keller, Carsten: *Leben im Plattenbau. Zur Dynamik sozialer Ausgrenzung*, Frankfurt a.M. 2005.

Kocka, Jürgen: *Lohnarbeit und Klassenbildung*, Berlin [u.a.] 1983.

Krings-Heckemeier, Marie-Therese; Heckenroth, Meike: *Sozialmanagement in überforderten Wohnquartieren*, Berlin 2000.

Kronauer, Martin: *Exklusion. Die Gefährdung des Sozialen im hoch entwickelten Kapitalismus*, Frankfurt a.M. 2002.

Läzer, Katrin Luise: *Politische Einstellungen in privilegierten und benachteiligten Großstadtquartieren in Deutschland*, Berlin 2008.

Lindner, Rolf; Musner, Lutz (Hrsg.): *Unterschicht. Kulturwissenschaftliche Erkundung der ‚Armen' in Geschichte und Gegenwart*, Freiburg i.Br. [u.a.] 2008.

Loos, Peter; Schäfer, Burkhard: *Das Gruppendiskussionsverfahren*, Opladen 2001.

Lorenz, Robert; Micus, Matthias (Hrsg.): *Seiteneinsteiger. Unkonventionelle Politiker-Karrieren in der Parteiendemokratie*, Wiesbaden 2009.

Lösche, Peter; Walter, Franz: *Die SPD: Klassenpartei – Volkspartei – Quotenpartei. Zur Entwicklung der Sozialdemokratie von Weimar bis zur deutschen Vereinigung*, Darmstadt 1992.

Löw, Martina: *Die Soziologie der Städte*, Frankfurt a.M. 2008.

Löw, Martina; Steets; Silke; Stoetzer, Sergej: *Einführung in die Stadt- und Raumsoziologie*, Opladen 2008.

Mehlich, Michael: *Langzeitarbeitslosigkeit. Individuelle Bewältigung im gesellschaftlichen Kontext*, Baden-Baden 2005.

Micheletti, Michele: *Political Virtue and Shopping. Individuals, Consumerism and Collective Action*, London [u.a.] 2003.

Möllers, Christoph: *Demokratie. Zumutungen und Versprechen*, Berlin 2008.

Munsch, Chantal (Hrsg.): *Sozial Benachteiligte engagieren sich doch*, Weinheim [u.a.] 2003.

Neef, Reiner; Keim, Rolf: *Wir sind keine Sozialen. Marginalisierung und Ressourcen in deutschen und französischen Problemvierteln*, Konstanz 2007.

Neugebauer, Gero: *Politische Milieus in Deutschland. Die Studie der Friedrich-Ebert-Stiftung*, Bonn 2007

Nolte, Paul: *Generation Reform. Jenseits der blockierten Republik*, Bonn 2004.

Ortmann, Hedwig: *Arbeiterfamilie und sozialer Aufstieg. Kritik einer bildungspolitischen Leitvorstellung*, München 1971.

Peglow, Meike: *Das neue Ehrenamt. Erwartungen und Konsequenzen für die soziale Arbeit*, Marburg 2002.

Pollak, Reinhard: *Kaum Bewegung, viel Ungleichheit. Eine Studie zu sozialem Auf- und Abstieg in Deutschland*, hrsg. v. Heinrich-Böll-Stiftung, (Schriften zu Wirtschaft und Soziales, Bd. 5), Berlin 2010, online verfügbar unter: www.boell.de/downloads/201010_Studie_Soziale_Mobili taet.pdf (zuletzt eingesehen am 04.12.2010).

Putnam, Robert D.: *Making Democracy Work. Civic Traditions in Modern Italy*, Princeton 1993.

Reutlinger, Christian et al.: *Jugend und Jugendpolitik in benachteiligten Stadtteilen in Europa*, Wiesbaden 2007.

Rosenthal, Gabriele: *Interpretative Sozialforschung. Eine Einführung*, Weinheim [u.a.] 2008.

Rössel, Jörg: *Sozialstruktur Deutschlands. Strukturierte soziale Ungleichheit, Lebensstile und Milieus*, Wiesbaden 2007.

Schnur, Olaf: *Lokales Sozialkapital für die „soziale Stadt"*, Opladen 2003.

Schönhoven, Klaus: *Reformismus und Radikalismus. Gespaltene Arbeiterbewegung im Weimarer Sozialstaat*, München 1989.

Schudson, Michael: *The Good Citizen. A History of American Civic Life*, New York [u.a.] 1998.

Schulz, Rosine: *Kompetenz-Engagement. Ein Weg zur Integration Arbeitsloser in die Gesellschaft*, Wiesbaden 2010.

Sen, Amartya: *Poverty and Famines. An Essay on Entitlement and Deprivation*, Oxford 1981.

Skocpol, Theda: *Diminished Democracy. From Membership to Management in American Civic Life*, Norman 2004.

Steinführer, Annett: *Wohnstandortentscheidungen und städtische Transformation. Vergleichende Fallstudien in Ostdeutschland und Tschechien*, Wiesbaden 2004.
Walter, Franz: *Baustelle Deutschland. Politik ohne Lagerbindung*, Frankfurt a.M. 2008.
Walter, Franz: *Vom Milieu zum Parteienstaat. Lebenswelten, Leitfiguren und Politik im historischen Wandel*, Wiesbaden 2010.
Walter, Franz: *Vorwärts oder Abwärts? Zur Transformation der Sozialdemokratie*, Frankfurt a.M. 2010.
Welskopp, Thomas: *Das Banner der Brüderlichkeit. Die deutsche Sozialdemokratie zwischen Vormärz und Sozialistengesetz*, Historisches Forschungszentrum der Friedrich-Ebert-Stiftung, (Reihe Politik- und Gesellschaftsgeschichte, Bd. 54), Bonn 2000.
Wilson, William J.: *When Work Disappears. The World of the New Urban Poor*, New York 1996.
Wuthnow, Robert: *Loose Connections. Joining Together in America's fragmented Communities*, Cambridge [u.a.] 1998.

Aufsätze aus Sammelbänden und Fachzeitschriften

Alber, Jens; Fliegner, Florian: Eine merkwürdige Debatte. Die von manchen Politikern geleugnete Unterschicht gibt es wirklich, in: *WZB-Mitteilungen*, 114 (2007).
Amnå, Erik: Active, Passive, or Stand-by Citizens? Latent and Manifest Political Participation, in: Amnå, Erik et al. (Hrsg.): *New Forms of Citizen Participation. Normative Implications*, Baden-Baden 2010, S. 191-203.
Austermann, Frauke; Woischwill, Branko: Generation P. Von Luft und Wasser leben?, in: Busch, Michael; Jeskow, Jan; Stutz, Rüdiger (Hrsg.): *Zwischen Prekarisierung und Protest. Die Lebenslagen und Generationsbilder von Jugendlichen in Ost und West*, Bielefeld 2010, S. 275-304.
Beck, Sebastian; Perry, Thomas: Studie Soziale Segregation. Nebeneinander und Miteinander in der Stadtgesellschaft, in: *vhw FW*, (Juni-Juli 2008) 3, S. 115-122.
Blaschke, Ronald: Arm, arbeitslos und aktiv – Bürgerschaftliches und politisches Engagement armer und arbeitsloser Bürger in eigener Sache, in:

Munsch, Chantal (Hrsg.): *Sozial Benachteiligte engagieren sich doch. Über lokales Engagement und soziale Ausgrenzung und die Schwierigkeiten der Gemeinwesenarbeit*, Weinheim [u.a.] 2003, S. 45-78.

Böhnke, Petra; Dathe, Dietmar: Rückzug der Armen. Der Umfang freiwilligen Engagements hängt von der materiellen Lage ab – und von Bildung, in: *WZB-Mitteilungen*, (2010) 128, S. 14-17.

Brock, Ditmar: Soziale Ungleichheit, Klassen und Schichten, in: Schäfers, Bernhard; Lehmann, Bianca (Hrsg.): *Handwörterbuch zur Gesellschaft Deutschlands*, Bonn 2001, S. 628-642.

Brömme, Norbert; Strasser, Hermann: Gespaltene Bürgergesellschaft? Die ungleichen Folgen des Strukturwandels von Engagement und Partizipation, in: *Aus Politik und Zeitgeschichte*, 39 (2001) 25/26, S. 6-14.

Bude, Heinz: Ein neuer politischer Egalitarismus, in: *Herder Korrespondenz*, 63 (2009) 2.

Danilina, Anna et al.: Einleitung: Zur Analyse und Kritik gesellschaftlicher Verhältnisse, in: Altenhain, Claudio et al. (Hrsg.): *Von ‚Neuer Unterschicht' und Prekariat. Gesellschaftliche Verhältnisse und Kategorien im Umbruch. Kritische Perspektiven auf aktuelle Debatten*, Bielefeld 2008, S. 9-34.

Diendorfer, Gertraud; Mayrhofer, Petra: BürgerInnenengagement und das Engagement von Frauen, in: *Der Bürger im Staat*, 57 (2007) 4, S. 266-273.

Doering-Manteuffel, Anselm: Langfristige Ursprünge und dauerhafte Auswirkungen. Zur historischen Einordnung der siebziger Jahre, in: Jarausch, Konrad (Hrsg.): *Das Ende der Zuversicht. Die siebziger Jahre als Geschichte*, Göttingen 2008.

Erlinghagen, Marcel et al.: Ehrenamt statt Arbeitsamt? Sozioökonomische Determinanten ehrenamtlichen Engagements in Deutschland, in: *WSI Mitteilungen*, 52 (1999) 4, S. 246-255.

Franzen, Axel; Freitag, Markus: Aktuelle Themen und Diskussionen der Sozialkapitalforschung, in: Dies. (Hrsg.): *Sozialkapital. Grundlagen und Anwendungen*, Wiesbaden 2007, S. 7-22.

Gabriel, Oscar W.: Partizipation, Interessenvermittlung und politische Gleichheit, in: Wissenschaftszentrum Berlin für Sozialforschung (Hrsg.): *Zur Zukunft der Demokratie*, Berlin 2000.

Häußermann, Hartmut: Ungleichheit und Wohnen, in: *Neue Gesellschaft/Frankfurter Hefte*, 56 (2009) 10, S. 42-45.

Heinzelmann, Claudia: Lokale Räume der sozialen Nähe und Distanz. Eine Kohäsionsanalyse im Stadtteil Hannover-Vahrenheide, in: Geiling, Heiko (Hrsg.): *Probleme sozialer Integration, Agis-Forschungen zum gesellschaftlichen Strukturwandel*, Münster [u.a.] 2003, S. 105-120.

Herzog, Dietrich: Der moderne Berufspolitiker. Karrierebedingungen und Funktion in westlichen Demokratien, in: Wehling, Hans-Georg (Hrsg.): *Eliten in der Bundesrepublik Deutschland*, Stuttgart [u.a.] 1990, S. 28-51.

Hodgkinson, Virginia A.: Volunteering in Global Perspective, in: Dekker, Paul et al. (Hrsg.): *The Values of Volunteering. Cross-cultural Perspectives*, New York [u.a.] 2003, S. 35-53.

Hooghe, Marc: ‚Not for our kind of people'. The sour grapes Phenomenon as a Causal Mechanism for Political Passivity, in: Dekker, Paul; Uslaner, Eric M. (Hrsg.): *Social Capital and Participation in Everyday Life*, London [u.a.] 2001, S. 162-173.

Hustinx, Lesley; Lammertyn, Frans: Collective and Reflexive Styles of Volunteering: A Sociological Modernization Perspective, in: *Voluntas: International Journal of Voluntary and Nonprofit Organizations*, 14 (2003) 2, S. 167-187.

Jakob, Gisela: Biografische Strukturen bürgerschaftlichen Engagements. Zur Bedeutung biografischer Ereignisse und Erfahrungen für ein gemeinwohlorientiertes Engagement, in: Munsch, Chantal (Hrsg.): *Sozial Benachteiligte engagieren sich doch*, S. 79-96.

Keim, Rolf; Neef, Rainer: Ausgrenzung und Milieu. Über die Lebensbewältigung von Bewohnerinnen und Bewohnern städtischer Problemgebiete, in: Harth, Annette et al. (Hrsg.): *Stadt und soziale Ungleichheit*, Opladen 2000, S. 248-273.

Keim, Rolf; Neef, Rainer: Ressourcen für das Leben im Problemquartier, in: *Aus Politik und Zeitgeschichte*, 39 (2000) 10/11, S. 30-39.

Klein, Ansgar: Bürgerschaftliches Engagement und zivilgesellschaftliche Reformpolitik, in: *Der Bürger im Staat*, 57 (2007) 4, S. 212-217.

Kraemer, Klaus: Ist Prekariat überall?, in: Altenhain, Claudio et al. (Hrsg.): *Von ‚Neuer Unterschicht' und Prekariat. Gesellschaftliche Verhältnisse und Kategorien im Umbruch. Kritische Perspektiven auf aktuelle Debatten*, Bielefeld 2008, S. 139-150.

Kronauer, Martin: ‚Soziale Ausgrenzung' und ‚Underclass': Über neue Formen gesellschaftlicher Spaltung, in: *Leviathan*, 25 (1997) 1.

Kronauer, Martin: Armut, Ausgrenzung, Unterklasse, in: Häußermann, Hartmut (Hrsg.): *Großstadt. Soziologische Stichwörter*, Opladen 1998.

Kronauer, Martin: Die neue soziale Frage: Armut und Ausgrenzung in der Großstadt heute, in: Walther, Uwe-Jens (Hrsg.): *Soziale Stadt – Zwischenbilanzen. Ein Programm auf dem Weg zur sozialen Stadt?*, Opladen 2002.

Kronauer, Martin; Vogel, Berthold: Erfahrung und Bewältigung von sozialer Ausgrenzung in der Großstadt. Was sind Quartierseffekte, was Lageeffekte?, in: Häußermann, Hartmut et al. (Hrsg.): *An den Rändern der Städte. Armut und Ausgrenzung*, Frankfurt a.M. 2004, S. 235-257.

Kühnlein, Irene; Böhle, Fritz: Motive und Motivationswandel des bürgerschaftlichen Engagements, in: Enquete-Kommission „Zukunft des Bürgergesellschaftlichen Engagements", Deutscher Bundestag (Hrsg.): *Bürgerschaftliches Engagement und Erwerbsarbeit* (Bd.9), Opladen 2002, S. 268-297.

Langewiesche, Dieter: Politik – Gesellschaft – Kultur. Zur Problematik von Arbeiterkultur und kulturellen Arbeiterorganisationen in Deutschland nach dem I. Weltkrieg, in: *Archiv für Sozialgeschichte*, 22 (1982).

Lepsius, M. Rainer: Parteiensystem und Sozialstruktur: Zum Problem der Demokratisierung der deutschen Gesellschaft, in: Ritter, G.A. (Hrsg.): *Die deutschen Parteien vor 1918*, Köln 1973, S. 56-80.

Li, Yaolin; Marsh, David: New Forms of Political Participation: Searching for Expert Citizens and Everyday Makers, in: *British Journal of Political Science*, 38 (2008) 2, S. 247-272.

Lindner, Rolf: ‚Unterschicht'. Eine Gespensterdebatte, in: Lindner; Musner (Hrsg.): *Unterschicht Kulturwissenschaftliche Erkundung der ‚Armen' in Geschichte und Gegenwart*, Freiburg i.Br. [u.a.] 2008.

Marien, Sofie; Hooghe, Marc; Quintelier, Ellen: Unconventional Participation and the Problem of Inequality. A Comparative Analysis, in: Amnå, Erik (Hrsg.): *New forms of Citizen Participation. Normative Implications*, Baden-Baden 2010, S. 131-146.

Marshall, Thomas H.: Citizenship and Social Class, in: Shafir, Gershon (Hrsg.): *The Citizenship Debates. A Reader*, Minneapolis [u.a.] 1998, S. 93-112.

Micus, Matthias; Walter, Franz: Mangelt es an ‚Parallelgesellschaften'?, in: *Der Bürger im Staat*, 56 (2006) 4, S. 215-221.

Munsch, Chantal: Lokales Engagement und soziale Benachteiligung, in: Dies. (Hrsg.): *Sozial Benachteiligte engagieren sich doch. Über lokales Engagement und soziale Ausgrenzung und die Schwierigkeiten der Gemeinwesenarbeit*, Weinheim [u.a.] 2003, S. 7-28.

Olk, Thomas; Reim, Daphne; Schmithals, Jenny: Qualitative Studie, in: Gensicke, Thomas et al.: *Entwicklung der Zivilgesellschaft in Ostdeutschland. Quantitative und qualitative Befunde*, Wiesbaden 2009, S. 87-146.

Olk, Thomas; Reim, Daphne; Schmithals, Jenny; Gensicke, Thomas: Handlungsempfehlungen für die Förderung bürgerschaftlichen Engagements in Ostdeutschland, in: Gensicke, Thomas et al.: *Entwicklung der Zivilgesellschaft in Ostdeutschland. Quantitative und qualitative Befunde*, Wiesbaden 2009, S. 147-154.

Reinprecht, Christoph: Zur Wiederkehr sozialer Unsicherheit, in: *Neue Gesellschaft/Frankfurter Hefte*, 57 (2010) 12.

Ritter, Gerhard A.: Die Sozialdemokratie im Deutschen Kaiserreich in sozialgeschichtlicher Perspektive, in: *Historische Zeitschrift*, 249 (1989).

Rueda, David: Spaltung der Sozialdemokratie in Insider und Outsider. Beschäftigungsförderung und Großbritanniens ‚Third Way', in: *Berliner Debatte Initial*, 17 (2006) 1/2.

Saldern (von), Adelheid: Geoff Eley, Forging Democracy. The History of the Left in Europe 1850-2000 (Rezension), in: *AFS*, 44 (2004).

Schacht, Annette: Sozialräumliche Milieus der Armut. Zur Bedeutung des Wohnens in benachteiligten Wohngebieten, in: Dangschat, Jens S.: *Modernisierte Stadt, Gespaltene Gesellschaft. Ursachen von Armut und sozialer Ausgrenzung*, Opladen 1999, S. 289-313.

Schäfer, Armin: Alles halb so schlimm? Warum eine sinkende Wahlbeteiligung der Demokratie schadet, in: Max-Planck-Institut für Gesellschaftsforschung (Hrsg.): *MPIfG Jahrbuch 2009-2010*, Köln 2008 (ohne Seitenangaben), online verfügbar unter: http://www.mpg.de/bilderBerichte Dokumente/dokumentation/jahrbuch/2009/gesellschaftsforschung/ forschungsSchwerpunkt/pdf.pdf (zuletzt eingesehen am 28.02.2011).

Schnur, Olaf: Einführung und Zusammenfassung der Beiträge, in: Ders. (Hrsg.): *Quartiersforschung. Zwischen Theorie und Praxis*, Wiesbaden 2008, S. 9-16.

Schnur, Olaf: Quartiersforschung im Überblick: Konzepte, Definitionen und aktuelle Perspektiven, in: Ders. (Hrsg.): *Quartiersforschung. Zwischen Theorie und Praxis*, Wiesbaden 2008, S. 19-51.

Schudson, Michael: The Varieties of Civic Experience, in: *Citizenship Studies*, 10 (2006) 5, S. 591-606.

Solga, Heike; Wagner, Sandra: Die Zurückgelassenen – die soziale Verarmung der Lernumwelt von Hauptschülerinnen und Hauptschülern, in: Becker, Rolf; Lauterbach, Wolfgang (Hrsg.): *Bildung als Privileg. Erklärungen und Befunde zu den Ursachen der Bildungsungleichheit*, Wiesbaden 2008.

Stock, Lothar: Milieuspezifische Ressourcen und Formen von benachteiligten Bevölkerungsgruppen. Orientierungspunkte für die Gemeinwesenarbeit, in: Munsch, Chantal (Hrsg.): *Sozial Benachteiligte engagieren sich doch. Über lokales Engagement und soziale Ausgrenzung und die Schwierigkeiten der Gemeinwesenarbeit*, Weinheim [u.a.] 2003, S. 229-238.

Stolle, Dietlind; Hooghe, Marc; Micheletti, Michele: Politics in the Supermarket. Political Consumerism as a Form of Political Participation, in: *International Political Science Review*, 26 (2005) 3, S. 245-269.

Stolle, Dietlind; Hooghe, Marc: Inaccurate, Exceptional, One-Sided or Irrelevant? The Debate about the Alleged Decline of Social Capital and Civic Engagement in Western Societies, in: *British Journal of Political Science*, 35 (2004) 1, S. 149-167.

Strømsnes, Kristin: Political Consumerism. A Substitute for or Supplement to Conventional Political Participation?, in: *Journal of Civil Society*, 5 (2009) 3, S. 303-314.

Togeby, Lise: Grass Roots Participation in the Nordic Countries, in: *European Journal of Political Research*, 24 (1993) 2, S. 159-175.

Warr, Deborah J.: Gender, Class, and the Art and Craft of Social Capital, in: *The Sociological Quarterly*, 47 (2006) 33, S. 497-520.

Zeitungs- und Onlineartikel

Bronner, Luc: Certaines cités se sont exclues du système electoral, in: *Le Monde* vom 19.03.2010.

Kahlweit, Kathrin: Eine Klasse für sich, in: *Süddeutsche Zeitung* vom 17.10.2006.

Köcher, Renate: Das Bewusstsein der Mittelschicht, in: *Frankfurter Allgemeine Zeitung* vom 15.07.2008.
Köcher, Renate: Der Statusfatalismus in der Unterschicht, in: *FAZ.net*, 16.12.2009, online verfügbar unter: http://www.faz.net/s/Rub594835B 672714A1DB1A121534F010EE1/Doc~E73D589DA6F0B4123B592EF 733BA46137~ATpl~Ecommon~Scontent.html (zuletzt eingesehen am 04.12.2010).
Maurin, Érich (Interview), in: *Le Monde* vom 25.03.2010.
Rucht, Dieter: Engagement im Wandel. Politische Partizipation in Deutschland, in: *WZBrief Zivilengagement*, 1 (2010), S. 1-7.
Schaake, Klaus: Besser bauen, schöner wohnen, glücklicher leben, in: *StadtZeit Kassel Magazin*, 7 (2009) 31, S. 2.
Schaal, Gary S.: Sozial Schwache bleiben zu Hause, in: *Rheinischer Merkur*, (2010) 35.
Schnibben, Cordt: Die Überflüssigen, in: *Der Spiegel*, 43 (2006), S. 28-30.
Walter, Franz: Einwanderer-Elite beflügelt Deutschland, in: *Spiegel online*, 16.10.2007, online verfügbar unter: http://www.spiegel.de/politik/deutsch land/0,1518,511474,00.html.
Walter, Franz: Fatale Furcht ergreift die ewigen Verlierer, in: *Spiegel online*, 02.04.2009, online verfügbar unter: http://www.spiegel.de/ politik/deutschland/0,1518,616392,00.html (zuletzt eingesehen am 04.12.2010).
Walter, Franz: Wieso die kleinen Leute verbittert sind, in: *Spiegel online*, 07.04.2009, online verfügbar unter: http://www.spiegel.de/politik/ deutschland/0,1518,617625,00 (zuletzt eingesehen am 04.12.2010).
Wehler, Hans-Ulrich: Verschämte Klassengesellschaft, in: *Die Zeit*, (2006) 48.

Berichte und Konferenzpapiere

Alscher, Mareike; Dathe, Dietmar; Priller, Eckhard (Projektleitung); Speth, Rudolf (Wissenschaftszentrum Berlin für Sozialforschung für das Bundesministerium für Familie, Senioren, Frauen und Jugend): *Bericht zur Lage und zu den Perspektiven des bürgerschaftlichen Engagements in Deutschland*, Berlin 2009.
Bang, Henrik P.; Sorensen, Eva: *The Everyday Maker. A New Challenge to Democratic Governance*, Konferenzpapier für die ECPR 26th Joint

Sessions of Workshops, University of Warrick, 23.-28.03.1998, als Fachzeitschriftenaufsatz erschienen in: *Administrative Theory & Praxis,* 21, (1999) 3, S. 325-341.

Bundesministerium für Arbeit und Sozialordnung: *Lebenslagen in Deutschland. Der 3. Armuts- und Reichtumsbericht der Bundesregierung,* Bonn 2008, online verfügbar unter: http://www.bmas.de/portal/26742/property =pdf/dritter__armuts__und__reichtumsbericht.pdf (zuletzt eingesehen am 04.12.2010).

Bundesministerium für Familie, Senioren, Frauen und Jugend: *2. Freiwilligensurvey 2004. Ehrenamt, Freiwilligenarbeit, Bürgerschaftliches Engagement* (Kurzzusammenfassung), online verfügbar unter: http://www.bmfsfj.de/RedaktionBMFSFJ/Pressestelle/Pdf-Anlagen/zweiter-freiwilli gensurvey-kurzfassung,property=pdf.pdf (zuletzt eingesehen am 15.06.2010).

Bundesministerium für Verkehr, Bau und Stadtentwicklung (BMVBS), Bundesinstitut für Bau-, Stadt- und Raumforschung im Bundesamt für Bauwesen und Raumordnung (BBSR) (Hrsg.): *Modellvorhaben der Sozialen Stadt. Gute Beispiele für sozial-integrative Projekte,* Berlin 2009.

Deckl, Silvia: *Indikatoren der Einkommensverteilung in Deutschland 2003. Ergebnisse der Einkommens- und Verbrauchsstichprobe,* Statistisches Bundesamt, Wirtschaft und Statistik 11/2006, S. 1179, online verfügbar unter: http://www.destatis.de/jetspeed/portal/cms/Sites/destatis/Internet/ DE/Content/Publikationen/Querschnittsveroeffentlichungen/Wirtschaft Statisik/WirtschaftsrZeitbudget/IndikatorenEinkommensverteilung2003 ,property=file.pdf (zuletzt eingesehen am 04.12.2010).

Der Bundesminister für Raumordnung, Bauwesen und Städtebau: *Städtebaulicher Bericht Neubausiedlungen der 60er und 70er Jahre. Probleme und Lösungswege,* Bonn [u.a.] 1988.

Deutscher Bundestag: *Bericht der Enquete-Kommission „Zukunft des Bürgerschaftlichen Engagements". Bürgerschaftliches Engagement: auf dem Weg in eine zukunftsfähige Bürgergesellschaft,* 14. Wahlperiode, Drucksache 14/8900, 03.06.2002, online verfügbar unter: http://dip21. bundestag.de/dip21/btd/14/089/1408900.pdf (zuletzt eingesehen am: 14.06.2010).

Deutsches Institut für Urbanistik (Hrsg.): *Die Soziale Stadt. Eine erste Bilanz des Bund-Länder-Programms, Stadtteile mit besonderem Entwicklungsbedarf – die soziale Stadt',* Berlin 2002, online verfügbar unter:

http://www.difu.de/publikationen/2002/die-soziale-stadt.html (zuletzt eingesehen am: 28.06.2010).

Friedrich-Ebert-Stiftung (Hrsg.): *Gesellschaft im Reformprozess*, Institut TNS Infratest Sozialforschung, Berlin 2006, online verfügbar unter: http://www.fes.de/aktuell/documents/061017_Gesellschaft_im_Reform prozess_komplett.pdf (zuletzt eingesehen am 04.12.2010)

Gensicke, Thomas; Geiss, Sabine: *Hauptbericht des Freiwilligensurveys 2009. Zivilgesellschaft, soziales Kapital und freiwilliges Engagement in Deutschland 1999 – 2004 – 2009;* München 2010, online verfügbar unter: http://www.bmfsfj.de/RedaktionBMFSFJ/Broschuerenstelle/Pdf-Anlagen/3._20Freiwilligensurvey-Hauptbericht,property=pdf,bereich= bmfsfj,sprache=de,rwb=true.pdf (zuletzt eingesehen am 05.12.2010).

Kamlage, Jan-Hendrik: *The Awakening Giant: The Development of Civil Society. Infrastructure in Germany*, Konferenzpapier, Volunteering Infrastructure and Civil Society, Aalsmeer, Niederlande, 24.-25.04.2008, online verfügbar unter: http://www.cev.be/data/File/The%20awaking %20giant_%20The%20Development%20of%20Civil%20Society%20In frastructure_final1.pdf (zuletzt eingesehen am 04.12.2010).

Kornhardt, Renate: *Erfahrungen mit Lokalem Aktionsplan Göttingen-Grone*, in: 7. Bericht über die Zielgruppenkonferenz der Vertreter/innen von Städten und Gemeinden in E&C-Gebieten vom 16. bis 17. Dezember 2003: Strategisches Management durch die Kommune, S. 48-55, online einsehbar unter: http://www.eundc.de/pdf/62005.pdf (zuletzt eingesehen am 28.02.2011).

Nationales Forum für Engagement und Partizipation: *Ergebnisse des Dialogforum 'Bildung und Bürgerschaftliches Engagement'*, online verfügbar unter: http://www.b-b-e.de/fileadmin/inhalte/aktuelles/2010/05/df3 _bildung.pdf (zuletzt eingesehen am 04.12.2010).

Bund-Länder-Programm, *Soziale Stadt Kassel – Oberzwehren. Programm – Projekte – Perspektiven*, online verfügbar unter: http://www.frauen treff-brueckenhof.de/pdf/stadtteilmanagement/stadtteilmangement/ soziale-stadt.pdf (zuletzt eingesehen am: 28.06.2010).

Servicestelle HEGISS: *Netzwerkanalyse und dialogische Begleitung – Schlussbericht* (Untersuchungszeitraum 2002 bis 2004), HEGISS Materialien, Begleitforschung 4, Frankfurt a.M., S. 146, online verfügbar unter: http://www.hegiss.de/he_download/Begleitforschung/Begleitfor schung_04.pdf (zuletzt eingesehen am 04.12.2010).

Stadt Kassel (Fachstelle Statistik): *Statistische Informationen. Arbeitslose nach dem Wohnort mit Leistungsbezug nach dem SGB II und/oder SGB III*, Stand 30.06.2009.

Stadt Leipzig (Amt für Statistik und Wahlen): *Bürgerumfrage 2008. Ergebnisbericht*, Leipzig 2009.

Stolle, Dietlind; Hooghe, Marc: *Shifting Inequalities? Patterns of Exclusion and Inclusion in new Forms of Political Participation*, Konferenzpapier, Annual meeting of the American Political Science Association, Washington D.C., 01.-04.09.2005, online verfügbar unter: http://www.allacademic.com/meta/p40375_index.html (zuletzt eingesehen am: 04.12.2010).

Van den Bos, Cees; Meijs, Lucas: *Using Volunteer Centres to Build Civil Society*, Konferenzpapier, Meeting of the Association for Research on Nonprofit Organizations and Voluntary Action, Philadelphia, PA., 19.-22.11.2008, online verfügbar unter: http://www.kansalaisareena.fi/using_VCs_to_build_final.pdf (zuletzt eingesehen am: 29.07.2009).

Witt, Tabea: *Der Name ist Programm. Das Projekt Stadtteilmütter*, online verfügbar unter: http://www.buergergesellschaft.de/praxishilfen/sozialraumorientierte-interkulturelle-arbeit/beispiele-gelingender-praxis/der-name-ist-programm/106581/ (zuletzt eingesehen am 04.12.2010).

Anhang

FRAGEBOGEN

Vielen Dank, dass Sie sich an unserem Gespräch beteiligt haben.
Für unsere (anonyme!) Statistik: Wären Sie vielleicht noch bereit, uns einige zusätzliche Informationen über sich zu geben?

Das Ausfüllen ist FREIWILLIG!
Unzutreffendes bitte einfach nicht ausfüllen.

Alter: _____

Geschlecht: O männlich   O weiblich

Familienstand: O ledig   O verheiratet   O geschieden

Ich bin Mitglied in...

... einem Verein   O ja   O nein   welcher: _____

... einer Organisation   O ja   O nein   welche: _____

... einer Partei   O ja   O nein   welche: _____

... einer Bürgerinitiative   O ja   O nein   welche: _____

... einer Religionsgemein-   O ja   O nein   welche: _____
schaft

Bei der letzten Bundestagswahl bin ich wählen gegangen.   O ja   O nein

Bei der letzten Landtagswahl/Kommunalwahl bin ich wählen gegan- O ja   O nein
gen.

Ich mache Sport.   O ja   O nein

Welche Sportart?   _____

Wie häufig in der Woche?   _____

Ich gehe anderen regelmäßigen Aktivitäten (Hobbys) nach: O ja   O nein
Wenn ja, welche? _____

Was war der letzte Anlass, zu dem ich mit mehr als 10 Leuten zusammen war?
_____

Schulabschluss: _____

Ausbildung: _____

Arbeitssituation:
O derzeit arbeitslos   O Teilzeit   O Vollzeit   O Rente

In meinem Haushalt lebe(n)...

O ich allein   O 2-3 Personen   O mehr als 3 Personen

Vielen Dank für Ihre Mithilfe!

LEITFADEN FOKUSGRUPPEN

insg. ca. 180 Min. (brutto); 160 Min. (netto)

[Es handelt sich um einen internen Leitfaden für die Moderatoren, der sowohl die direkte Ansprache an die Teilnehmer als auch Hinweise an den Moderator/die Moderatorin enthält.]

Einführung (ca. 10 Min.)
- Vorstellung des Moderators/der Moderatorin, der Projektgruppe, Thema (=zunächst noch: „Leben im Viertel") und Ablauf der Veranstaltung
- Erläuterungen zum Arbeitsrahmen (anonyme Aufzeichnung, „Duzen"? etc.)
- Vorstellungsrunde der Teilnehmer
- (ModeratorIn beginnt) [möglichst offen]
- Vorname, Alter, Familienstand, Beruf (?), Hobbys

Abschnitt A (Gesamt: 55 Min./Pausen excl.)

Aktivitäten, Alltag („Verhaltensebene")
Allgemeiner Beginn; Leben/Freizeit im Quartier

Aufgabe: Bilder. „Freizeit" (in der Stadt) [abstrakt] (15 Min.)
- Aufgabe: an Stellwänden befinden sich ca. 50 nummerierte Bilder, die diverse Freizeitaspekte veranschaulichen
- Jeder TN: vier Bilder auswählen, anhand der Frage: Was stelle ich mir unter „Freizeit" vor? (Oder: Was mache ich gern in meiner Freizeit? (Achtung: Unterschied beachten zwischen real erlebter und gewünschter Freizeit!) Wie sieht für mich ein „guter Tag" aus?
- (Hintergrund/Anmerkung: Bezug auf Stadt aufgrund des Fokus' auf urbanes zivilgesellschaftliches Engagement). Bezug auf Stadtviertel erst in sekundärer Hinsicht (Zielsetzung hier zunächst: möglichst abstrakte Herangehensweise).
- ALLE TN werden nach den ausgewählten Fotos gefragt.

Anschließend: Diskussion: Alltag und Freizeit [konkret] (10 Min.)
- Wie sieht das alltägliche Leben (> Freizeit) der TN aus? [Bezug nicht ausschließlich auf Quartier]
- Welche „zivilgesellschaftlichen" Aktivitäten (d.h. moderne wie konventionelle [Verein], informelle wie formelle Formen) werden vom Einzelnen verfolgt?
- „Welche Aktivitäten habt ihr schon mal genutzt, in Anspruch genommen?"
- „Wie sieht ein typischer Tag/Freizeitgestaltung aus?"
- Schließlich auch Fragen zum Viertel: Allgemeineres Thema zu Beginn: „Leben im Viertel"? Welche Freizeitaktivitäten gibt es (außerhalb von Schule, Arbeit und zu Hause)? Freizeitmöglichkeiten ...

Brainstorming zum „Gemeinsamen Leben im Stadtviertel/Quartier" (10 Min.)
- Die Teilnehmer sollen – ohne lange darüber nachzudenken – alles sagen, was ihnen zu ihrem Stadtviertel/-quartier einfällt. (Mod.: Ermuntern, alles Mögliche ist wichtig, auch das, was im ersten Moment unwichtig erscheint)
- Hintergrund: Spontane Assoziationen zu Stadtviertel; die Mitarbeiter können so die wichtigsten Bereiche und Areale der TN kennen lernen und sich später auf diese von den TN eigens als wichtig genannten Gebiete beziehen.

Anschl. Diskussion um: Aktivitäten – Persönliche Erfahrungen/zwischenmenschliche Barrieren (5 Min.)
- Wobei würdet ihr mitmachen wollen?
- Warum mitmachen? Warum nicht?
- Schon mal schlechte Erfahrungen gemacht? Was nervt (an denen)?
- Kennt ihr wen, der überdurchschnittlich viel macht? Wer, warum?
- Im Viertel: Wer ist da aktiv? Kontakt zu denen? Schon mal überlegt, da mitzumachen?
- Welche Aktivitätsangebote sind bekannt? (Vereine, Jugendzentren, Elterninitiativen, Bürgerinitiativen, Stadtteilbüros, Freiwilligenzentren, ...)

Neues vs. Altes Engagement (15 Min.)
- Hintergrund: Besteht auch in dieser Gruppe ein Problem mit langfristigen Anbindungen? Wie ist das Verhältnis zu mitgliedschaftlicher Aktivität/Bindung? Bedürfnis nach kurzen, projektartigen Aktivitäten? Bedarf nach gemeinschaftlichen oder individuellen Engagementarten?
- Kurzfristig/projektartig: Was halte ich von längerfristigen Mitgliedschaften/Verpflichtungen ... stört mich das? Das „kurzfristige" ...
- Zu „altem Engagement": Kennt ihr so einen typischen „Vereinsmenschen"?
- Gibt es im Viertel Aktivitäten durch: Kirche? Gewerkschaften (typischer Gewerkschafter?), Parteien? (Wie sieht bei euch ein politisch Aktiver aus?) Welche Organisationen, Vereine gibt es? Was ist an ihnen gut/schlecht?
- Individualität: Will ich lieber alleine oder in der Gruppe was machen?
- Mögl. Rating – Frage: Auf einer Skala von 1 bis 10, wie „aktiv" schätzen Sie (ihr) sich (euch) ein?
- Praktische Nachfrage: Gibt es so etwas „Informelles", gibt es dieses „Neue" vor Ort? Projekte? Oder Freiwilligenzentren?
- Was heißt für euch „informell"?

PAUSE (10 Min.)

Abschnitt B (Gesamt: 35 Min./Pausen excl.)

Wünsche, Bedürfnisse, Probleme („Motivationsebene")
Problemlagen, Hilfsnetzwerke?

Aufgabe: Collage (20 min.)
Thema: Wie sieht die Gemeinschaft im Viertel aus?

Jeweils zwei Kleingruppen:
- Die Aufgabe lautet für die erste Kleingruppe: Wie sieht eine ideale Gemeinschaft aus?
- Für die zweite Kleingruppe: Wie sieht die Gemeinschaft im Viertel derzeit aus?
- Hintergrund: Wie sollte eine „(Zivil-)Gemeinschaft" aussehen? Was ist für euch Gemeinschaft? Welchen Radius hat „Gemeinschaft"?
- Vorstellung und Diskussion der Ergebnisse (Collagen von den beiden Gruppen jeweils vorstellen lassen)
- Mod.: Die Bilder auf den Collagen sollen kommentiert und vorgestellt werden. (Möglichst [gezielt] von einem bisher eher ruhigen Gruppenmitglied?)

Anschl. Diskussion um: „Sozialkapital"-Fragen (10 Min.)
- Was ist überhaupt eine („Gemeinsinn") „Gemeinschaft"? „Wir" = ? (Wie groß ist der Kreis?) Wer ist damit gemeint?
- „Füreinander da sein", „einander helfen" – Assoziationen?
- Ist das Viertel eine Gemeinschaft? Wenn nein, warum nicht?

Anschl. Diskussion um: Problembewältigung/Netzwerke, „Selbsthilfe" (5 Min.)
- Zu wem gehe ich, wenn ich Probleme habe?
- Stichwort: Hilfe & Helfen
- Schon mal „anderen" geholfen? ... Wie, wo ?
- „Hilfe" empfangen? Wo? Von wem?
- Was versteht ihr unter „Verantwortung", für wen fühlt ihr euch verantwortlich?

- Hintergrund: Wie sehen „informelle" Netzwerke möglicherweise aus? Mögliche Kommunikationshindernisse, zwischenmenschliche Barrieren aufdecken.

PAUSE (10 Min.)

Abschnitt C (Gesamt: 30 Min./Pausen excl.)

Kenntnisse, Einstellungen, Wahrnehmungen
(„Perzeptionsebene")
Aufgabe: Bilder.

„Bürger/Bürgergesellschaft" [abstrakt] (15 Min.)
- Aufgabe: An Stellwänden befinden sich ca. 50 nummerierte Bilder zum Thema „Bürger/Bürgergesellschaft"
- Es sollen dieses Mal jeweils drei positive und drei negative Beispiele von „Bürgergesellschaft" bzw. von „Bürgern" genannt werden.
- Hintergrund: Bilder erst jetzt, damit Eindrücke von „außen" erst gegen Ende der Diskussion und damit nach den „eigenen" Eindrücken, Ideen und Impressionen kommen.
- Bitte möglichst spontan auswählen! ALLE sollen kurz erläutern, warum die bestimmten Bilder ausgewählt wurden.
- Warum wurden diese Bilder ausgesucht?
- Was ist eurer Ansicht nach Aufgabe eines Bürgers? Rechte oder Pflichten?
- Was soll der Bürger in der Gesellschaft machen?

Rekurs auf größere/nationale Ebene; Politische Initiativen pro Bürgerengagement: Perzeption und Kenntnisstand (15 Min.)
- Sind (lokale, regionale oder nationale) Förderprojekte (für „Bürgergesellschaft"/„Bürgerengagement", „Freiwilligenaktivität") bekannt?
- Welche Organisationen/Institutionen/Politik(er) fördern wohl Zivilgesellschaft? Wer unterstützt Freiwillige? (Kennt ihr sowas?)
- Welche nationalen Vereine/Organisationen kennt man überhaupt?
- Personen: Wer wären für euch so ganz allgemein: Vorbilder/Leitbilder? Warum?
- Wer fällt euch ein, der sich engagiert?

- Fallen euch Prominente ein, die aktiv sind? Die engagiert sind? Wie findet ihr das? Wer sind „vorbildliche" Promis? Warum?

Fakultative PAUSE (10 Min.)

Abschnitt D (Gesamt: 32 Min./Pausen excl.)

Visualisierung, Semantik, Schlussdiskussion
(„Semantische Ebene")

Videoeinspieler „Engagement-macht-stark" (mit Jeannette Biedermann) (2 Min.)

Brainstorming: „Bürgergesellschaft"/„Zivilgesellschaft"? (10 Min.)
- Hintergrund: Wahrnehmung des Themas Zivilgesellschaft/Bürgergesellschaft
- *Schon mal, im Bezug auf das Video, den Begriff „Zivilgesellschaft" gehört? (oder: „Bürgergesellschaft"?)* [Diese Begriffe sollten denn auch hier erstmals von Moderatorenseite fallen.]
- *Was fällt euch bei dem Wort „Zivilgesellschaft" ein?*
- ModeratorIn notiert auf Flipchart die semantisch nahen Begriffe. Im Folgenden fortwährend Bezug auf diese „eigenen" Begriffe nehmen.

Anschließend Diskussion: ZG/BG (10 Min.)
- „Zivilgesellschaft": Wie sieht die aus? Wer ist das? Wer macht das?
- Begriff: „Projekt"? Kennt Ihr „Projekte" in eurem Viertel? Oder was ist für euch ein typisches „Projekt"? Begriffe: NGO? Organisation?
- Begriff: „Engagement"? Was heißt für euch Engagement? Kennt ihr Leute, die sich engagieren?
- Würdet ihr über euch selbst sagen, ihr seid „engagiert" (Ja, warum?/ Nein, warum nicht?) [Einschätzen auf Skala von 1 bis 10: Wie engagiert ?]

Schlussdiskussion (10 Min.)
- Möglichst flexibel/offen – ModeratorIn: Welche Themen wurden von den TN am meisten angesprochen/ergaben die heftigsten Diskussionen?

LEITFADEN EINZELINTERVIEWS
Dauer: ca. 1,5 Stunden

Einführung
Vorstellung der/s Interviewers, kurze Erläuterung zu Projekt/Thema [=zunächst noch: „Leben im Viertel"] (hier vermutlich „Siezen").

Teil 1: Persönlicher Alltag

Einstieg vom Konkreten ins Abstrakte:
- Erzählen Sie uns doch bitte, wie Ihr Tagesablauf am letzten Montag/Dienstag etc. aussah? Was haben Sie da gemacht?
- Mögliche Nachfragen: Wenn der Tag sich als außergewöhnlich herausstellen sollte (z.B. weil nicht zur Arbeit gegangen wegen Urlaub, Krankheit o.ä.): Wie sieht denn ein ganz normaler Tag bei Ihnen aus?
- Erzählen Sie uns mal, wie das so ist, wenn Sie arbeiten müssen.
- Was machen Sie denn am Wochenende?

„Der perfekte Tag"
- Wenn Sie sich den perfekten Tag vorstellen, wie würde dieser aussehen? Was würden Sie da gern machen?

Teil 2: Freizeit

Überleitung auf den Komplex Freizeit:
- Was machen Sie in Ihrer Freizeit? Erzählen Sie doch mal, was Sie so machen, wenn Sie freie Zeit haben.

Mögliche Nachfragen:
- Haben Sie früher mal irgendwas gemacht?
- Warum haben Sie damit aufgehört? Würden Sie das gern weitermachen?
- Gibt es irgendetwas, was Sie in Ihrer Freizeit gern machen würden, was aber aus irgendwelchen Gründen nicht möglich ist?

- Ggf.: Was machen denn Ihr Freund/in, Mann/Frau, Ihre Kinder in der Freizeit? Waren Sie da schon mal mit dabei? Warum gehen Sie da nicht mit?

Teil 3: „Mein Viertel"

Themenkomplex Viertel:
- Erzählen Sie doch mal: Wie lebt es sich hier in Grone, Grünau etc.?

Hohe Flexibilität bei Nachfragen:
- Sie haben jetzt ziemlich viel Positives erzählt, was gefällt Ihnen denn nicht? Was würden Sie denn gern verbessern?
- Sie haben sich gerade sehr über Grünau geärgert, gibt es auch etwas, was Ihnen hier gefällt?
- Wie ist das denn so, wenn Sie mal was in Ihrer Freizeit in Grone/Grünau etc. machen wollen: Gibt es da Möglichkeiten? Kennen Sie da was?

Themenkomplex Nachbarschaft:
- Und wie ist das in Ihrem Haus/Wohnblock: Wie lebt es sich mit Ihren Nachbarn? Erzählen Sie mal davon.

Mögliche Nachfragen:
- Wenn Sie Hilfe bräuchten (evtl. konkretes Beispiel wie Waschmaschine kaputt etc.), würden Sie sich an die wenden?
- Wenn Sie hier im Haus jemand fragen würde, ob Sie ihm helfen könnten: Würden Sie das machen? (evtl. auch mit Beispiel)
- Hat man sich hier schon mal geholfen? Haben Sie sich schon mal mit irgendwem hier unterhalten?
- Wie würden Sie sich denn eine gute Nachbarschaft vorstellen?

Themenkomplex Engagement:
Eingehen auf das, was vorhin über das Viertel gesagt wurde.
- Sie haben vorhin gesagt, dass Sie XY hier stört. Haben Sie schon mal versucht, was dagegen zu unternehmen?

Mögliche Nachfragen:
- An wen haben Sie sich da gewendet? An wen würden Sie sich wenden, wenn Sie gern was dagegen machen würden?
- Kennen Sie jemanden, der da mal was gemacht hat?
- Wenn sich mal ein paar Leute hier zusammentun würden, um was dagegen zu unternehmen und ihr Nachbar fragt Sie, ob Sie mitmachen würden, was sagen Sie ihm?
- Wissen Sie, ob es hier im Viertel irgendwas gibt? Kennen Sie eine Initiative etc.? (Eventuell konkrete Konfrontation mit einem Verein etc.: Kennen Sie die Stadtteilzeitung, die Bürgerinitiative, das KOMM-Haus etc.?) Waren Sie schon mal da? Was halten Sie davon?

Thema Mitgliedschaften:
- Sie haben vorhin gesagt, dass Sie nicht in einem Verein sind/dass Sie bei XY nicht mitmachen wollen etc. Wie ist das überhaupt, würden Sie irgendwo Mitglied werden wollen?
- Was stört Sie? Warum wollen Sie kein Mitglied werden?
- Sie sagten vorhin, dass Sie gern (z.B.) Tischtennis spielen. Würden Sie da auch mal in einen Verein gehen? Warum nicht?/Warum sind sie es dennoch nicht?
- Kennen Sie jemanden, der irgendwo Mitglied ist? So einen ‚typischen Vereinsmenschen'? Wie ist der/die so? Hat er/sie Sie auch schon mal angesprochen?
- Was denken Sie über Leute die in einer Partei, einer Gewerkschaft, der Kirche etc. Mitglieder sind? (Hier genügt vermutlich eines der genannten Beispiele.)

Themenkomplex Bürgergesellschaft:
- Woran denken Sie, wenn Sie den Begriff „Bürger" hören? Was fällt Ihnen ganz spontan dazu ein?

Mögliche Nachfragen:
- Was sollte ein Bürger Ihrer Meinung nach tun? Welche Rechte hat er? Hat er auch Pflichten, wenn ja, welche?
- Sie haben gerade gesagt, ein Bürger sollte XY tun? Haben Sie das auch schon mal gemacht? Warum nicht? Können Sie uns erzählen, wie das damals war, als Sie das gemacht haben?

- Wie ist das in Ihrem Viertel: Finden Sie die Bürger erfüllen hier Ihre Pflichten?
- Was ist für Sie eine Gemeinschaft?
- Würden Sie sagen, Ihr Viertel ist eine gute Gemeinschaft? Warum?/Warum nicht? Was müsste sich ändern?

Autorinnen und Autoren

Bebnowski, David, geboren 1984 in Wolfsburg, Studium der Sozialwissenschaften an der Georg-August-Universität Göttingen. Er ist als studentische Hilfskraft am Göttinger Institut für Demokratieforschung beschäftigt und arbeitet an einer Diplomarbeit zum Thema junge Generationen nach 1945.

D'Antonio, Oliver, geboren 1977 in Stuttgart, ist wissenschaftlicher Mitarbeiter am Institut für Demokratieforschung und arbeitet an einer Dissertation zur lokalen Verankerung politischer Parteien in Frankfurt am Main und Leipzig.

Klatt, Johanna, geboren 1982 in Wolfenbüttel, ist wissenschaftliche Mitarbeiterin am Göttinger Institut für Demokratieforschung, arbeitet in einem Projekt zur Zivilgesellschaft in Deutschland, Österreich und den Niederlanden und promoviert zu sozialer Ungleichheit in der modernen Bürgergesellschaft.

Kroll, Ivonne, geboren 1983 in Wismar, Studium der Diplom-Sozialwissenschaften an der Georg-August-Universität Göttingen. Gegenwärtig tätig im Projekt „Großstadtquartier im Focus – gut versorgt in jedem Alter" in Göttingen.

Lühmann, Michael, geboren 1980 in Leipzig, ist Politikwissenschaftler und Historiker und arbeitet als wissenschaftlicher Mitarbeiter am Göttinger Institut für Demokratieforschung an einer Dissertation über die 68er-Generation in der DDR.

Steiner, Felix M., Studium der Germanistik und Politikwissenschaft an der Georg-August-Universität Göttingen. Arbeitet seit September 2009 am Göttinger Institut für Demokratieforschung.

Walter, Franz, Prof. Dr., geboren 1956 in Steinheim/Westfalen, lehrt an der Georg-August-Universität Göttingen Politikwissenschaft und ist Direktor des Göttinger Instituts für Demokratieforschung.

Woltering, Christian, geboren 1982 in Siegburg, Diplom-Sozialwirt und wissenschaftliche Hilfskraft am Göttinger Institut für Demokratieforschung. Neben seiner Promotion arbeitet er beim Paritätischen Wohlfahrtsverband-Gesamtverband e.V. als Referent für fachpolitische Grundsatzfragen.

Gesellschaft der Unterschiede

CHRISTIAN BRÜTT
Workfare als Mindestsicherung
Von der Sozialhilfe zu Hartz IV. Deutsche Sozialpolitik 1962 bis 2005

Juni 2011, ca. 402 Seiten, kart., ca. 29,80 €,
ISBN 978-3-8376-1509-8

ANNE VON STREIT
Entgrenzter Alltag – Arbeiten ohne Grenzen?
Das Internet und die raum-zeitlichen Organisationsstrategien von Wissensarbeitern

Februar 2011, 284 Seiten, kart., zahlr. Abb., 29,80 €,
ISBN 978-3-8376-1424-4

Leseproben, weitere Informationen und Bestellmöglichkeiten
finden Sie unter www.transcript-verlag.de